EVERYONE IS A
PRODUCT MANAGER

人人都是
产品经理

『创新版』

低成本的
产品创新方法

苏杰 著

#03

Low-cost Approach to
Product Innovation

电子工业出版社
Publishing House of Electronics Industry
北京·BEIJING

U0725732

图书在版编目（CIP）数据

人人都是产品经理：创新版：低成本的产品创新方法 / 苏杰著. —北京：电子工业出版社，
2020.10（2025.8 重印）
ISBN 978-7-121-39482-9

Ⅰ. ①人… Ⅱ. ①苏… Ⅲ. ①企业管理－产品管理 Ⅳ. ①F273.2

中国版本图书馆 CIP 数据核字（2020）第 162481 号

责任编辑：张春雨
执行策划：黄　英
策　　划：杭州蓝狮子文化创意股份有限公司
印　　刷：固安县铭成印刷有限公司
装　　订：固安县铭成印刷有限公司
出版发行：电子工业出版社
　　　　　北京市海淀区万寿路 173 信箱　　　　　　　　邮编：100036
开　　本：720×1000　　1/16　　印张：18.75　　　　字数：330 千字　　　　彩插：1
版　　次：2020 年 10 月第 1 版
印　　次：2025 年 8 月第 6 次印刷
定　　价：79.00 元

凡所购买电子工业出版社图书有缺损问题，请向购买书店调换。若书店售缺，请与本社发
行部联系，联系及邮购电话：（010）88254888，88258888。

质量投诉请发邮件至 zlts@phei.com.cn，盗版侵权举报请发邮件至 dbqq@phei.com.cn。

本书咨询联系方式：010-51260888-819，faq@phei.com.cn。

"人人都是产品经理"
系列套装说明

　　"产品经理"第一次出现在二十世纪二三十年代的宝洁公司，后来它在 IT 领域大热，成了无数人憧憬的岗位。但彼时的产品经理还带着特定行业的限制，于是我的那句"人人都是产品经理"的超前口号也因此遭到很多人的抨击。

　　但随着行业的发展、岗位的细分，原先专属于特定行业的产品经理岗位在"互联网+"趋势的带动下扩散至各个行业，原先产品经理的职务也分散到了更多人身上。产品人员、技术人员、设计人员、运营人员，所有和产品工作相关的人，开始合力承担产品经理的工作，成为"泛产品经理"。时代确确实实朝着"人人都是产品经理"的方向在发展，只不过这个方向并不是指原先固定的产品经理岗位，而是这个岗位背后的思维方法和价值观。

　　工作十几年，我也渐渐意识到，所谓的"产品经理"并不能解决问题的本质。它不过是一个职业、一个岗位，是公司解决问题的阶段性方案。这个岗位的本质——产品创新，才是公司永恒不变的追求。

　　作为一个想做产品的新人，往往无法一蹴而就，通常需要先了解所谓的"产品经理"是做什么的、接触尽可能多的产品，然后学习这个岗位背后的底层思维，最后才能更进一步去实现产品的创新。这是广义产品经理的成长路径，也是我个人的亲身经历，它们一一体现在"人人都是产品经理"系列图书中。

　　2006 年，我正式加入阿里巴巴，主要负责一些 2B[1]的产品。在这三四年的时间里，

1　To Business，面向企业服务。

我做了各种一线产品，总结了自己日常工作中的经验教训和所见所思，形成了我的第一本书《人人都是产品经理》[1]。书中比较细致地描述了产品新人必须要了解的需求的采集、整理、分析、管理工作，项目的计划与控制，以及如何与团队协作、怎样理解战略、如何提升个人职场能力。这本书意在让产品新人们知道，踏上做产品这条路后的每一步应该怎么走。在设计这本书的封面时我选择了"柠檬"作为产品新人的象征，因为我觉得它虽然酸涩，但拥有着十分靓丽的颜色，正好体现了新人们青涩却充满朝气的特点。

写完第一本书没多久，2010 年 4 月，我从阿里集团转岗到了淘宝天猫，从 2B 领域转到了 2C[2] 领域。我参与了淘宝的垂直市场开拓、淘宝天猫会员体系/营销工具的开发、大型活动的策划……经手了更多类型的产品，也感受到了这个过程中的各种痛苦和可惜。

2012 年，为了接触更多的产品形态、与更多高手交流，我离开了淘宝天猫，转岗到阿里巴巴集团总部的产品大学，把自己的经历和与高手交流了解到的案例一一整理，于 2013 年形成了我自己的第二本书《淘宝十年产品事》[3]。这本书里记录了淘宝早年的很多产品案例，它们中的很多直到今天仍具有不可替代的价值，如商品类目属性、搜索系统、交易系统、评价系统，以及同样值得一提的旺旺，读者可以看到它们是如何一步步发展的，其中又有哪些经验和教训。虽然实战的学习效果最好，但通过别人的案例学习，效率最高。因为阿里巴巴和淘宝的标志都是橙色的，所以在这本书的封面中，我选用了"阿里橙"这个直观的元素。

2014 年，我从阿里巴巴正式离职，做了半年的自由职业者，通过在全国各地讲课、做顾问，感受了各种行业、各种公司的做法，开始逐渐破除"只知道阿里巴巴怎么做，只知道大公司怎么做"的局限，并逐步确立了自己想做的事。在阿里巴巴任职的最后两年中，我曾负责过阿里巴巴内部的创新孵化器，于是 2015 年我开始创业，将方向定为"创业者服务"。在为企业提供创新服务的这段时间里，我体会到"产品经理"这个岗位的人数实在有限，而现实情况是，人人都可能需要做一些产品经理的工作，掌握一些产品经理的能力，于是我将产品经理背后的产品思维模式和做事方法提炼总结出

1　更新版书名为《人人都是产品经理（入行版）：互联网产品经理的第一本书》，预计 2020 年下半年出版，以下简称《人人都是产品经理（入行版）》。

2　To Customer，面向个人消费者服务。

3　更新版书名为《人人都是产品经理（案例版）：不可不知的淘宝产品事》，预计 2020 年下半年出版，以下简称《人人都是产品经理（案例版）》。

"人人"为我充电大礼包

产品大神巅峰论道
（150分钟精彩视频）

PM教父苏杰、网易云音乐缔造者王诗沐、10年产品
女玩家李超、天才数据科学家李鑫畅谈产品趋势&转机，
以及产品人的生存&出路。

Part 01

苏杰用户体验一席谈
（200分钟系列音频课）

· 过去十年，我每年都至少失败过一次
· 用户体验 ≠ 用户价值
· 如何有效地 pitch 你的想法
· 锤子与钉子

Part 02

聊聊产品创新
（苏杰60分钟视频精讲）

从供给驱动到需求驱动，用户刁钻善变？
原来做产品那一套失灵？专家现身说法，演示
从想法到获得市场认可的产品，都有哪些妙招。

Part 03

iamsujie精华大本营
（高清彩色原图及数百篇产品文章）

Part 04

本书所有思维导图及知识图谱电子版，
以及苏杰个人产品文章全集。

BLUE LION
蓝狮子图书

加博文君为好友
回复"人人系列"
免费获取专栏观看地址

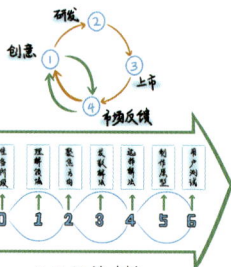

研发
创意
上市
反馈

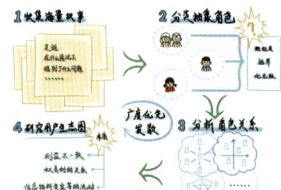

3.3 设计冲刺：
谷歌创投如何
帮助产品成功

2.1 理解用户1
发散思维：
用户故事与用户生态

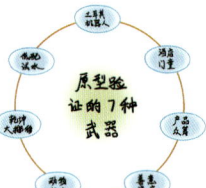

3.2 用"原型"低成本验证：
差个程序员,
也可从做产品

3.1 丫模型：从问题域
到方案域的硬核
解题思路

③

1.1 为什么每个人都要
会产品创新

1.2 传统行业的产品创新：
千岛湖啤酒的脑洞

1.3 作为一个
产品的本书

1.4 产品从无到有
的方法框架

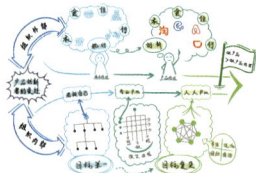

4.1 产品服务系统：
我们说的产品
到底是什么

④

4.4 KANO模型：
雪中送炭还是
锦上添花

5.1 产品生命周期与运营重点：
时刻和用户一起成长

⑤

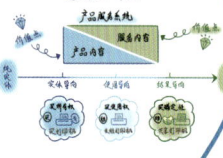

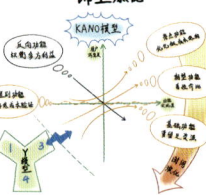

4.2 好产品的评价标准：
静态与动态维度下
的好产品特质

4.3 产品起步：
产品早期的
迭代逻辑

5.2 真正的成功指标：
让运营更有方向

5.3 指
关于

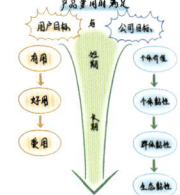

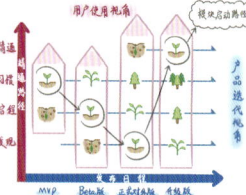

Designed by 周全/顾秀忠

2.2 需求采集：
各种方法怎么
灵活应用

2.3 理解用户II
收敛思维：
用户画像与用户旅程

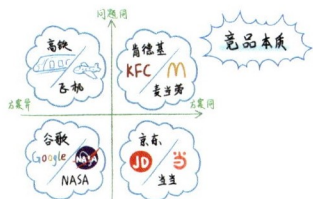

2.4 竞品生态：
真正有效的竞品分析
该怎么做

2.5 打造属于你的
点子过滤器

竞品本质

②

7.1 投资人视角：
产品的不同阶段，
重点看什么

7.2 创业者视角：
找到合适且真正
有用的产品经理

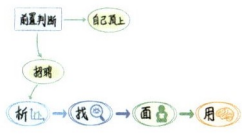

7.3 关于产品
创新工作坊

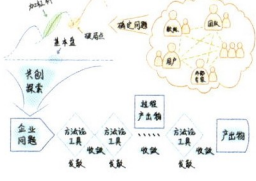

6.4 长期主义：
公司与行业的演化

5.4 商业化：赚钱
的方式和模式

⑥

升效率：
"做出来"
"推出去"

6.1 从产品到产品矩阵：
可复用、能积累、善生死

6.2 内部效率：
关于沟通与协作

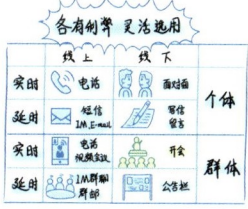

各有侧重 灵活选用

6.3 组织文化：
面向未来，
如何持续创新

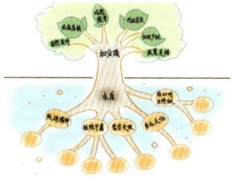

Broadview®
www.broadview.com.cn

扫码关注公众号，
下载全书28张高清彩图。

	入行版	思维版	创新版	案例版
	互联网产品经理的第一本书	泛产品经理的精进之路	低成本的产品创新方法	不可不知的淘宝产品事
目标人群	产品新人	职场有心人	业务开拓者	产品理论家
特征	青涩而充满朝气	成熟而渴望成长	进取但不得其法	乐观但缺少历练
学习目标	知道做产品的每一步应该怎么走	掌握通用产品思维、PM做事方法	学会让创意落地的全流程方法	从产品实操、成败中快速提升

"人人家族"谱系表

来，在 2017 年出版了第三本书《人人都是产品经理 2.0：写给泛产品经理》[1]。书中提供了一套产品从无到有的逻辑，一张完整的知识图谱。从产品概念和分类、需求采集与转化、功能细化与打包，到研发执行，再到运营与迭代，相信对所有从事产品行业，甚至各行各业的职场人士都有帮助。因为这本书的读者是"泛产品经理"，所以我选用了"柚子"作为书的封面元素，它和柠檬很相似，但比柠檬个头大、成熟，就像一个有一定经验基础，渴望继续成长的"泛产品经理"。

到了 2018 年前后，我开始做产品创新独立顾问，服务了包括京东、字节跳动、华为、中国银联、平安集团、上海汽车、得到等企业。在这个过程中，我逐渐明白，产品思维是方法，而产品创新是目的。只有完成从想到做、从思维方式具体到做事方法的转变，才能使产品创新落地。于是我筹备了一段时间，于 2020 年出版了自己的第四本书《人人都是产品经理（创新版）：低成本的产品创新方法》[2]，我在书中总结了一套低成本产品创新的方法论框架，我将其概括为 5MVVP模型，具体流程为案头研究（Paperwork）、原型设计（Prototype）、产品开发（Product）、运营推广（Promotion）、复制组合（Portfolio），它涵盖了创意从无到有，从点子到产品再到产品矩阵的全过程，希望能够帮助到正在做产品创新的人或组织。

新书的封面我思考了很久，最终将主题元素定为"金桔"。它很小但具有很大的功效，寓意从小处切入，用低成本实现伟大创新。

有心的读者可能发现了，一路下来我的四本书都选用了芸香科水果作为封面元素，除了它们各自指代的含义外，背后其实还包含了一层用意。

柠檬：《人人都是产品经理（入行版）：互联网产品经理的第一本书》

橙子：《人人都是产品经理（案例版）：不可不知的淘宝产品事》

柚子：《人人都是产品经理（思维版）：泛产品经理的进阶之路》

金桔：《人人都是产品经理（创新版）：低成本的产品创新方法》

芸香科是水果中的第二大科，之所以不选择第一大科是希望所有产品人都能保持虚心自谦的态度。另外，据说芸香科的植物可以随意杂交，我认为这正好对应着产品经理或产品从业者多元适配的特点，他们需要在不同环境中、不同需求下，不断地调

1　更新版书名为《人人都是产品经理（思维版）：泛产品经理的精进之路》，预计 2020 年下半年出版，以下简称《人人都是产品经理（思维版）》。

2　以下简称《人人都是产品经理（创新版）》。

整自己。这也算是我在"人人都是产品经理"系列图书封面中埋下的"彩蛋"。

借新书出版之际，我将前三本书也一并做了修订，去掉了部分冗余的内容，更正了一些事实性内容，并做了一些内容补充。不过需要说明的是，由于每本书的出版年份不同，虽有修订，但字里行间依然能映射出当时的时代背景和我本人的境遇，不过并不影响我要表达的核心内容。

最后，我想附上一段我在十年前写下的话，这段话在今天看来依然不过时，我把它叫作"人人都是产品经理"的真谛。

不是每个人都能以产品经理为业，但在我看来，产品经理是一类人，他做事的思路与方法可以解决很多实际的生活问题。

只要你能够发现问题并描述清楚，转化为一个需求，进而转化为一个任务，争取到支持，发动起一批人，将这个任务完成，并持续不断以主人翁的心态去跟踪、维护这个产物，那么，你就是产品经理。

至少，你已经是自己的产品经理了。这才是"人人都是产品经理"的真谛。

推荐语

　　苏杰老师的分享让人有种醍醐灌顶的通透感，他提出的产品生命周期管理方法可以拓展到管理的方方面面，让我受益匪浅。

查理　百世物流科技（中国）有限公司 HRD

　　苏杰兄弟与我在大学时期就是战友，当时没几个浙大的毕业生愿意去阿里巴巴，但苏杰去了，且选择了那时并不普及的产品经理岗位。八年深耕，他见证了阿里奇迹，也沉淀了满满的收获，并且将自己的体会和实践整理成书。本书浅显易懂，其中的方法易于操作，也是我们公司产品经理的必读书目。

方毅　浙江每日互动网络科技股份有限公司（个推）创始人兼 CEO

　　这本书全面地讲述了产品创新的步骤，从理解用户到产品设计研发，再到运营推广与商业化，闭环的思考逻辑与快速验证的方法论非常值得产品经理学习。

郭列　脸萌&FaceU 创始人

　　苏杰在这本书里提出了五轮冲刺的概念。"冲刺"意味着快速。我们都听过加速器这个概念，它的目的在于快速进化、快速发展。但加速往往需要以创新为支撑。这本书会帮助你找到支撑点，打造个人、企业发展的加速器。

郝志中　混沌大学创新商学院院长

　　产品驱动和数据驱动已成为新技术新商业发展的核心，苏杰兄的"人人都是产品经理"系列内容从 CSDN 博客开始，就启发、帮助了无数产品人。产品需要迭代，本书带来了苏杰多年产品咨询和实践落地的独创经验，对于企业导入产品创新有极强的实践指导意义，会有更多企业通过书中提到的 5MVVP 创新方法进入产品创新时代。

蒋涛　CSDN 与《程序员》杂志创始人兼董事长

作为一家快速发展的人工智能产品公司，我们与苏杰团队成功合作了产品工作坊教练咨询项目，我们的产品团队乐在其中，视野、思维方式、做事方法都得到了很大的提升。看到当时使用的脚手架方法出现在苏杰的新书中，我感到熟悉又亲切。人工智能科技公司在商业落地的过程中容易做成定制项目，普遍面临产品化难的问题。使用本书阐释的方法，能够在成本可控的情况下极大提升产品化的成功率。不论是从 0 到 1 还是扩展产品矩阵，在产品发展的各个阶段，我们都能够预知风险、少走弯路。

江岭　成都晓多科技有限公司创始人兼 CEO

做事情需要一个端正的态度，苏杰兄分享了做产品需要的产品观和方法论。不懂产品的投资人不是好的投资人，作为产品领域的外行，我读来也受益匪浅。

金宇　睿远基金管理有限公司董事总经理

每一个产品经理都怀揣着一颗"创新"的心，"创新"也是产品经理的"职业病"。但凡见到不顺眼的东西，产品经理都想改进一番或者做个创新。但实际上，创新是一件非常难的事情，我们日常所谓的创新多半也只停留在微创新层面。绝大多数产品人都很难做一款全新的创新产品。苏老师的新书里有大量的创新实践、思考和方法论，非常值得一读。

老曹　起点学院、人人都是产品经理社区创始人

在科技创新公司，产品能力是员工的关键能力。我们面临着瞬息万变的市场环境、纷至沓来的信息数据，需要能时刻快速判断信息、筛选重点、整合资源，把每个决策设计成产品，并且交付给用户、客户和市场。苏杰的每本书都能深入浅出、见微知著、娓娓道来，希望你能通读本书，学会产品思维，重新审视生活中的大小问题。

李晓燕　杭州易现先进科技有限公司（易现 EZXR）创始人兼 CEO

苏杰老师提炼的产品方法论可以指导我们做产品、做企业、做自己。

李振杰　上海智众医疗科技有限公司 CEO

中国互联网已经发展 20 多年，早期从业者都是膜拜式地学习 Yahoo、Google 等硅谷同行的产品方法，很高兴看到我们的产品行业也进化到能产出 Solution Framework（解决方案框架）和方法论的阶段了。我们这个行业既需要实干家，也需要理论家，更需要像苏杰兄这样长期在一线实干的理论家。希望本书提炼出来的 5MVVP 框架能被应用到更广泛的领域，帮助更多同行打造出高价值的产品和服务。

梁公军　太极资本创始人、微软原技术顾问

凭感觉、拍脑袋、碰运气来做新产品的旧时代已经结束了，企业和个人的创新需要一套更专业、更系统的方法。本书介绍了一套小成本快速验证方法，通过挖掘点子、假设验证去实现产品创新，并尽快获得反馈，降低"闭门造车"式的创新风险。

梁宁　著名产品人

创业从 0 到 1 是最难的，核心难点就是在资源有限的情况下探索 PMF（产品与市场的匹配）。而 MVP 是我自己在创业时使用最多的思考方式和工作方式，非常开心看到苏杰把这套方法系统地整理出来，这对创业和创新来说太有价值了！

Luke（后显慧）　三节课创始人兼 CEO

得到曾拜托苏杰来做创新指导，当时头脑风暴的场景让我印象深刻。苏杰很快打开了大家的思路，并引导大家去思考后续的针对性做法。如今人们接触到的产品实在太多，互联网和数字时代的必然结果就是大家对注意力的争夺愈发激烈。产品只有真的击中需求，并且不断创新，才能获得成功。本书展现了产品创新的整个过程，且进行了细致的阐述。更难得的是，书中总结的创新框架具备符合这个时代的"高效"和"低成本"的优势，值得一看。

罗振宇　得到 App 创始人

会说的不一定能干，能干的不一定会说，苏杰是属于既能干又会说的少数派。本书从产品的角度来讲解企业经营之道，厚积薄发、系统深入，给我很大启发。苏杰正是沿着"球员→球星→教练"的路线成长至今，如果没机会请他做教练或顾问，不妨将本书人手一本仔细研读。老板和高管最好也能共同参与学习，因为他们经常不知道自己才是企业发展的最大瓶颈，我本人亦在此列。

吴伟　上海富友支付服务股份有限公司总裁

在急剧变化、竞争日益激烈的市场环境下，新兴行业如何持续占据风口、传统行业如何重焕生机，都绕不开"创新"这个词。而作为身处其中的从业者，创新又与每个人息息相关。基于十多年的产品经验和创新实践，相信苏杰这次总结的方法论能成为全行业从业者的创新工作指南。

吴晓波　财经作家、890 新商学、蓝狮子出版创始人

创新就是发现问题、解决问题，产品正是解决方案。中国进入了双创时代，产品经理不再是指某个狭隘的岗位，更是一种普世智慧——人人都应该是产品经理。作者从框架、理论、方法论、工具，再到案例、心得，徐徐道来，使得这本剑指产品的书

自成一个指南式的产品，让读者在收获系统价值的同时，也见证了作者的良朴匠心和多年来沉淀在专业领域的深厚功力。

薛华　吉利科技集团智慧能源研究院副院长

苏杰是我在阿里巴巴认识的非常优秀的产品经理，他勤于思考、善于总结，更难得的是，他乐于将心得体会分享给别人来帮助别人成功，是一位优秀的布道者。2010年，《人人都是产品经理》引起市场热烈反响后，苏杰不断迭代，从入门升级到案例、到思维，再到方法论。这次苏杰总结出的5MVVP可落地的低成本快速创新方法论，对我在金融行业的创新大有助益！

尹正文　平安健康保险股份有限公司 CFO

"人人都是产品经理"系列图书的第一本诞生于 2010 年，是很多年轻产品经理的第一本产品书。那是个移动互联网刚刚拉起大幕的时代，苏杰不断迭代，将产品经理从一个职业变成了一种思维方式、一种具体落地的方法论。希望本书可以给每个想要创造新产品的人带来启发！

于红　GGV 纪源资本投资执行董事

阿基米德说："给我一个支点，我就能撬起整个地球。"支点的作用是用小力撬动大物。而产品创新同样需要这样的支点，用小成本创造好产品，苏杰的新书讲的就是这样一个体系化的方法。大家可以用他在本书中所提到的 5MVVP 框架支点来多快好省地构建产品大厦。

于兆鹏　银行业产品管理、项目管理专家

十年前的《人人都是产品经理》是我初入产品经理行业的启蒙读物。十年过去，互联网思维、产品创新思维被更多的行业和公司所接受。苏杰老师作为亲历者、研究者、布道者，在新书中整理了从多年实践、咨询经验中提炼的产品创新方法论。推荐给有"创造欲"的现任/潜在产品人。

袁月　度小满理财产品运营总监

本书深入浅出，犹如千岛湖啤酒厂出品的精酿一般回味无穷，特别适合作为创业者和创新者从 0 到 1 的指导手册。另外，对于"娃娃"们也是一本不错的行业科普书。

张洁　华旦天使投资基金公司董事总经理、湾西加速器创始人

　　苏杰为"少年得到"做过一场为期两天的产品工作坊，我们获益匪浅。从长期的角度来看，公司提供的是用户价值，但是如何培养员工，如何让每个员工懂得面对用户、了解用户、服务用户呢？从短期来说，怎么保证一个产品不是某个人想象出来的，而是真正对用户友好的？这本书，对我来说是最低成本的高价值学习材料。

　　　　张泉灵　酷得少年（天津）文化传播有限公司董事长、央视前主持人

　　从入门到案例，到思维，再到方法论，十多年来，资深产品人苏杰老师的产品经理研究不断深入、迭代升级，总结出一套 5MVVP 可落地的低成本快速创新的方法论。这本书不仅适合狭义的产品经理看，也是每一位想通过产品创新改变世界的人都应该看的实用指南。

　　　　郑刚　浙江大学管理学院科技创业中心（ZTVP）主任、教授

　　这是一个物竞天择、适者生存的时代，创新在不断颠覆我们的认知。本书不仅可以开拓视野，也会让你感到创新离我们很近。

　　　　郑晓峰　杭州千岛湖啤酒有限公司董事长

　　作为苏老师多年的读者，如果说之前的几本"人人都是产品经理"系列图书更多聚焦在概念的定义、方法论的普及上，那么本书对一些常见误区的解构则更令人印象深刻。近年来随着"互联网+"的渗透，传统行业也出现了大量的产品经理角色，但由于传统行业重资产和长价值链的属性，在实践中出现了很多认知上的误区。因此，对"产品经理"角色内核的准确解读显得尤为重要。我认为本书非常适合传统行业中希望转型做产品经理的读者。

　　　　朱睿　上汽集团乘用车公司组织发展高级经理

自序：
从产品经理到产品创新

这是我的第四本书。我不是一个高产的写作者，很感谢各位亲朋好友的支持，让我坚持了下来，一篇一篇地写了十几年。写书一开始可能是为了名或利，到后来，一定是为了自我实现。写书是一种自我成长的方式，每隔三四年，把所思所想所得打个包，留作纪念。

2010 年的第一本书，叫《人人都是产品经理》，关键词是"产品经理新人"，意在让新人们知道启程的每一步应该怎么走。

2013 年的第二本书，叫《淘宝十年产品事》，讲了很多淘宝网建立十年内的产品案例。虽然实战的学习效果最好，但通过借鉴别人的案例进行学习的效率最高。

2017 年的第三本书，叫《人人都是产品经理 2.0：写给泛产品经理》，关键词是"泛产品经理"，旨在将产品经理做产品时用到的产品思维带给更广泛的群体。

2020 年的第四本书，叫《人人都是产品经理（创新版）：低成本的产品创新方法》，关键词是"产品创新"，我会试着把思维方式落地为做事方法，总结一套可落地实操的方法论，来帮助正在做产品创新的人或组织。

对"产品经理"这个岗位的理解和反思贯穿了我的职业生涯，也因此有了"人人都是产品经理"系列图书的出版。到了这一本，我意识到，其实"产品经理"这个岗位名称不重要，怎么做好产品才重要。

"产品经理岗位"是针对业务问题的一种阶段性的、组织层面的解决方案。其实，任何岗位都是这样的。纵观历史，大多数岗位都会经历出现、流行、消亡这三个过程。因为组织目标在演化，所以要做的事情在演化、分工在演化、岗位名称在演化，这是客观规律。

　　而做产品的人都知道，比解决方案更重要的，是要解决的问题。如果要解决的问题是"项目管理"，那么其中一种解决方案就叫"项目经理"。如果要解决的问题是"产品规划、需求分析、用户研究……"或者合在一起称之为"做产品"，那么它的一种解决方案就叫"产品经理"。

　　随着时间的推移，我们发现有些"做产品"的职责可以由技术人员、运营人员，甚至某些新岗位来承担，这是非常好的现象，说明我们很可能找到了更合适的解决方案。只要将团队里的各种岗位拼起来，能够把"做产品"的事情全覆盖，就没有问题。

　　因此，从某种程度上讲，没有了产品经理岗位，反而意味着"人人都是产品经理"。我在《人人都是产品经理（思维版）》里面提到一个观点——对"做产品"有热情，是有价值的，而对"做产品经理"有热情，可能会陷入对这个岗位的误解。

　　所以，岗位不重要，是否能解决问题才重要，这一点对任何工作都是一样的。多年来，我的工作围绕的关键词从"产品经理"到"产品思维"，再到"产品创新"，看似区别不大，但背后是认知的提升，是在一步步接近本质。

▶　　*产品经理阶段*：我自己在做产品经理这个岗位，也会服务产品经理同行，坚信"产品经理改变世界"。

▶　　*产品思维阶段*：我意识到产品经理人群有限，提出了"泛产品经理"的概念，希望抽象出产品经理背后相对通用的思维方式，去影响更多的人。

▶　　*产品创新阶段*：我认识到产品思维是方法，而产品创新是目的。从想到做，从思维方式具体到做事方法，才能更落地、更直接地促进改变。

　　"人人都是产品经理"系列图书的演变刚好也顺应了以上三个阶段。基于我自身的从业经历与反思，这个系列的图书才能有第四本。但我觉得对于广大读者而言，我更像是一名教练，而不是球星。球星凭借更多的是天赋异禀，普通人学不来，而教练凭借的是丰富的执教经历，也许能启发你全局性的思考。

　　我在阿里巴巴做过八年的产品经理，经手的产品有中小企业的管理软件、淘宝卖家的工具、淘宝的垂直市场、淘宝天猫会员体系/营销工具、大型活动、移动社区类产品等。同时，我也是阿里巴巴集团产品大学的负责人，集团内在线学习、知识管理平台的搭建者，还负责过阿里巴巴内部的创新孵化器。

　　离开阿里巴巴之后，我一直在做与创业创新相关的服务，是良仓孵化器的合伙创始人，良仓孵化器服务过数千家初创企业。我的另一个身份是产品创新独立顾问，服务过的客户有京东、字节跳动、华为、中国银联、平安集团、上海汽车，等等。

当然，凡事都有其局限性，我的这些工作也不例外。以上的这些工作经历是否会造成思维局限性，抑或只会形成一些无关好坏的特点，不同人有不同的理解。对此，我的理解是，靠拼胆量、拍脑袋、碰运气的时代结束了，如今的球队，既要有天才型球星，也要有熟悉套路的教练。

就"咨询顾问"这一工作经历而言，我觉得我更像是一个穿越者，可以从不同的时空视角去看这个世界，更有大局观。过去几年，我给不同类型的公司讲过课，仅仅是讲课现场用投影时碰到的事情就很有意思。

有的公司，因为自己也卖电脑，所以不允许我用苹果的笔记本电脑。

有的公司，培训教室接的视频设备还只有 VGA 接口，没有任何转接线。

有的公司，随时可以提供 HDMI、DP、USB-C 等接口，甚至无线投屏。

这种差异，让我感受到了公司之间的不同，也许是"年龄"不同，也许是"文化"不同。

当"教练"心中有了一张全局地图之后，在碰到任意一支球队、任意一名球员的时候就可以告诉他们，他们现在在哪里，他们的未来有多少种可能性……但教练无法代替球员直接上场，这也许就是本书的局限性吧。

自序结束之前，依旧要感谢对此书出版有帮助的人们。

感谢多年来合作过的每个客户，有大型企业，如京东、字节跳动、华为、中国银联、平安集团、上海汽车等，也有创业公司，是他们让本书的案例更加丰满，也希望我的工作对他们有些许帮助。感谢每个合作伙伴，包括但不限于蓝狮子、电子工业出版社、极客时间、得到、混沌大学等，在和他们进行有关"产品创新"主题的合作中，他们对内容的严格要求，让本书的原始素材增色不少。感谢设计师周全和顾秀忠制作了全书视觉引导图，是你们让本书图文并茂。

我还要感谢两位产品领域的前辈——梁宁老师、俞军老师，和他们的交流，总是可以让我发现自己认知的不足，他们是我的良师益友。

最后，我要感谢家人，特别是我的太太江咏梅和儿子苏禾。这本书原本没打算这么早出版，但因为 2020 年年初的疫情，让我们度过了几个月的宅家生活，体验了不一样的人生。我在修订编辑反馈的某些篇章时，苏禾小朋友就安静地坐在我腿上看他自己的动画片，想想也是一份有趣的回忆。

以上致谢，难免挂一漏万，如有遗漏，还请见谅。

目　录
Contents

读者服务

微信扫码回复：39482

- 获取人人系列充电大礼包
- 获取各种共享文档、线上直播、技术分享等免费资源
- 加入本书读者交流群，与更多读者互动
- 获取博文视点学院在线课程、电子书 20 元代金券

第 1 章

概述

本章将分为四节，概要如下：

1.1 节，聊一聊为什么在这个时代，产品创新和每个人都有关系。

1.2 节，看一看传统公司是如何做产品创新的，它的做法又能给我们什么启发。

1.3 节，看一看如何定义一款产品。我将以本书作为产品，进行剖析。

1.4 节，我会抛出"产品创新"的方法论大框架，即 5MVVP。

接下来，我们就开始吧。

1.1　为什么每个人都要会产品创新

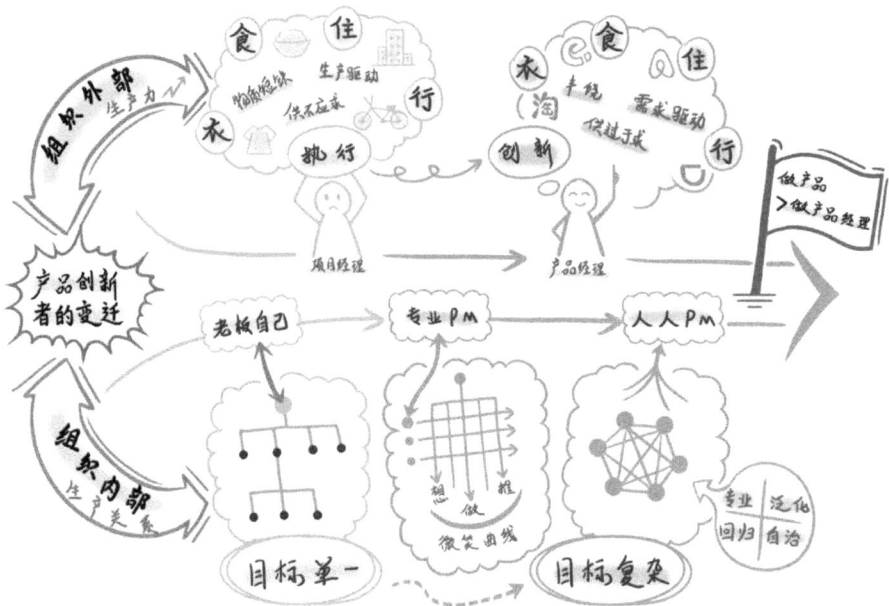

虽然不是每个人都会以产品经理为职业，但学会做产品创新、拥有产品思维，对每个人都大有益处。因为，"产品创新"早已深入我们的日常生活。

产品从短缺到丰饶

想要更直观地了解产品创新带给我们的价值，只使用简单的逻辑推演可能还不够。如果我们将目光聚焦到日常生活中的衣食住行，对比近二三十年来社会上物质资源的变化，你就会有深刻的体会。

衣

过去，衣服的颜色、款式都很单调，只能通过国营商店购买，甚至需要凭布票买布自己做，或者找裁缝做。那个物质匮乏时代的特殊产品，比如假领子，估计很多年轻人都没听说过。

现在线上线下、国产进口，以及各种品牌的产品任你挑选。作为消费者，你甚至可以借力柔性化生产，参与定制服装。最常见的，现在每个人都可以把自己喜欢的图文印在 T 恤上。

食

过去，每家每户基本上都是自己买菜做饭，很少下馆子。不仅菜品的选择范围很有限，而且烧饭使用的燃料也比较落后，不要说管道煤气，甚至罐装煤气也是稀缺的，很多家庭还得点火生炉子。

现在，不但各种餐饮店的菜式、口味丰富多彩，而且连外出就餐的时间也可以省掉——可以直接叫外卖到家里。于是，除了省钱，自己做饭甚至被视为一种情调。

住

过去，我父母作为老师，开始住的是学校废弃不用的教学楼里的一间小教室，按现在的说法就是 1 室 0 厅 0 厨 0 卫 0 阳台。在家具方面，我们极简到只有床、桌椅、柜子的地步。至于电器，在记忆中我们家刚开始就只有一台收音机。

而现在我和身边的朋友们，不管租的还是买的，住的至少都是有多间卧室、厨卫齐全的房子，家里也开始出现强调装饰性的摆件与挂画，选择电器时也开始考虑品牌，并且随着消费的升级，原来没有的烘干机、洗碗机这样的品类也进入了日常生活。

行

过去，近距离出行时人们通常会选择自行车或公交车，社会上几乎没有私家车，出远门则需要单位开介绍信才能乘坐飞机或者火车。我第一次听说的时候也很吃惊。

现在，如果是近距离的出行，虽然不是所有人都有私家车，但选择却很多——用软件租车、打车，还有共享自行车和电动车。出远门的话，高铁动车比起原来的火车快了太多，坐飞机也很方便，以至于被戏称为"打飞的"，这些过去无比奢侈的事情现在已经因过于平常而失去了仪式感。

以上是一些生活中物质条件的变化。相信通过这些对比，你可以体会到，随着各行各业的供给越来越丰饶，留给产品创新的空间也越来越大。

不管你是否在意，各种创新产品已经悄无声息地进入你的生活。当然，如果你只是这些产品的使用者，只要知道它们是否好用就够了。可如果你想要参与到下一个十年的产品创新浪潮中，就一定要了解"产品创新"的内涵。

产品创新者的变迁

要了解这一切产品创新背后的本质，就要去了解做产品创新的人。所以，我们先从社会的组织分工说起。

人类为了做一些单个人做不了的事，形成了各种组织。比如从社会生产的方面来看，随着历史的演进，人类的生产组织经历了从家庭式作坊到集中式手工作坊，到工厂，再到公司等形式的变化。组织形式的演变（这也是一种生产关系的变化），反映出人们想做的事情越来越复杂。

当组织目标不那么复杂的时候，负责产品创新的人显然就是这个组织的老板。而当目标复杂到一定程度以后，组织里就会出现一种岗位，叫"产品经理"，他是整体目标下的某个子目标的负责人。

据可查的资料显示，产品经理（Product Manager）诞生于二十世纪二三十年代的宝洁公司。产品经理做的事情看起来和项目经理（Project Manager）很像。没错，这两个"经理"不仅简称都是 PM，而且都是某个跨职能部门的负责人，通常都没有实权，需要做很多沟通协调的事情。

但这两个 PM 是有差异的，而且通过对比差异，我们可以更清楚地了解产品经理岗位的本质——负责产品创新。以下是两者的差异：

项目经理和产品经理最根本的差异就是目标的差异。项目经理通常强调完成任务，追求的目标可以用"多快好省"这个词来概括。多，是希望项目范围尽量大；快，是希望项目周期尽量短；好，是希望项目质量尽量高；省，是希望资源消耗尽量少。这些目标，其实都是与项目完成度相关的，很少涉及商业方面的考虑。

而产品经理则不同。通常，一个真正对产品整体负责的产品经理，他更多要考虑的是商业层面的内容，比如用户数、活跃度、收入、利润、市场占有率。很明显，这些指向的是最终的商业目标，而不是"多快好省"这样的过程目标。

由目标的差异推导，我们不难发现，项目经理更强调执行，他的工作是接到一个任务后正确地做事；产品经理更强调创新，他的工作是设定一个目标后做正确的事。两者需要不同的工作能力，而且对不同工作能力的需求甚至会发生冲突。

回顾过往的工作经历，我的体会是，过去需要的是项目经理式的工作能力，而现在更强调产品经理式的工作能力。这个变化背后有着很深刻的时代背景，那就是：我们所处的社会中，各种产品的供给，都在从短缺走向丰饶。

当供给短缺时，所有的产品做出来都不愁没人用、没人买。所以，竞争仅仅是厂家之间的行为。这时，所有人都在追求更高效地把产品做出来，用户需求并没有那么重要。

而随着技术的进步、工具的发达，产品供给开始丰饶起来，用户的选择越来越多。这时候，生产者在竞争中就更重视如何打动用户、如何使自己的产品成为用户的首选。

这一变化的结果就是用户变得越来越重要。整个市场从生产驱动变成了需求驱动，产品开始越来越强调创新，因此产品经理的岗位需求也越来越多。

也许你会问，产品创新涉及的行业这么多，为什么"产品经理"这个岗位最先在互联网行业中火了起来呢?

一方面是因为互联网产品的形态最简单。它们没有物理实体，少有各种服务，所以最容易变得供给丰饶。很多 20 年前"互联网田园时代"的故事里就有相似的情节：三五个程序员，租一间民房，经过三五个月的开发，就能够发布一款让自己一举成名的产品。在这样的环境中，灵活、快速迭代的互联网产品需要"产品经理"来把握发展方向。

另一方面是因为互联网产品是每个人每天都在用的，所以每个人都能说上两句，更降低了入门门槛。张小龙[1]就开玩笑说过，有一亿用户想教他怎么做微信。于是，互联网产品经理背后的思维方式和做事方法就变成了显学。

不同行业的产品经理做的事情千差万别。真正的产品经理最终要对产品的成功负责，所以做什么事对结果有帮助，产品经理就会去做什么事。

宏碁集团的创办人施振荣先生提出过微笑曲线，如图 1-1 所示。他认为在产品从无到有的全过程中，有两件事情能极大提高结果的附加值：一是前期的研发设计，二是后期的品牌营销。

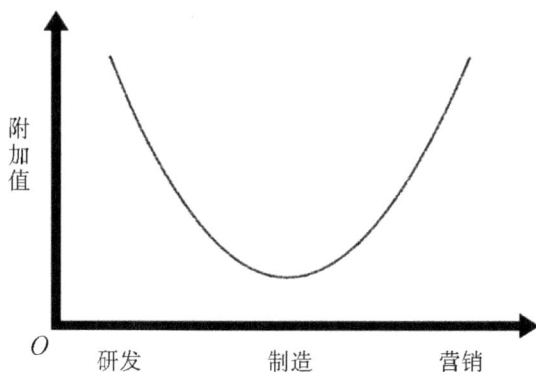

图 1-1　微笑曲线

1　张小龙，腾讯公司高级副总裁，微信项目负责人，被誉为"微信之父"。

不同行业产品经理的工作内容不尽相同，原因很简单：传统行业的产品经理多在做营销类的工作，这是因为在成熟行业中，营销比研发设计能创造更大价值；互联网行业的产品经理多在做研发设计，是因为在新兴行业中，研发设计能创造更大的价值。这和行业成熟度有关，若有一天互联网变成了夕阳行业，那它的产品经理也一定会开始重点思考营销类的事情。

透过产品经理，以及其他产品创新者的职业发展变化，我看到了几个趋势，它们从不同角度回答了"为什么每个人都要学习产品创新"这个问题。

第一是细分。我们发现，在互联网行业中已经出现了人工智能产品经理、电商产品经理、数据产品经理等各种维度的细分。这是一种产品——如果我们把产品经理这个岗位也看作一种产品的话——走向成熟的必然结果，也是产品创新进入深水区、和各行各业紧密结合的标志。

第二是泛化。越来越多的产品经理周边岗位开始承担产品经理的部分职责，这个趋势让我认识到，也许将来在组织里无论是不是产品经理，人们都要做一些和产品创新有关的事情。所以，我们需要具备产品思维，掌握一些产品创新的方法。

第三是回归。这是相对长期的趋势。产品经理岗位从传统行业诞生，由互联网行业发扬光大，未来会再回到各个行业中去。因为每个行业都在经历从"短缺"到"丰饶"的演变，互联网行业只是先走了一步而已。这种趋势会给每一个行业带来二次创新的机会。

第四是自治。最近十来年，我们可以观察到个人与组织关系的新变化，即从公司雇佣员工，变为平台赋能个体。因为技术、工具的发展，组织不再那么强势，个人的能量越来越大。自由职业者越来越多，意味着他们都要对"一个人的公司"负责，要对产品创新负责。

所以，不管读者从事什么行业、处于什么岗位，我想本书都能给你带来一些启发。

小结

我将这一节的内容总结为一句话——"做产品，而不是做产品经理"。产品经理岗位终将不复存在，但做出更好的产品，是人类永恒的追求。这些适应新时代的产品创新的方法，就是做出好产品的钥匙。

思考题

这几年我们能够感受到，很多传统产品也在不断创新。比如卖矿泉水，除了卖水本身，现在还出现了"卖水卡"的新模式。消费者可以通过购买水卡，提前充值一年的消费金额。而其中高级的水卡持有者，甚至可以成为某个矿泉的"矿主"，相当于某种会员，如此一来，各种关于会员制的玩法就都可以用上了。

随着生产力的丰富，产品的竞争焦点已经从功能、价格等基础要素，发展到产品的品牌、文化、价值观认同等高级要素了。请你找一个熟悉的产品领域，对比一下"短缺时代"和"丰饶时代"的情景，把你的感受分享给更多的人。

1.2 传统行业的产品创新：千岛湖啤酒的脑洞

一家传统公司，对产品的理解是什么，它又是如何进化的？

2019 年，我和一些正在创业的朋友们去参观了一家公司——杭州千岛湖啤酒有限公司。它们的产品到底是什么？只是一瓶啤酒吗？和郑晓峰董事长进行了比较深入的交流后，我对传统行业的产品创新有了新的认识。

故事开始前，也许你还不了解千岛湖啤酒，所以我先简单介绍一下千岛湖啤酒的历史。

著名的旅游景点"千岛湖"其实是一个人工水库。1985 年，为解决水库移民的就业问题，淳安县政府在千岛湖的湖区筹建了一家啤酒厂。1998 年，通过管理层收购的方式，它转制成为杭州千岛湖啤酒有限公司。

千岛湖啤酒的产品经历了几十年来的不断发展，我将其总结为以下四大部分。

不断迭代的内核

啤酒——那些包装瓶里装的液体，肯定是千岛湖啤酒最基础的产品，这是内核。围绕着这个产品，我们能想到它的全流程。

酵母、麦芽、酒花等酿造啤酒需要的原材料在一个又一个的生产车间中经过加工，然后到达每个重达数百吨的贮存啤酒半成品的"罐子"中。接着等待啤酒酿好之后装瓶，最后通过各种渠道到达消费者手中。这个过程是任何一家公司的产品都要经历的，我把它叫作内核，是公司的立身之本，需要不断进化。

在这个过程中，千岛湖啤酒最核心的产品要素——口味，就经历了"苦、淡爽、有好味"三大步迭代。

不知道你对 20 世纪 90 年代的啤酒是否了解，那会儿啤酒有一个外号叫"马尿"，除了颜色的原因，更主要是因为它的口味很苦，所以它的目标用户就是少数真正爱喝啤酒的最硬核的人。后来，啤酒的口味逐渐变淡，很多淡爽型啤酒面世，受众面扩大，更多的人愿意喝啤酒了。再往后，才有了如今市面上的各种口味分类：黑啤、白啤、果啤、淡爽、原浆，等等。

千岛湖啤酒口味演变的这三步，完整地体现出大部分市场都有的规律——早期产品只有少量的核心用户，接着就要扩大用户规模，渐渐产品被主流用户所接受，于是对产品进行细分,以深度满足用户。如果你熟悉本书 5.1 节谈到的用户生命周期运营的逻辑,就会发现这也符合先拉新、再激活的规律。

当然,到了这两年,啤酒市场更加细分,产生了精酿这种口味,后文会有更详细的讲解。

适应场景的包装

说完了内核,我们来讲第二部分。图 1-2 展示了各种各样装啤酒的箱子,这些箱子叫什么?用通俗一点的说法,可以把它叫作"包装",换一个时髦点的词,我把它叫作"用户界面"。

图1-2　千岛湖啤酒包装

对于任何产品,用户在接触到其内核之前,一定会先接触到某种形式的介质。类似的隔在用户和产品内核之间的一切事物,都可以称作"用户界面"。随着用户需求场景的变化,更需要快速响应且更容易快速响应的其实是用户界面而不是产品内核。如果用户界面不受欢迎,你的内核都没机会让用户用到。

整箱千岛湖啤酒的包装,是从木条箱到塑料箱再过渡到纸箱的。一方面,成本在逐步降低，另一方面，箱子的功能也从纯粹为了"储存运输"过渡到"兼顾品牌营销"。这个过程体现出了包装"做出来"与"推出去"的效率提升，5.3 节会详细解释这一点。

在市场早期，只要核心产品好，就"酒香不怕巷子深"；但在一个充分竞争的市场，"酒香也要勤吆喝"，所以用户界面就变得越来越重要。

图 1-2 中的包装箱可以算是面对小型 B 端的包装，而啤酒瓶，则是面向 C 端——终端消费者的包装。

图 1-3 是千岛湖啤酒单瓶的样式变化，图中是按照时间顺序排列的，你会发现一个明显且有趣的规律，就是它的瓶身越来越小了。这是为什么？在我看来，最本质的原因就是"适应场景包装"，也就是说用户需求场景变了。

图 1-3　千岛湖啤酒单瓶的样式变化

420ml 的墨绿色玻璃瓶，不知道能让你联想到什么场景？我想到的是，夏夜、路边、大排档，几个爱喝酒的大老爷们儿侃侃而谈。而最右边 230ml 的棕色小瓶，让我想到的是，在一个酒吧里年轻男女人手一瓶，边喝边聊。如果我们把这两个场景中出现的产品对调，你就会明显感到画风不对：大排档里的大老爷们儿忽然就有点"娘"了，而酒吧里的年轻人仿佛要开始打群架。

从上述例子扩展开来，单瓶的包装也从纯玻璃瓶演变出各种其他材质的包装，以适应各种用户需求场景。比如图 1-4 中的鲜/扎啤桶就容易让人联想到烤肉店。

| 白瓶水波纹 | 夜店异型 | 易拉罐 | 橡木桶 | 鲜/扎啤桶 | 马口铁 |

图 1-4 千岛湖啤酒各类单瓶包装

从实体到服务

接下来我们来看第三部分。

2015 年，千岛湖啤酒在杭州武林门商圈的银泰城三楼的临街店铺，开了一个叫"CheerDay 啤酒+"的酒吧式体验店，如图 1-5 所示。"CheerDay"是千岛湖啤酒的英文品牌名。这个店里从装修到日常的灯光音响，到餐食，到员工，一切都很潮。

图 1-5 "CheerDay 啤酒+"体验店

开这样一家体验店的意义是什么？在我看来，这是一次大胆的扩展尝试，从卖啤酒到卖"喝啤酒的场景"，从卖实体产品到卖和产品有关的服务。本书 4.1 节里会提到，随着用户越来越重要，我们交付的产品服务系统，往往有服务比例增加的趋势，这又是一个例证。

另外，这也说明千岛湖啤酒开始尝试卖文化、卖品牌，试图满足用户的深层需求并影响用户心智。关于这一点，本书会在 2.3 节和 3.1 节里详细展开。任何一家公司，如果一直只是卖实体物品，想象空间是很有限的。只有开始影响用户心智，公司才能突破天花板。

比如迪士尼卖的不是电影、玩偶，而是帮用户造梦；星巴克卖的也不是一杯杯的咖啡，而是一种线下实体空间。同样的，千岛湖啤酒也把自己的广告语改成了"酿造快乐生活"，它的企业目标不是酿酒，而是酿造生活。

不过实话实说，创新从来都是九死一生，这家店也不例外。因为经验不足，这个酒吧造成了较大的亏损，后来被千岛湖啤酒主动关掉了。2.5 节我们将谈到"点子过滤器"，通过分析，我们会了解到当时千岛湖啤酒存在内部能力不足的问题，比如他们团队没有任何经验。

但成功的创新者，总是要总结失败教训，继续前行。千岛湖啤酒很快在这个方向上扬长避短地做出了第二次尝试。他们在自己的工厂周边，建起了"千岛湖啤酒小镇"。关于这个小镇，有以下几个特点值得一说：

第一，因为当年的再就业工程，政府给予了土地资源上的支持。配套地块的位置很好，到千岛湖高速路口开车只需不到五分钟。

第二，千岛湖啤酒在市场份额上无法与青岛啤酒、雪花啤酒形成竞争，所以并没有扩建厂房的需要。

第三，虽然这块地的面积不小，但土地持有成本很低，一直闲置着没有投入使用。

（上述三点属于千岛湖啤酒内部尚未被利用的能力，也是其独占的资源。）

第四，千岛湖是个极具价值的旅游文化IP[1]。这是外部宏观环境的加分项。

1　IP（Intellectual Property），知识产权。

第五，公司要从卖酒升级到卖生活方式、卖文化。这是内部意愿的加分项。

于是，千岛湖啤酒小镇应运而生，如图 1-6 所示。在这个地中海风格的小镇里，除了可以喝酒，还有一个可以用啤酒泡澡的啤酒温泉酒店。更有趣的是，小镇里有一个可以合法"酒驾"的地方——卡丁车赛车场，我和朋友们在上场前，每人"吹"了一瓶。这是一段非常有趣的回忆，也是一个让用户还想再去的理由。

图 1-6　千岛湖啤酒小镇

后来，我了解到他们还尝试了很多跨界合作：举办"啤酒音乐节"；参加明星真人秀节目；建造啤酒博物院，里面有啤酒艺术坊、精酿学堂、醉酒屋、"啤酒拯救世界"影院、儿童体验馆等极具啤酒元素的文化项目。他们确实在"酿造快乐生活"的方向上做了很多尝试。

这样的一个小镇，不但适合个人旅游，也很适合组织公司团建活动，目前发展得不错。通过这样的操作，千岛湖啤酒就从"有用"（可以喝），进化到"好用"（在有体验感的小镇里喝啤酒体会文化），再发展到"爱用"了。这种产品进化的逻辑，我们会在 4.2 节里展开细谈。

直到今天，我在情感上还很怀念酒后开卡丁车的感觉。

从产品到平台

最后，我们说说第四部分——从产品到平台。千岛湖啤酒已经从自己做啤酒，发展成为"帮别人做啤酒"的平台。

简单来说，千岛湖啤酒建立起了一个OEM代工平台[1]。好比互联网企业，发展壮大以后就可以开放API[2]，千岛湖啤酒也可以把自己的酿酒能力开放给各种第三方。听起来平淡无奇，但千岛湖啤酒又一次扬长避短，抓住了机会。

前文提到，千岛湖啤酒其实不算是一个全国性的大厂，它的啤酒产量并不占优势，因为它的生产线规模比较小。

但"啤酒"这个市场很有意思，由于市场越来越细分，出现了一个小风口——精酿啤酒，正好需要小生产线。普通啤酒和精酿啤酒的区别，有点类似肯德基、麦当劳等快餐店和私房菜馆的区别，工业化生产的啤酒和精酿啤酒在口味上有着巨大差异。与此同时，市场上的个性化需求越来越多，很多跨界企业、文化品牌希望定制个性化的啤酒，这也是一种趋势。

这两个趋势，使得千岛湖啤酒的小生产线反而有了用武之地。于是，他们就在这个方向上不断探索，比如他们给海底捞定制了啤酒，给杭州市定制了用市花桂花酿造的桂花啤酒。

千岛湖啤酒在小规模定制（也被称为柔性化生产）的道路上越走越远。如果探索出适合一次只生产几千瓶啤酒的生产线，这类定制就可以对应企业年会的场景。举个例子，某公司过去一年业绩很不好，那就可以定制一款很苦的啤酒，让员工对这一年的年会记忆深刻，产品也就达到了有情感链接的"爱用"层面。更进一步，它还可以探索几百瓶啤酒的定制场景，这就有可能是为了满足婚礼或聚会的需要。

在别人都越做越大的时候，千岛湖啤酒反其道而行之，尝试推进面向 C 端（个人消费者）的私人制酒软件平台——Mybeer。用户可以在小程序上选择喜欢的啤酒，并自选酒瓶包装，做一次小小的定制。今后，他们还有计划上线啤酒花种类、麦芽种类、辅料等的自选功能，把酿酒的部分环节做成游戏，再结合智能化的生产设备，让你成为酿酒师，发挥你的创造力，让你参与酿造属于自己的啤酒。

这些动作甚至可以改变"只有高价白酒红酒，没有高价啤酒"的固有市场认知。

---

1   OEM（Original Equipment Manufacturer），也称为定点生产，俗称代工（生产）。

2   API，Application Programming Interface，应用程序接口。

而千岛湖啤酒这些成功的案例背后，需要进行很多种尝试来提升研发生产效率，比如数字化、智能化。

用千岛湖啤酒自己的话来说，他们力求成为品类最全的"世界特色精酿啤酒智造商"（注意，这句话里的"智"是智慧的"智"），把自己的各种能力产品化，服务行业里的其他玩家。成为标准制定者，这是平台化的思路；把潜在的竞争对手变成自己的客户，这是格局的提升，也是从提供"个体价值"到"生态黏性"的进步。

小结

产品到底是什么、产品创新要做什么，至少要包括以下四方面：

- ▶　内核，要不断迭代内核。

- ▶　包装，要适应场景包装。

- ▶　服务，要从实体到服务。

- ▶　平台，要从自营到平台。

思考题

产品创新要做的事情，其实包括但不限于以上提到的这些，随着你对问题思考的不断深入，产品就可以不断延展，要做的事情也会延展，就像千岛湖啤酒，从"酿酒"到"酿造快乐生活"。这一节的故事，让你想到了什么企业，在固有认知之外，"脑洞大开"地做出了全新的产品呢？欢迎分享。

1.3   作为一个产品的本书

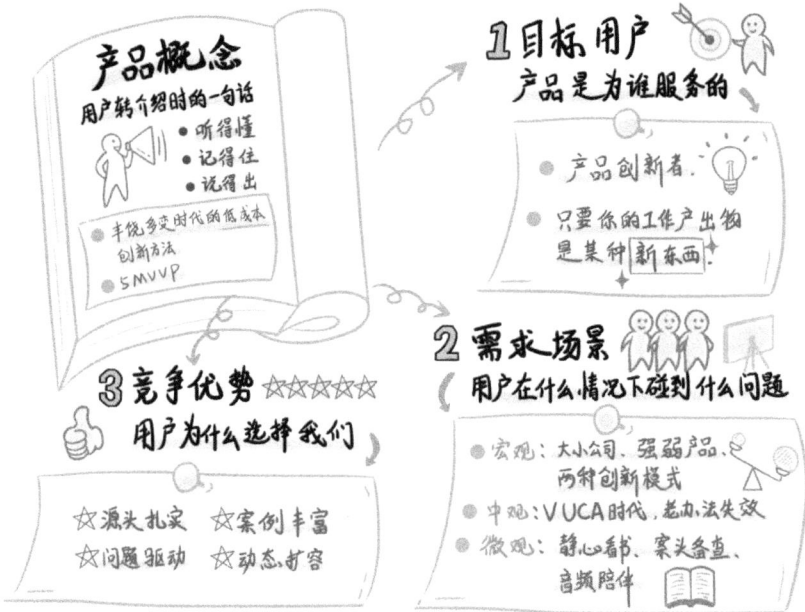

我把产品定义为"解决某个问题的东西"。如果要用最简单的方式描述一个产品，我会抓住四点：目标用户是谁、需求场景是什么、产品概念是什么，以及竞争优势在哪里。简单来说，这四点可以用一句话来描述——为了解决什么人的什么问题，做了什么产品，这一产品又有什么特别之处。

举几个例子。

描述"微信游戏"这个产品，我们可以这么说：为了让更多的微信用户能"黏"在微信里并更好地进行社交，微信做了很多小游戏，其特别之处在于通过游戏让玩家之间的联系更加紧密。

描述天猫"双 11"购物节活动，我们可以这么说：为了让网购人群在相对的消费淡季也能买到便宜实惠的商品，淘宝和天猫创造了"双 11"购物节，利用自己的巨大流量和数据积累，让商家、消费者都能因此获益。

描述家庭年夜饭，我们可以这么说：为了让全家人在除夕夜可以其乐融融地团聚，我需要准备一桌子丰盛的饭菜，除了让大家吃好喝好，还能为新的一年留下美好的回忆。

描述项目启动会议，我们可以这么说：为了让项目组的临时团队可以对项目的背景、目标、任务等信息达成共识，我需要组织一场项目启动会，最好能让这个临时团队对项目产生发自内心的认可。

描述作为一个产品的本书，我们可以这么说：为了让产品创新者可以在丰饶多变的时代，解决产品创新问题，我写了一本讲述低成本产品创新方法的书，力求做到源头扎实、案例丰富、问题驱动、动态扩容，如图 1-7 所示。

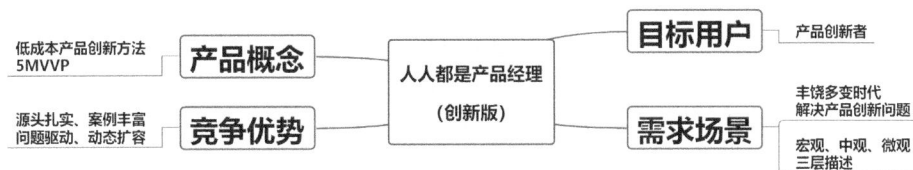

图 1-7　作为一个产品的本书

接下来，我们用这个框架来具体描述一下本书。

目标用户

这本书的目标用户是产品创新者。产品创新者的工作产出物是"某种尚未出现的新东西"。

比如互联网产品经理让世界上出现了原来没有的网站、App，建筑设计师设计出了新的大楼，餐厅大厨研发了新的菜式，自由开发者编写出了有用的代码……他们都是产品创新者。而一些客服人员、窗口售票员、写字楼里的保洁人员，就不太符合这个标准。

身处这个时代，我们每个人更应该朝"产品创新者"的职业发展方向去努力，这样才能更晚一点被智能时代的 AI 取代。

需求场景

我将从宏观、中观、微观三个尺度来讲解需求场景，帮助大家理解本书所能解决的问题。

首先是宏观尺度，即产品创新对哪种公司、哪类产品很重要。

我依据公司大小、产品强弱分出了四种情况。"强产品"是已经取得市场领先地位的产品。而"弱产品"是指相对新进入市场的产品，以下我们都用"新产品"来表述。所以，在这个定义下，"小公司强产品"几乎是不存在的，因为有强产品的往往已经是大公司了，剩下的三种情况，我们依次说明，如图1-8所示。

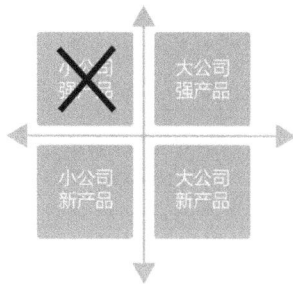

图1-8　公司大小、产品强弱的四种情况

第一，小公司新产品的情况，也就是非常常见的创业公司初创期的场景。图1-9

展示了硅谷的一家调研公司 CB Insights 对 101 家创业公司失败原因的调查结果，这份调查虽然是在 2014 年做的，但结论依然具有参考价值。

图 1-9　创业公司的失败原因前 20 名
数据来源：CB Insights

图 1-9 中数据显示，排名第一的失败原因是没有市场需求（No Market Need，42%），显然这就是产品创新的问题，而且它的比例明显高于资金耗尽（Ran Out of Cash，29%）和团队不适合（Not the Right Team，23%）的问题。

第二，大公司新产品的情况。大公司相比小公司最大的优势就是"要钱有钱，要人有人"。但是，我们依然会看到很多大公司在产品创新方面的失败案例。

说一个我亲历的产品——"来往"的故事。

2013 年，阿里巴巴盘点内部业务时，发现在移动互联网领域的投入过低，而放眼整个业界，微信势头正劲，对阿里巴巴的电商、支付业务有很大的潜在威胁。于是，阿里巴巴提出了一个口号叫"All in 无线"，并且自上而下地把"来往"这个产品推到前线，准备和微信正面对抗。

当时，阿里巴巴抽调了大量人才去支援"来往"，短短两三个月的时间，团队就从 20 多人扩张到了 200 多人 [1]，每一个产品经理到了"来往"的团队，都会问一个问题："用户为什么需要'来往'？"但半个月后，大多数人都不问了，因为大家发现，不是用户需要"来往"，而是公司战略需要"来往"。

对于一个产品来说，公司战略需要当然重要，但用户需要也不可或缺。"来往"失败的原因，可以说是大公司做新产品时最常见的错误之一。

不过，"来往"团队里的一些人始终没有放弃对用户价值的探索。在后来和微信进行差异化竞争的过程中，他们做出了面向企业和商务场景的移动产品——钉钉。这也是一个持续探索、持续创新的故事。

第三，大公司强产品的情况。如果一家公司已经有了强产品，是不是就高枕无忧了？显然不是的。因为任何产品都有自己的生命周期。

长期来看，产品创新有两种演进模式，如图 1-10 所示。

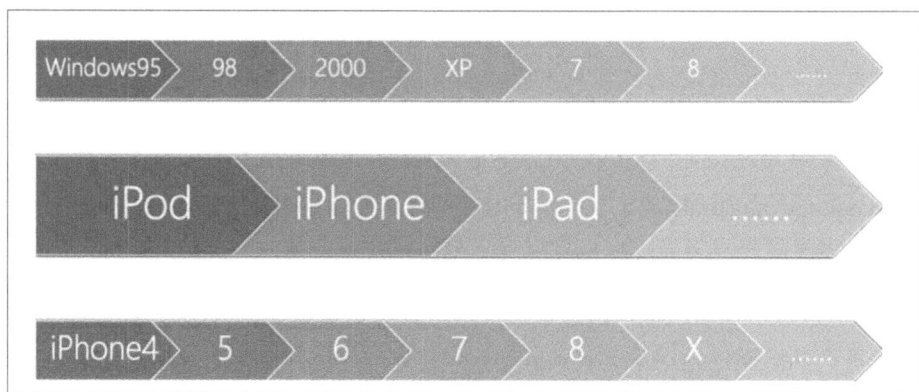

图 1-10　产品创新的两种演进模式

1　事后看，这种团队扩张也不符合产品创新的做事逻辑：在尚未探索出正确的方向之前，过早地堆砌资源会导致团队耐心减弱、动作变形。

图 1-10 中 Windows 和 iPhone 的线路是渐进式创新，而 iPod 到 iPhone 再到 iPad 的线路则是跨越式创新，两种创新都很重要，有各自的适用性。

我们都知道，单一产品的生长有一条 S 型的曲线，如图 1-11 所示，当某条 S 曲线（即第一曲线）进入高速成长期时，沿着它做渐进式创新显然是 ROI（投资回报率）最高的做法。之后，这个产品到达增长极限，我们就需要灵活切换到第二曲线，利用已有的积累，推出新的产品。本书认为，这两个场景的时间尺度不同，但背后的道理是相似的，即对于大公司强产品的情况，也需要持续地去做产品创新。

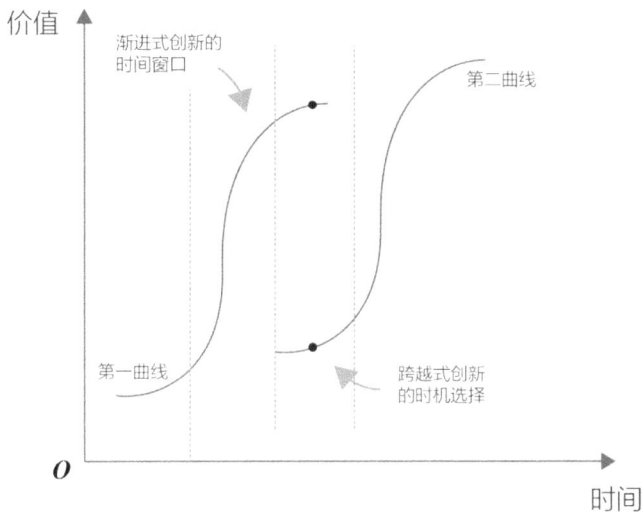

图 1-11　渐进式创新和跨越式创新的适用场景

其次是中观尺度，即具体做产品创新的操作时会遇到的困境。

我们需要先了解一个概念——VUCA（中文发音一般为"乌卡"），这四个字母分别对应着一个英文单词的首字母。

▶　　V：Volatility 易变性

▶　　U：Uncertainty 不确定性

▶　　C：Complexity 复杂性

▶　　A：Ambiguity 模糊性

简单地说，VUCA 描述的其实是时代特征。我们这个世界的变化速度太快，问题也越来越复杂，如果还是使用传统的方法去做产品，往往会做出一个市场不需要的东西。下面这个故事或许可以清楚地告诉我们，VUCA 时代下我们到底在面临什么样的困境。这个故事来源于我组织翻译的《启示录：打造用户喜爱的产品》一书。

该书作者 Marty Cagan 当时在如日中天的惠普公司和优秀的团队一起开发一款技术领先的软件。他们辛勤工作一年多，牺牲了无数个夜晚和周末，为惠普增添了不少专利，也开发出了符合品质要求的产品。然后，团队把产品翻译成多种语言版本，培训销售团队、做媒体公关，都收到了良好的反馈。产品发布后，正当大家以为万事俱备，准备开始庆贺的时候，问题出现了——没人购买这款产品。

他们的工作模式是软件工程中非常成熟的瀑布模型 [1]——确定目标，然后设计、开发、测试、发布。但这个方法论的有效性是有隐藏前提的：在确定目标到发布的这段时间里，需求不会发生变化。

而在 VUCA 时代，以上假设能成立吗？显然不能。信息无时无刻不在变化，用户的需求无时无刻不在变化。对于这个问题，各行各业推出了很多各自的解决方案，而本书试图提出一种方法论框架。

最后是微观尺度，即在具体的日常工作中，读者在什么场景下会与本书发生关系。

以下是我为这一问题设想的几个场景。

第一，它提供了数百页的文字主体，可以让读者静心看书时在脑中建立起一整套产品创新的方法论框架。

第二，将它用作案头资料时，读者可以按照视觉引导图和目录作为索引，查看对应的章节，并且找到进一步研究的关键词线索。

第三，作为配套产品，本书的部分章节可以链接到对应的音频内容。这些用口语化方式讲述的内容，让读者可以充分利用通勤路上以及晨间睡前的时间。如果读者对音频感兴趣的话，可以扫描图 1-12 中的二维码免费试听。对于要付费购买全集的读者，我特别设置了一个专属的优惠码 "rrdscpjl3"，可以在已有优惠的基础上再减 10 元。

1　瀑布模型是将软件生存周期的各项活动规定为按固定顺序连接的若干阶段的工作，形如瀑布流水，最终得到软件产品。

图 1-12　产品创新主题的音频课

产品概念

这本书在我看来，并非只有书里的文字，还应该包括书中近 30 张视觉引导图、关联的音频内容、不断更新的扩展案例和话题，以及一个更大的产品服务系统。这个产品服务系统包括有 2B 的培训、课程，2C 的咨询，等等，是一整套知识服务的产品矩阵。随着这些年我对产品经理的思考深入，本书作为产品服务系统的使命也逐渐清晰，截至 2020 年，它的定义是——助力中国产品创新，建设理性思考框架。

如果用一句话来概括本书内容就是：**丰饶多变时代的低成本产品创新方法**。

首先，具体来讲，本书的章节采用"总分总"的结构。

总：在第 1 章，我会聊聊我们这个时代产品创新的特点，以及方法论的整体结构。简言之，这套方法论的要点就是从少到多、分阶段投入资源、灵活进退。

分：第 2 章到第 6 章的每章对应五轮 MVVP 中的一轮。其中 MVV 代表"最小可行且有价值"，是英文 Minimum Viable/Valuable 这几个单词的首字母缩写，而每个 P 分别代表 Paperwork(案头研究)、Prototype(原型设计)、Product(产品开发)、Promotion（运营推广）、Portfolio（复制组合）五个英文单词。

总：在第 7 章，我会从广义的投资人和广义的创业者视角，补充一些如何做好产品创新的话题，以及我的产品服务系统在这个领域还能为你做些什么。

其次，在本书主体部分，每一节都试着回答一个大家关心的关于产品创新的问题。一共有 20 个问题，相信大家看过之后，会对本书内容有更多的了解。

第 2 章　案头研究：MVV Paperwork

2.1 节　如何尽可能全面地看到潜在的用户，帮助产品构建完整的用户生态？

2.2 节　需求采集的方式有哪些，各自的优势劣势是什么，如何灵活选择？

2.3 节　如何从用户生态中找到重点用户，发现他们的真实需求？

2.4 节　目前的产品构想面临的竞品有哪些，怎么理解竞品生态？

2.5 节　想法特别多时，如何筛选出靠谱的点子？

第 3 章　原型设计：MVV Prototype

3.1 节　从问题到方案，最直接有效的思考路径是什么？

3.2 节　如何低成本验证想法？常用的免开发原型有哪些？

3.3 节　怎么像谷歌一样，用最短的时间快速验证产品方案？

第 4 章　产品开发：MVV Product

4.1 节　什么是产品？一个完整的产品包含哪些部分？它又有怎样的演变趋势？

4.2 节　如何评判一个产品的好坏，有什么常见的判断标准和特质？

4.3 节　对于从零起步的产品，最早的几轮迭代应该做哪些模块？

4.4 节　资源有限，要做的功能很多，该如何区别对待？

第 5 章 运营推广：MVV Promotion

5.1 节 产品在生命周期不同阶段的增长策略是什么，分别应该怎么"推"？

5.2 节 如何制定正确的成功指标，从而避免被虚荣指标欺骗，更好地衡量"推"的效果？

5.3 节 如何有效率地把产品"做出来"和"推出去"？

5.4 节 产品如何自我造血、成功实现商业化？常见的商业模式又有哪些？

第 6 章 复制组合：MVV Portfolio

6.1 节 如何从成功的单个产品到成功的产品矩阵？

6.2 节 如何提升团队的沟通与协作效率？

6.3 节 如何构建持续创新的组织文化？

6.4 节 如何让公司保持长久的生命力，跨越行业周期？

竞争优势

本书的竞争优势有以下四方面：

第一，源头扎实。本书的底层逻辑、方法论参考了我自己编写和组织翻译的多本图书，并非凭空搭建，而这些丰富的内容来源，也使得本书具备了一些独一无二的积淀。

第二，案例丰富。本书融入了最近几年我参与的几十个咨询案例，方法论也经过了一定程度的验证。

第三，问题驱动。本书的内容立足于实操问题（虽然这算不上优势，但也是一个特点）。内容不求流程上的完整，但求每一节都实用。大家可以再回顾一下上文，看看其中是否有困扰你的问题。

第四，动态更新。本书内容不仅仅是你看到的静态文字，还有更多的扩展内容。和书里的每一节类似，这些扩展内容将来也会以扩展案例和扩展话题的方式不断补充进来。你可以通过关注我的微信公众号（iamsujie_public）来获取。

小结

作为一个产品的本书，它讲述了丰饶多变时代的低成本创新方法，提出了五轮MVVP框架，并且通过扩展内容，不断动态更新。

思考题

试着给你负责的产品下一个定义。你会如何描述它的目标用户、需求场景、产品概念与竞争优势?

扩展话题：好的产品概念，是用户传播时的一句话

每一个产品都需要一句话的解释（连它的名字也应该做到用一句话即可解释），我把这句话叫作"产品概念"。

不好的产品概念有很多，比如：

▶ 过于技术视角，如"基于 XXX 的 YYY 平台"，这是典型的只有少数业内人士才能理解的内部语言。

▶ 明显夸大，如"包生男/女孩，无效退款"，这种夸大往往失实，对用户起到了误导的作用。

▶ 立意高远但表意并不明确，如"让天下没有难做的生意"，这更适合做企业的使命。

比较好的产品概念应该符合用户的口吻。形象地说，好的产品概念应该是用户在

向他人介绍产品时说的一句话。我们举几个例子来理解。

▶　　解释产品解决了什么问题，如"帮你花 20 分钟时间快速了解一本书"。

▶　　与标杆产品进行类比，如"中国的 LinkedIn""专门面向学生群体的陌陌"。

好的产品概念应该满足以下三个条件。

▶　　听得懂：采用用户的语言，不拽专业词汇。

▶　　记得住：朗朗上口，和用户痛点绑定，有记忆点。

▶　　说得出：符合身份，说这句话不丢人，甚至有优越感。

1.4　产品从无到有的方法框架

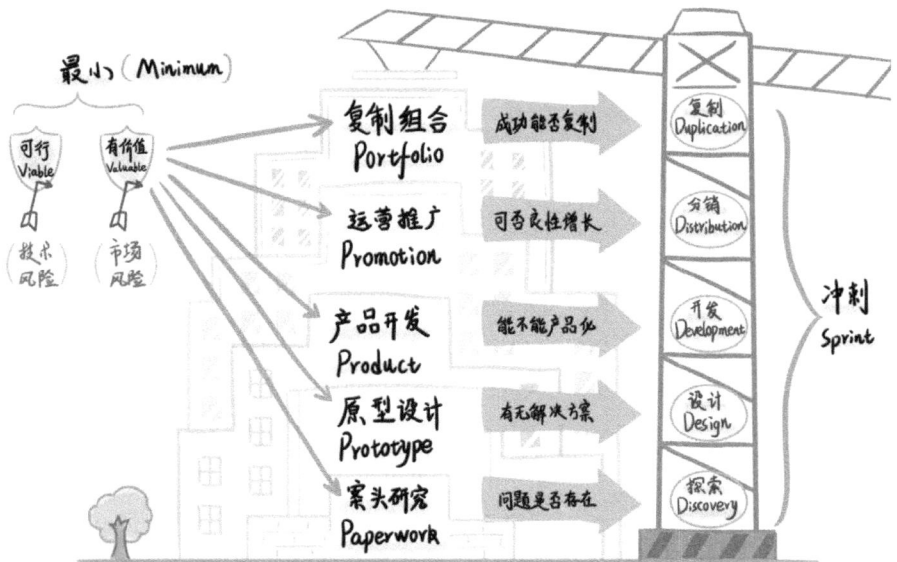

5MVVP框架：产品大厦的脚手架

方法论的意义

在我自己的长期规划中，有一个身份是咨询顾问，所以我会一直想一个问题——方法论有何意义？

后来，我看了凯文·凯利的《失控》，从中得到了一些启发。

《失控》里说："猴子站立之后，借助拇指的抓握，灵巧的手使人类的智能更进一步，具备了制造工具的能力。但是一旦智能建立，拇指就没有那么重要了。"

在书中，人工智能专家丹尼·希利斯宣称，建立一个巨大的系统确实需要许多阶段，而这些阶段对于系统本身的运转并非必须。"锤炼和进化智能所需的辅助手段远比简单地停留在某个智能水平上要多得多。"希利斯说道："人们在确信与其他四指相对的拇指在智能发展中的必要性的同时，也毫不怀疑现在的人类可以脱离开拇指进行思考。"

从希利斯的话中，我认识到用系统化的思维来认识世界的重要性。比如，我们可以抬头看一下身边的各种高楼大厦，只要它们是建成状态，我们就看不到盖楼时无比重要的脚手架。尽管我们知道盖好的大楼不再需要脚手架，也不会怀疑脚手架对盖楼过程的重要性，但看着一幢幢大楼，我们很少会思考，盖成这些大楼到底用了哪些脚手架，应该怎么用这些脚手架。

任何产品都是一样的。我们日常用到的各种产品是怎么一步步地做出来的？一定也用到了很多重要的"脚手架"。作为咨询顾问，我们需要站在第三方的视角，来观察、分析、总结各种"脚手架"，并把它们用在合适的场景下。

作为顾问，我们对某个行业领域的理解深度可能不如客户，但因为接触过更多的产品创新过程，所以对"脚手架"会更了解，对各种"脚手架"的适用性会更熟悉。

借用人工智能时代"数据-算法"的关系，我们可以通过下面的比喻来描述客户和顾问的关系：

客户拥有的是"数据"，是行业知识、经验，等等；而顾问拥有的是"算法"，是方法论和思考工具。客户需要顾问来提升"数据"价值，顾问也需要客户来优化"算法"，这是一个双赢的局面。

5MVVP 框架

为了应对VUCA时代，丰田公司在生产领域提出了精益的概念，后来由此概念发展出如精益创业、精益设计等方法；早期的软件工程师们在软件开发领域提出了敏捷（Agile）的概念；著名设计公司IDEO和斯坦福的设计学院在设计领域总结出了设计思维（Design Thinking），这一概念被谷歌创投[1]改造成为设计冲刺（Design Sprint）。

这些概念的具体应用细节不同，但背后的思想是同宗同源的，它们都有这样几个关键词：迭代、试错、小步快跑。

于是，我在此基础上，结合我对产品的理解，发展出了自己的 5MVVP 框架，用于解决产品创新从无到有各个环节碰到的问题。

MVV 是英文 Minimum Viable/Valuable 这几个单词的首字母缩写，意为最小可行且有价值的。不同于精益创业里的最小可行产品（MVP），MVV 中有两个 V。因为我认为产品创新会碰到两大风险，Viable（可行性）针对技术风险，即不能做出来的风险；而 Valuable（有价值）针对市场风险，即没有用户需求的风险。

五个 P 分别代表 Paperwork（案头研究）、Prototype（原型设计）、Product（产品开发）、Promotion（运营推广）、Portfolio（复制组合）五个英文单词。

5MVVP 对应着五种"冲刺"，分别是 Discovery Sprint（探索冲刺）、Design Sprint（设计冲刺）、Development Sprint（开发冲刺）、Distribution Sprint（分销冲刺）和 Duplication Sprint（复制冲刺）。因它们的首字母缩写都是 DS，所以这五种"冲刺"可统称为 5DS。

接下来我将依次为大家解释这个框架的应用。

第一轮 Paperwork

第一轮 MVVP 中的 P 是 Paperwork（案头研究），产出物是案头研究的结论，对应的方法论是探索冲刺。

这时，产品创新还处于想法阶段，我们验证的重点是产品需求的问题本身。我们需要确认，产品的需求到底是不是一个真实存在的问题，有多少人有这样的问题，是

1　谷歌创投（Google Venture）是谷歌于 2009 年 3 月成立的风险投资基金，其目标是寻找并帮助优秀的初创公司。

否已经有人解决了这个问题，等等。

在这一阶段，我们要做的任务可以由单人完成，具体的工作内容基本上都是纯案头研究。可以通过查看行业报告、做竞品分析、和用户聊天、盘点已有资源等方法，来过滤各种不靠谱的想法。

第二轮 Prototype

确认第一轮 MVVP 的想法后，我们进入第二轮 MVVP。此时的 P 代表 Prototype（原型设计），对应的方法论是设计冲刺。这是谷歌创投最先提出的，已经应用了不少年。

在这个阶段，我们验证的重点是解决方案。但因为还没有真正的产品，所以我们可以用某种形式的产品原型或者样机、Demo 来验证。我们要考察用户是否能理解这个解决方案、这个方案和既有方案相比是否有足够的额外价值让用户愿意转移，等等。

这时候，我们需要有原型能力的角色加入团队，在方案层面做到"先发散，后收敛"。在做出产品原型，并让用户试用原型、获得反馈后，我们还要不断修正原型，甚至回到上一轮 Paperwork 重新修正想法。

第三轮 Product

通过了原型验证的解决方案，可以进入第三轮 MVVP，这里的 P 代表 Product（产品开发）。这个阶段最接近产品经理们熟悉的最小可行产品（MVP），对应的方法论是开发冲刺。

在这个阶段，我们验证的重点是真实产品是否可以培养出用户习惯。用户愿意用，就能更高效地解决用户需求、创造价值，并且有可能愿意反复使用。这时候，我们会关注某些和用户留存有关的指标。

到了这一步，我们就需要实现真实产品的团队介入了。对 IT 行业来说，它就是包括开发工程师、测试工程师在内的团队。团队要完成设计、开发、测试、发布的闭环，做出一个最小化的、可行且有价值的产品。

特别要注意的一点是，此阶段切忌引入过多用户，因为用户往往只给我们一次机会。习惯验证完成之后，就要进入推广阶段了。

第四轮 Promotion

第四轮 MVVP 中的 P 是指 Promotion（运营推广），对应的方法论是分销冲刺。

此时，产品已经到了营销阶段，所以我们主要验证增长：有哪些促进产品增长的渠道可以用？哪个分销渠道获取的客户质量更高、成本更低？

这时候，营销团队需要发力，先找到各种可能的方式，做小规模推广尝试以测试渠道；再逐步确定优选渠道以降低分销成本。

到此，如果我们所有的阶段都很成功，那也只意味着单一产品的成功，再往后，就要考虑推出第二个、第三个……产品了。

第五轮 Portfolio

在第五轮的 MVVP 中，P 是指 Portfolio（复制组合）。此处借用了投资领域里"投资组合"的概念，它的意思是产品组合、产品矩阵。我们的目标是将单一产品的成功转换成产品矩阵的连续成功，对应的方法论是复制冲刺。

"复制"意味着我们要力求找到一种可复用的创新模式。与公司的其他核心优势相比，这种模式一定用上了公司在做第一个成功产品时的积累。

复制分为两个层次，一个是同产业周期内的复制，这种复制更多地依赖业务能力；另一个是跨产业周期的复制，这种复制则更多地依赖组织与团队。

对于以上 5MVVP，还有一些需要注意的点：

第一，每一阶段的用户参与都是必需的。因为我们身处VUCA[1]的时代，信息、需求瞬息万变，必须紧跟信息的来源，而很多信息只会来自用户和市场。

第二，随着不同阶段的推进，资源投入越来越大，所以过滤器的开口应该越来越小，即进入下一轮的产品越来越少，最终要集中优势兵力，重点突破极少量的产品。

---

1 VUCA 是 Volatility（易变性）、Uncertainty（不确定性）、Complexity（复杂性）、Ambiguity（模糊性）的缩写。
  VUCA 这个术语源于军事用语，在 20 世纪 90 年代开始被普遍使用。

第三，不同的产品形态，在每一轮停留的时间、投入的资源也不尽相同。比如"造车"相比于"做微信小程序"，其真实产品的投入大了很多，所以"造车"会倾向于在早期的探索、设计轮次中做更多的工作，而"做微信小程序"则倾向于选择"先把产品做出来，错了再改"的模式。

第四，一轮又一轮的 MVVP，并不是相互孤立、封闭的。在整个过程中，每一轮MVVP 都会根据实际情况反复迭代优化、来回折返、彼此重叠。

5MVVP 框架的应用案例

只在理论上知道"5MVVP 框架是如何运行的"还不够，接下来我会举一些例子，进一步说明它实际上是如何运作的。

第一个例子发生在 Paperwork 阶段

任何一个值得解决的问题，通常已经有了解决方案，只是这些方案效率有高有低。所以，当我们要验证想法的时候，去问问用户"现在是怎么解决这个问题的"，往往能得到很有价值的回答。

下面是我一位朋友的故事。

他和团队发现图片识别技术可以用来区分小鸡的性别。他觉得可能找到了一个创业机会，于是很兴奋地去做调研，却发现根本没需求。

现在的养鸡场分大、中、小三种。大型养鸡场的典型客户是肯德基这类企业。对于肯德基而言，它们对小鸡没有性别的要求，不用区分。中型养鸡场不会主动区分性别，除非客户有特殊需要，比如偶尔有客户只要母鸡，他们才做挑选。这一步的额外成本可以忽略不计，甚至可以转嫁给客户。而小型养鸡场往往是由农户经营的，他们的典型客户通常是小餐馆，他们会让客户自己到养鸡场来按需抓鸡，没有区分小鸡性别的必要。于是，我的朋友做了几天的 Paperwork 后就把想法放弃了，节省了大量的时间和资源。

第二个例子发生在 Prototype 阶段

有一位创业者发现，随着"双创"大潮的到来，越来越多没经验的创业者开始创业，于是他认为创业者们很可能需要一个"创业者的 hao123"。因此，他打算做一个网站或 App，把创业各个阶段会用到的产品和服务都汇集起来，创业者们可以按需索取，降低成本又提高创业成功率。

当他告诉我这个创意之后，我很难直接判断出这个想法是否靠谱。于是我告诉他，你可以先做一个原型，比如写一篇微信文章，把你认为最有价值的服务都罗列一下，把这篇文章转发到创业者聚集的微信群里，看看浏览、转发、收藏等数据是否"漂亮"，然后再决定下一步怎么做。后来他这么做了，发现并没有出现火爆的现象，于是他决定继续优化想法。

这其实就是一个很简单的用原型来验证解决方案的例子。

第三个例子发生在 Product 阶段

曾经，有一个兴趣爱好社区想做自己的聊天系统。他们对要解决的问题和解决方案都没什么疑问，他们的重点问题在于，新上线的系统应该多复杂呢？举个例子，第一个版本要不要做"传文件"这种功能呢？这类扩展功能还有很多，想做好的话，它会像怪兽一样吃掉所有资源。

那怎么来验证开发"传文件"功能的必要性呢？我给他们这样的建议，先在线上做一个假的"传文件"按钮，用户单击以后，系统会弹出提示，和用户开个玩笑（当然，这类做法要符合社区氛围），提示内容大意："为现在这个功能还没有实现，用户可以先通过其他网盘来传文件。"运行几周后查看使用该按钮的人数，如果很少有人按下这个按钮，那么就继续保持现状，甚至把按钮下线；如果有很多人按下这个按钮，再考虑开发传文件的功能。

第四个例子发生在 Promotion 阶段

假设，我们在此前的其他阶段进展都很顺利，现在手里有一笔推广预算费用，如何才能让这笔推广预算的投入产出比最高？这就是分销冲刺要解决的问题。

以我的公司良仓孵化器为例。我们做过一个面向创业者的类似miniMBA[1]的培训项目。项目开始时，我们有很多渠道可以接触到潜在客户，不过这些渠道中哪个效果最好，谁都不知道。于是，我们做了为期两个礼拜的分销冲刺，大家分头向各个方向发

1　miniMBA 取材于 MBA 核心课程，剔除了英语、经济学等使用频度较小课程，增加了实战模拟、客户管理等新兴课程。

力，直接看能签约、付款的数字结果。有人主攻良仓已经服务过的企业高层，有人主攻良仓合伙人的朋友圈，有人主攻高校MBA的渠道，有人主攻商会类的渠道……两周以后，结论出来了，于是兵分几路的人马集合，合力主攻那个效果最好的渠道。

最后一个例子发生在 Portfolio 阶段

处于这个阶段的公司大都已经是大公司。在我们比较熟悉的那些大公司里，字节跳动在这方面就做得很好。

今日头条App成功之后，字节跳动公司沉淀了诸多能力，形成了实质上的"中台[1]"。比如算法平台，提供每个产品都需要的最基础的推荐技术。又如App的生产模板，可以用来单纯生产一个App"外壳"，它包含用户能看到的App界面，但并不具备App的后台系统。字节跳动公司在这方面已经实现了傻瓜式的操作，从基本布局、重点位置到图形化设置等都有成熟方案可选，并且用极少的技术资源就可以实现。再如商业化团队，字节跳动公司对于后续推出的一个又一个App，都可以用相对低的成本给予支持。

正因为这样，字节跳动才会被称为"App工厂"，积极地看，这就是成功复制的典范。

五轮 MVVP 的五个例子已经说完了，大家还可以思考一下，生活中哪些事情可以用上这一节里介绍的方法。比如买房之前，在白天晚上、天晴下雨等不同的条件下多跑几趟看一看；准备开始炒股之前，先用模拟软件小试身手。

小结

这一节的内容是本书方法论的大框架，之后的章节会拆开细说每一步里面的重要知识点，告诉读者每一步该如何操作，又有哪些需要注意的地方。

让我们来复习一下 5MVVP 框架。其中 MVV 代表最小可行且有价值，五个 P 分别代表 Paperwork（案头研究）、Prototype（原型设计）、Product（产品开发）、Promotion（运营推广）、Portfolio（复制组合）五个英文单词。它们对应着五种方法论，可总结为 5DS，分别是 Discovery Sprint（探索冲刺）、Design Sprint（设计冲刺）、Development

---

1 在现代企业中，中台和前台、后台对应，指的是在一些系统中被共用的中间件的集合。常见于网站架构、金融系统。

Sprint（开发冲刺）、Distribution Sprint（分销冲刺）和 Duplication Sprint（复制冲刺）。

5MVVP 框架和 5DS 方法论存在的意义在于，它们可以帮助你应对这个 VUCA 时代，保证你的时间、精力、资源都用在最重要的地方。

思考题

你有过投入了很多资源才发现其实可以更早止损的经历吗？对照 5MVVP 框架复盘一下，思考如何避免类似情况再次发生。

第 2 章

案头研究：MVV Paperwork

第一轮的 MVVP 相对后续的环节而言，只是一张尚未落实的蓝图，它是所有事情的起点，通常只是产品负责人的一个点子。这个点子，也是后续所有操作的靶子，我们把它叫作产品概念。描述这个点子的方法详见 1.3 节。拥有产品概念之后，我们就可以做一些案头研究了。

常见的案头研究可以按照宏观的产业行业、关系或远或近的各种用户、直接或间接的竞品，以及公司团队自身情况等几方面分别进行描述。其中，用户是本章的重点。

这一轮 MVVP 在整个产品创新中属于"想清楚"的阶段，对应的工作方法是"探索冲刺"。在这一阶段我们需要验证的重点是"问题与方法的匹配"，并在验证过程中侧重于"问题域"，主要进行"产品规划"和"概念筛选"。

2.1 节，我们先发散地理解用户，通过聊聊用户故事和用户生态的话题，尽量全面地"看到"潜在的用户。

2.2 节，我们将介绍理解用户的方法，即需求采集。我们会谈谈各种方法有什么优势劣势，以及怎么灵活应用。

2.3 节，我们将收敛对用户的理解，识别重点用户，并做出用户画像和用户旅程。

2.4 节，我们在理解用户之后，再看看已有的产品，讨论一下竞品分析到底怎么做才真的全面有效？

2.5 节，我们把案头研究的方方面面汇总在一起，最终形成一个"点子过滤器"。

	大阶段	MVVP的P	DS的D	验证重点	职能细分	商业节点
前产品阶段	想清楚	案头研究 Paperwork	探索冲刺 Discovery Sprint	PSF 问题与 方法匹配	产品规划	概念筛选
		原型设计 Prototype	设计冲刺 Design Sprint		产品设计	评审立项
产品阶段	做出来	产品开发 Product	开发冲刺 Development Sprint	PMF 产品与 市场匹配	产品管理	是否发布
	推出去	运营推广 Promotion	分销冲刺 Distribution Sprint		产品运营	是否推广
产品矩阵阶段	可复制	复制组合 Portfolio	复制冲刺 Duplication Sprint	PRF 定位与 资源匹配	矩阵管理	二次创新

2.1　理解用户丨 发散思维：用户故事与用户生态

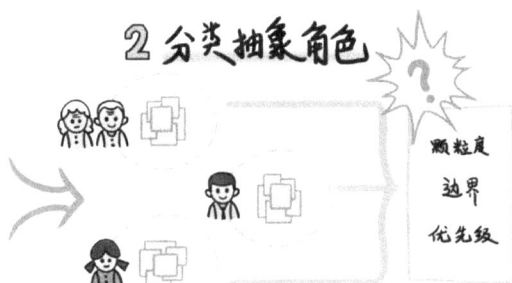

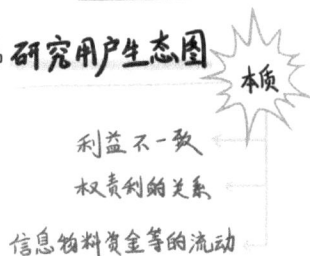

对用户的理解是产品创新的起点，也是产品创新的基本功。在我多年的产品生涯中，我将"理解用户"分成了四个步骤：

▶　收集海量的用户故事，从中抽象出用户角色。

▶　分析各种用户角色的关系，从中识别出用户生态。

▶　抽取用户生态中的关键人，描绘关键人的用户画像。

▶　分析关键人的用户旅程。

其中前两步是"发散"，目标在于尽量覆盖更多更全的用户；后两步是"收敛"，目标在于重点关注核心的用户。

我曾与很多创业者有过沟通交流，发现他们的很多问题都可以归结为"不了解用户"这一点。不少创业者在有了一个"很好"的想法后，到处找投资人、潜在合作伙伴、各路前辈交流，可就是不去见用户。

一位刚成为爸爸的创业者，兴奋之余忽然想到自己有一些医院方面的资源，于是迸发了"记录生产过程"的灵感。作为一项增值服务，这个产品与胎毛笔、新生儿手足印类似。点子在脑中转了一圈后，他对这个产品的未来充满了憧憬。我问他，找了几位新手妈妈聊过这件事情？

他说，没有。

这个例子中，产品最终能否成功，前期我们往往很难判断。但新手妈妈是这个产品最重要的用户之一，如果不了解她们的想法，将来问题必定层出不穷。后来，我从一些侧面了解到，他的项目并没有被市场接受，最终不了了之。

"理解用户"的四个主要步骤对应的四个关键词分别是——用户故事、用户生态、用户画像、用户旅程。我把理解用户的四大步骤中重在"发散"的前两步和重在"收敛"的后两步区分开，是希望大家用不同的思维方式对待，在"发散"的时候尽量做到"广度优先"，到"收敛"的时候再做到"深度优先"。

产品创新之初，我们脑中通常仅有一个概念，此时需要先发散思维，来思考"用户故事"和"用户生态"。

收集用户故事

一位老板曾告诉我说："任何时候，只要你不知道该做什么了，就去见用户吧，一定能触发灵感。"

理解用户的第一步就是去接触他们。这一步不用很正式地邀约、访谈，也不用带着强烈的目的性，甚至可以像朋友一样和用户闲聊。只要你去接触了用户，就会有收获。

假设我们要做一个帮助亲子出行的产品，在选定了交流对象之后，常见的互动问题可以有以下几个。

问题一：你和孩子出行时发生过什么有趣的故事吗？

这个问题是为了引起用户兴趣，营造轻松的交流氛围。

问题二：回忆一下最近的某次出行，有没有出现孩子让你担心的情形？

这个问题是为了把用户带入产品涉及的领域，我们可以借此问题体会用户的感受、情绪、痛点，等等。我们在聊的时候除了听用户怎么说，还要关注他们的表情、肢体语言等一切可以传递信息的方面。

问题三：为了避免各种意外，你最近一次带孩子出门时做了什么准备呢？出门以后又是如何防止发生危险的？

这个问题是为了探索现有解决方案。因为任何一个真正值得解决的问题，用户一定已经开始尝试解决了。

在类似的轻松"闲聊"中，针对任何一个问题都可以充分地展开。这一步的产出物就是一个个的用户故事。我们可以用下面一句话的模板来记录：

谁，在什么情况下，碰到了什么问题，有什么样的感受和情绪，现在是怎么做的，现在的做法中又有哪些痛点，等等。

接下来，我们可以从初始的几个用户故事出发，牵扯出越来越多的用户，比如上面这个案例中孩子的爸爸、孩子的祖辈、孩子的老师……渐渐地，你就能体会到，任何一个产品领域的用户都是多种多样的。我们可以通过海量的故事，将用户提炼归纳为几种不同的类型，每一类对应着一种用户角色。

识别用户生态

我认为理解用户，可以通过三方面来概括：微观、宏观和中观。

▶ 微观方面要深入理解个体，把握用户的心境、情绪、感受，发现用户的痛点、爽点、痒点。

▶ 宏观方面是对用户群体的理解，比如性别、年龄、地域分布、收入水平、社会文化背景，等等。

▶ 中观方面重在探查不同用户的个体与群体之间的关系，看各种用户共同形成的用户生态图以及其中的利益纠缠。

综合上述三方面来看，用户生态就是指，在产品所涉及的领域中，各种各样的用户角色之间的关系。

亲子出行场景的例子中，家长是一种用户，孩子是另一种用户，他们出行过程中碰到的形形色色的人，比如公交车上的乘客、公园里的工作人员等也是用户。同理，如果我们的产品是企业用的管理软件，那就要考虑到做购买决策的人、负责采购流程的人、操作付款的人、日常使用的人等不同的用户。我们要分析不同用户之间的权责利关系，以及可能的信息、物料、资金流动。这几种用户角色的关系，我们可以通过图表展现出来。在后续的例子中，我会结合图表给大家介绍。

在分析和绘制用户生态时，我们要先分辨出有哪些用户角色，需要注意三点：

第一，颗粒度。如果用户可以继续细分，分到什么程度，需要根据实际情况来确定。比如在亲子出行产品的例子中，针对家长用户，我们有没有必要把爸爸和妈妈区分开来？有没有必要把二十几岁的妈妈和三十几岁的妈妈区分开来？而在孩子这一方面，有没有必要把男孩女孩区分开来？这些都是需要我们不断思考的。

第二，边界。最广义的用户是指所有和产品有关系的人。不同的用户和产品的关系有远有近，是否所有用户都要纳入我们日常分析的用户生态？这时就需要考虑"边界"的问题。比如小孩的爷爷奶奶是否要考虑进来？而常见的内部用户，如研发人员、运营人员，是否也要考虑进来？这都要根据实际情况进行分析。在这里，我制作了一张"广义用户的全景图"，如图 2-1

所示，可以帮助读者更好地理解"确定边界"的问题。

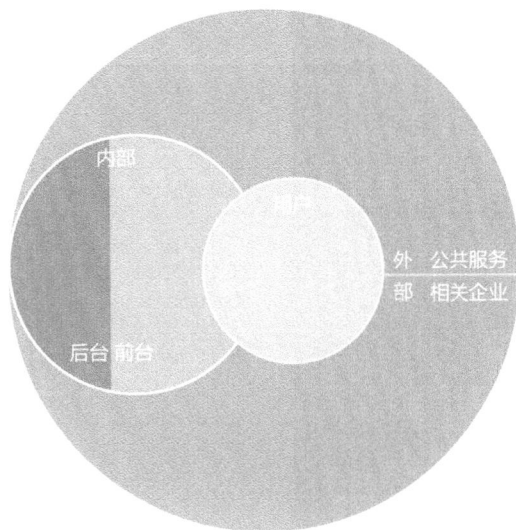

图 2-1　广义用户的全景图

第三，优先级。被画在用户生态图中的用户有重要和次要之分，我们必须先着眼于重要用户。排好优先级，也有助于后续为最重要的用户角色做用户画像。

就如地图一样，用户生态图也有很多种画法。一千个产品就有一千种用户生态图。对于不同的业务场景，我们需要根据实际情况，画出不同的用户生态图。尽管形式多样，其根本目的都是把多种用户角色之间的关系表达出来。

以下是几种常见的用户生态图，希望可以供大家管中窥豹并获得启发。

例 1　某角色为中心的关系对集合

我曾给"得到"App 做过一次"产品创新工作坊"项目。基于"知识春晚"这一款产品，我们工作中的一个环节是"拜年研究"。

拜年是一个很特殊的业务场景。当时我们的讨论针对的是"一对一拜年"，用户之间可以结成数不尽的"关系对"。虽然用户两两之间的关系比较明确，但同一个用户派生出的关系对类型很多，比如对于一个职场人，他的关系对可以包括但不限于：长辈-晚辈、上级-下属、同学-同学……于是，我们以某个"可以切换身份的"社会角色"我"为中心，通过头脑风暴得出了一棵用户"蒲公英"。

如图 2-2 所示，中心是"我"，便签代表拜年对象的角色。最终大家一起想到了
50 个左右的关系对。

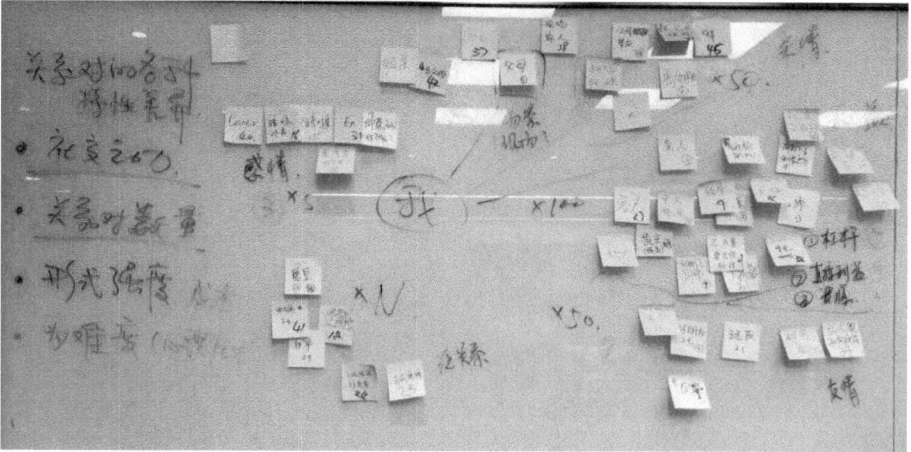

图 2-2　拜年关系对的现场图

然后，我们把关系对进行分组，按照亲情向、友情向、利益向等类型，形成了四
大类关系对，如图 2-3 所示。

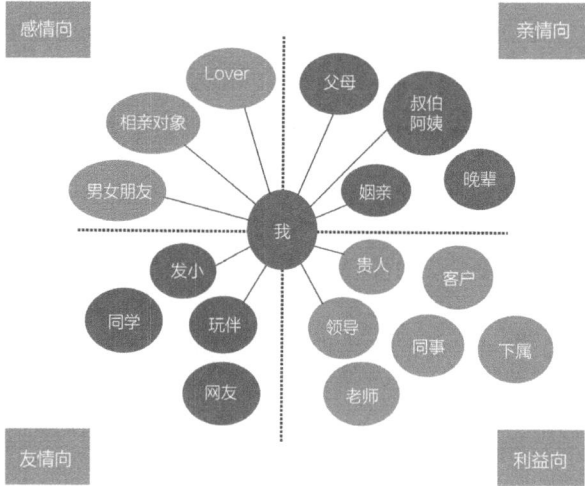

图 2-3　拜年关系对的抽象提炼

接下来，为了更好地理解关系对，我们决定定义一下连线的"强度"。于是，经

过一场结合业务场景的讨论, 我们在现场得到了关于强度的多维度理解。比如动力强度, 某用户给想"巴结"的人拜年的动力强, 给普通同事拜年的动力弱; 比如基于关系对数量的个体强度, 某用户有 100 个同学, 每个个体强度就相对较弱, 某用户只有 1 个妈妈, 这个个体强度就相对较强; 比如形式强度, 登门拜年、电话拜年、微信一对一拜年、群发拜年的强度依次减弱; 比如心理压力强度, 某用户给好朋友拜年压力小, 给领导拜年压力大, 等等。然后, 我们把相关的说明标注在特定的连线上, 画图的工作至此告一段落。

有了这个关系图, 团队对"拜年"和"拜年的人"的理解就更加全面和深入了, 接下来就可以继续往下探索——我们主攻哪些关系对? 可以为他们的拜年做点什么?

例 2 影响力-关注度矩阵

有时候, 可以用几个特征来明显区分我们面对的用户。此时可以试着挑两个最重要的特征, 通过矩阵来给他们分类。

比如我们的产品要面对各种亲疏远近不同或有利益瓜葛的用户, 就可以试试用图 2-4 所示的一个四分矩阵来表达用户生态。纵轴代表用户影响力的高低, 即这类用户对最终产品决策能有多少影响; 横轴代表用户关注度的高低, 即这类用户是否在乎产品的决策过程与最终结果。这个矩阵的作用是在给用户划分优先级。之后, 对每一类用户, 我们应该有不同的互动方式。

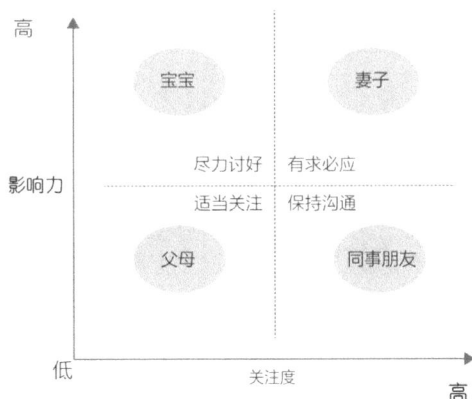

图 2-4 影响力-关注度矩阵

举一个生活中的例子, 如图 2-4 所示。假设你是一个 30 多岁的男人, 主要的身份有丈夫、爸爸、儿子、同事，等等，现在你想要买车，你的四类用户角色分别是谁？你该怎么和他们互动呢？

高影响高关注的人，如你的妻子，需要密切关注，做到有求必应（Manage Closely）。因为她很可能全盘驳回你的意见。

高影响低关注的人，如尚不能发表意见的宝宝，你需要保证他满意，做到尽力讨好（Keep Satisfied）。比如重点关注内饰、环保等问题。

低影响高关注的人，如一些经常聊车的同事朋友，你需要及时同步信息、多与他们沟通（Keep Informed）。他们可以帮忙出谋划策。

低影响低关注的人，如偶尔会坐车的父母，只需要适当关注即可（Monitor）。

然后，根据以上四种人的支持、反对、中立态度，调整你的决策，确保可以推进执行。

例 3　重要角色的网络图

有时候，各种用户之间有着错综复杂的网络关系，此时我们可以试着用一张网络图来描述用户生态。比如，一项移民服务为了让移民者能更好地展开新生活，需要考虑用户周边的很多角色，以及该用户与其他移民者之间的关系。由内到外依据远近亲疏等关系进行划分后的关系网，如图 2-5 所示。

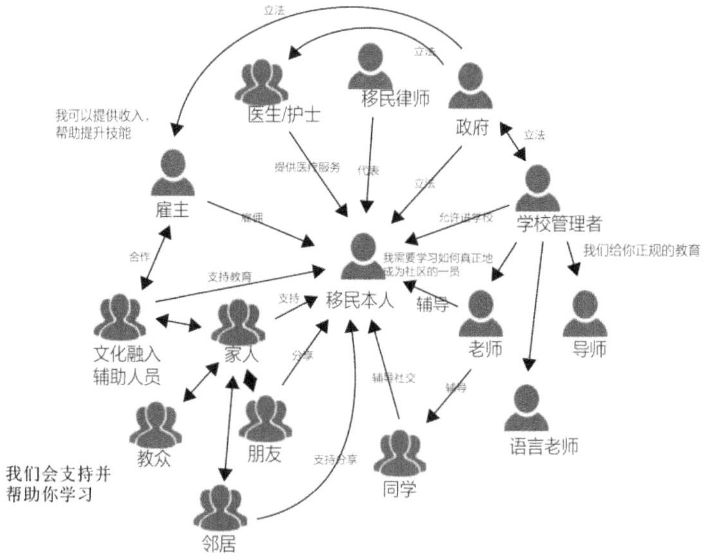

图 2-5　移民用户关系图

类似的还有我参与阿里巴巴物流业务调研时制作的物流业务角色关系网络，如图 2-6 所示，其中也涉及了流程中各个重要的角色。

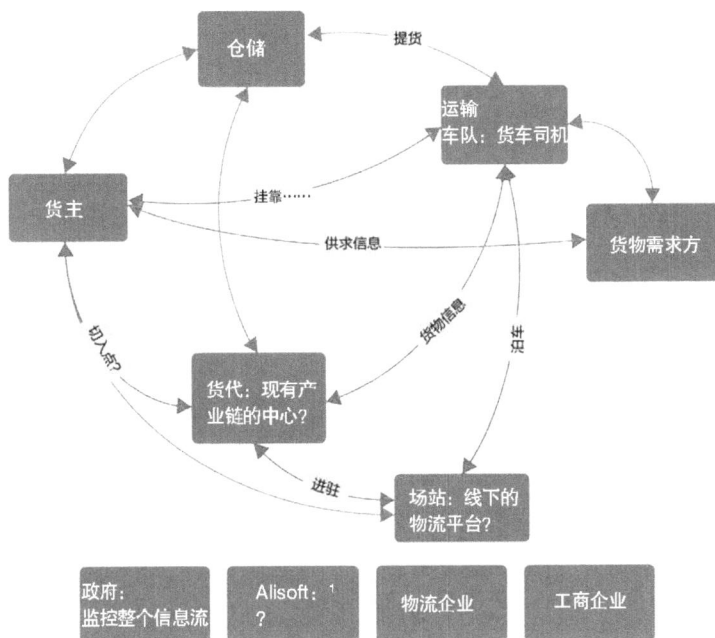

图 2-6　物流业务角色关系网络图

经过对用户生态图的了解，你是不是对要服务的用户有了更多的理解呢？

小结

理解用户的前两步是：

▶　收集海量的用户故事，从中分类提炼出用户角色。

▶　识别各种角色的关系，用一张用户生态图表现出来。

前两步重在"发散"，目标是尽量覆盖更多更全的用户。

我们需要和用户做朋友，做到长期互动，而不是在不知道该怎么做产品创新的时候才想起来去找用户。毕竟，用户对一个第一次见面的陌生人，很难说出肺腑之言。

1　Alisoft：阿里软件。

思考题

对于你正在负责的产品，不妨重新理解一下它的用户。从用户故事开始，画出用户生态图，仔细看看这个图里面有没有重要但被忽视的角色？

扩展案例：利益相关人地图的应用

"利益相关人地图"也是用户生态图的一种常见画法，适用于产品会引起不同用户利益此消彼长的业务场景，它与上文中的"影响力-关注度矩阵"形式类似。在下文的案例中，除了讲述怎么画图，我还会和大家聊聊如何从图中发现产品问题，以及如何找到相应对策。

S 公司是一家做 AI 客服机器人的公司，靠既有的产品和销售拿下了一些电商客户（以下都称作用户），但眼下增长碰到了瓶颈。

首先，我们从理解用户开始。S公司其实很重视他们的用户，有专门的"客户成功 [1]"团队，所以已经有了海量的用户故事。接下来，我们就要从用户故事中抽象用户角色。

一个 2B的SaaS[2]类产品，通常可以划分出两种关键的用户角色：一是老板，负责做是否购买的决策；二是一线客服，他们是最终使用产品的人。在梳理用户故事时，我们要注意重点探讨有没有被忽视的用户角色。经过初步的用户角色分析，我们在S公司的案例中发现了两类新角色。

客服主管/总监

老板在做购买决策的时候，会参考他们的意见；平时，他们要管理一线客服；每隔一段时间，他们要考核一线客服。

这是一种隐藏的用户角色。我们可以从已经识别的用户角色出发，探索他们在一天、一周、一个月甚至更长时间的（和产品领域有关的）工作生活中与其他哪些角色发生了互动。经过对已知角色的探索，我们更容易发现那些被忽视的隐藏用户。

1　客户成功，是一种跨传统职能的岗位，以客户的成功为终极追求，需要看到客户真正想要完成的目标，帮助他们达成目标。

2　SaaS 是 Software-as-a-Service 的缩写名称，意思为软件即服务，即通过网络提供软件服务。

（AI 客服机器人）训练师

这是一种崭新的角色。AI 客服机器人服务效果的提升离不开训练及配置的更新。对卖家来说，为了满足日常上线新品以及做活动的需求，AI 客服机器人需要不断地进行训练和提升。训练师这个原来没有的角色，大多数公司会让客服主管或者比较资深的一线客服来担任。

训练师的角色为什么要单列出来？

因为 AI 客服机器人的需求场景太过独特，所以，它的需求不能作为普遍客服人员的需求。将不同角色的需求分列出来就是为了把自然人的角色分离。比如顺风车这样的产品，同一个自然人，有时候是司机，有时候是乘客，在做产品的视角下，就要把他当作两个角色来对待。

接着，到了关键的一步：用"影响力/收益差值"的矩阵图来分析关键角色，我称之为"利益相关人地图"，如图 2-7 所示。

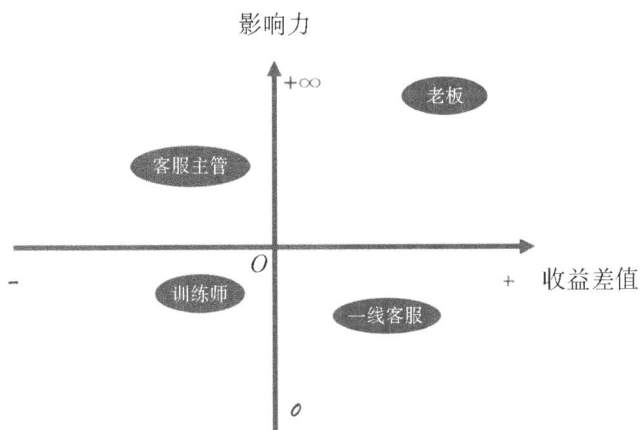

图 2-7　S 公司的利益相关人地图

纵轴代表影响力，是指某个角色现在在整个用户生态（而不仅仅是已有用户）中的影响力，即他在各种角色中话语权的大小。纵轴的最下方为 0，最上方为正无穷。

横轴代表收益，代表"收益差值"，是有无产品的收益对比。横轴的左边为负，右边为正。

在 S 公司的例子中，这张图一方面清楚地说明了产品给各种角色带来了收益还是损失；另一方面，我们也可以通过它得知，某角色会成为产品成功的动力还是阻力。

其他场景下，"收益差值"也可以是现在和未来收益对比的差值，即我们打算做的产品会给各种角色带来收益还是损失。

这个案例中，我们最终讨论筛选出以下四个关键角色，并给他们逐一做了具体的分析。

老板：影响力最大。因为产品提升了客服团队的效率，用人需求降低，为老板省了钱，所以老板的收益是最大的。

客服主管：影响力也不小。他可以影响老板对 AI 客服机器人的评价，但目前的产品并没有给他带来收益。在购入了 AI 客服机器人这个产品之后，原客服团队的人数有可能要下降，他在公司里的地位和话语权也会随之下降，此外，原来对人工客服的考核模式在新的情况下也不适用了，因此他的收益为负。

训练师：影响力不够。因为暂时没有建立起考核机制，而 AI 客服机器人的服务效果又严重依赖于训练师的工作，所以训练师经常做一些吃力不讨好的事。AI 客服机器人这一产品对他而言，收益为负。

一线客服：这里仅指购入 AI 客服机器人后，留下来的优秀客服人员，他们的影响力很小。但和 AI 客服机器人配合良好的客服人员，职业竞争力会提升。故对他们而言，AI 客服机器人带来的收益为正。

从利益相关人地图中，我们可以发现目前产品存在的问题。通常来讲，我们要特别关注收益为负且影响力大的重要角色。某个用户生态里的所有人都因我们的产品而获益的可能性极小。因此，接下来我们可以做的事情就是调整产品，使得某些角色转移到对我们更有利的位置上去。比如这个例子中，我们可以这么做：

对于客服主管，我们要把他们往图的右侧移。

这需要提升他们的收益，让他们成为产品成功的助力。比如我们可以提供新常态下的考核模板、提供团队绩效仪表盘、让他们可以在老板面前展示价值，等等。而这些，在原先的产品（AI 客服机器人的信息技术系统）里是被忽视的。

对于训练师，我们要把他们往图的右上方移。

从销售过程开始，我们就要让老板知道这个角色的重要性。在日常工作中，我们也要让他们的管理者明白，应该如何考核、奖惩训练师。作为"AI 客服机器人"这个产品服务系统的一部分，训练师需要得到更多培训服务类的帮助，这可以大大提升产品的使用效果。更进一步，我们还可以提升他们的职业荣誉感，让其体会到在人工智能时代，这是抓住时代红利的职业选择。

随着时间推移和产品的升级、优化，利益相关人地图也会随之改变。所以，我们要做到"常画常新"，这样才能了解到客户的真正需求。

扩展话题：做产品之难，难在要决定伤害哪些人

作为产品经理，我们要不要满足用户需求？要不要对用户好一点？

当然要。

这个问题简单吗？

一点儿都不简单。我们得思考为了满足用户而付出的代价。

我们的资源有限，但是用户多种多样，我们对一部分用户好，就难免会厚此薄彼，冷落了另一部分用户——哪怕他们彼此没有利益冲突。

任何一个系统，经过长时间的演化，其中的各种用户角色，彼此的权力、责任、利益结构都达到了相对平衡的状态。这一状态达到极限情况时就叫作帕累托最优[1]。

所以在现实工作中，我们想让一群人有收益，就得有另一群人利益受损。

大魔王丢了一颗核弹，如果你是超人，去不去救？当然救。

这一点都不难。

难的是——

如果大魔王准备了两颗核弹，目标分别设定为一个大城市和一个有亲人的小镇，

1　帕累托最优（Pareto Optimality）是指资源分配的一种理想状态，假定固有的一群人和可分配的资源，从一种分配状态到另一种状态的变化中，在没有使任何人境况变坏的前提下，使得至少一个人变得更好，这就是帕累托改进或帕累托优化。帕累托最优的状态就是不可能再有更多的帕累托改进的余地。

时间紧迫，而你只能救一个……

难的是——

一款网约车产品需要平衡司机与乘客的需求，我们把约车方式设计为司机抢单，还是系统派单？

一个电商平台需要平衡买家与卖家的需求，我们在设计购买流程时是买家拍下商品时就减少库存数据，还是在买家付款后再减少库存数据？（这个案例详见《人人都是产品经理（案例版）》）

一家公司的管理需要平衡老板和员工的需求，我们在疫情中怎么设计工作模式与薪酬制度？

……

如果你没有碰到这种窘境，可能是你的产品真的找到了超级难得的"红利"或"市场空白"，否则，更有可能是你在思考用户需求时有意或无意地采取了一种非全局视角。

这个做产品的难点，从抽象的逻辑看，可以从类似"不可能三角"的角度去理解。"不可能三角"是指在设计领域，好看、便宜、快速是不可能同时满足的三项需求，如图 2-8 所示。与此相似的"不可能三角"在各行各业都有很多例子。

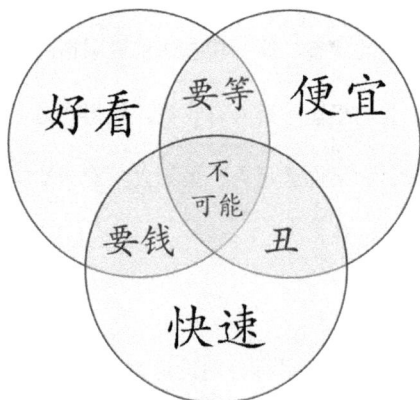

图 2-8　设计领域的"不可能三角"

比如在下面这些领域中，都有着各自的"不可能三角"。

金融领域：资本自由流动、汇率稳定、货币政策独立性。

投资领域：收益、风险、规模。

区块链领域：安全、效率、去中心化。

运动摄影领域：快门、光圈、感光度。

回到产品创新上，满足用户需求的常态就是在不同的用户之间做取舍。但我们要认识到"有得必有失"，毕竟鱼与熊掌不可兼得。

2.2　需求采集：各种方法怎么灵活应用

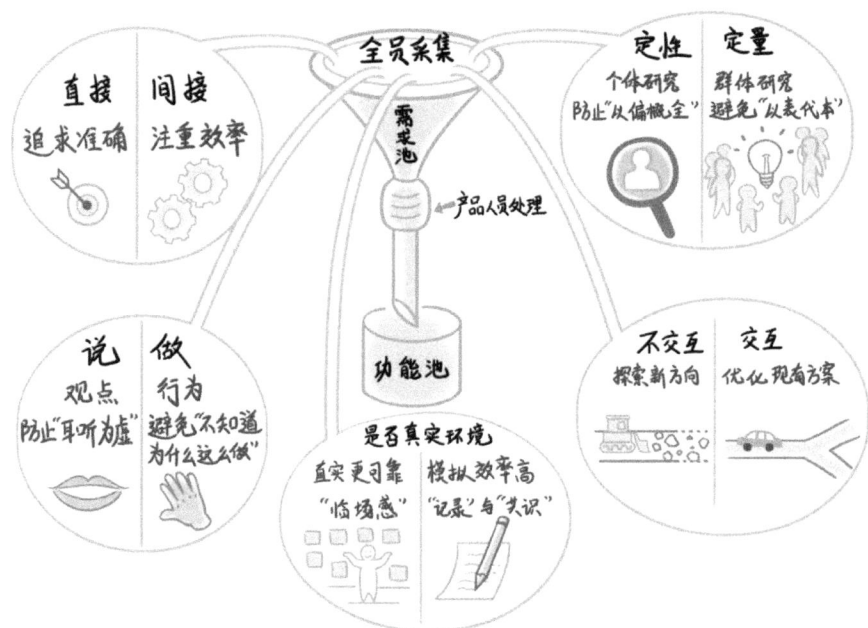

从用户故事开始，需求采集的工作就无时无刻不陪伴着我们。一切产品创新过程都可以抽象为"输入信息→运算处理→输出产品"的模型。因此高质量的"输入信息"——也就是需求采集——是一切好结果的前提，它的重要性可见一斑。

但现实是，因需求采集失误而导致的创新失败不胜枚举。

比如我们让用户试用了新产品之后，询问对方："你将来会购买，会使用吗？"用户往往会因为没必要和你发生冲突，而敷衍地回答："可能会买，应该会用。"这样的答案其实毫无意义，甚至会让我们过于乐观。

再如，我们通过销售人员反馈所得的用户需求，很可能夹杂了销售人员的利益诉求，即只关注是否有利于拿下订单，而不考虑后期的使用、维护成本。

需求采集的方法有很多，关键在于我们如何做出正确的选择。对此，我将已有的需求采集方式分为了五大维度，总结了它们各自的特点和利弊，希望能帮助大家建立整体全面的认识。另外，虽然我们将需求采集的内容放到案头研究阶段来介绍，但并不意味着采集工作在这一阶段做完就结束了，它实际上贯穿了整个产品创新的过程。

直接采集与间接采集

直接采集与间接采集的差别在于是否直接和用户互动，它们获取到的分别是一手需求与二手需求。要判断采集到的需求是一手需求还是二手需求，我们可以从以下两个角度来分析。

第一，需求提出者的角度：需求的提出者是不是有需求的人。

如果某个需求的提出者是直接使用产品的用户，这个需求就是一手需求；如果这个需求的提出者是作为转述人的第三方，那么就是二手需求。举个例子，某一位销售见了一位客户，最终没有成单，然后他把阻碍成交的问题转化成一个需求提供给产品经理，这时产品经理收到的就是二手需求。

第二，所采集的需求的角度：需求是原始的还是加工过的。

如果我们直接跟有需求的人沟通，采集到的就是一手需求；如果通过看第三方机构做的一些行业分析报告采集到的需求就是加工过的二手需求。在处理经过加工的二手需求时，我们要确认需求的真实性。比如我们看报告时一定要关注它是出自哪个机构之手，甚至要查阅这个机构的股东结构，看看有没有可能存在影响其报告客观公正性的投资方或关联企业。

对于直接和间接这两种采集方式的优劣，我们可以从"准确"与"效率"两方面加以对比。

直接采集的一手需求更准确，所以产品经理一定要确保手里有足够比例的需求是直接采集的，这样才能让产品本身和自己对产品的判断更接地气。

而间接采集的二手需求，我们需要带着"问号"来看，思考原始需求方和转述者分别是谁，以及它有没有被曲解过。但二手需求可以向更多的人借力，收集到更多的用户声音，而且由于是经过梳理的，所以获取信息的效率更高，比如客服部门总结的用户反馈周报。

在实践工作中，团队内"全员参与采集，产品人员处理"是比较可行的模式，也是一种兼顾准确和效率的方案。

用户"说"和"做"的采集

用户"怎么说"表达了他的观点，"怎么做"则反映了他的行为，观察用户的"说"和"做"也是两种不同的需求采集方式。两者各有利弊。

"说"最大的劣势是"耳听为虚"。这并非用户故意想骗我们，而是因为各种实际情况，用户的"说"有可能言不由衷。比如用户被问了一个从来没想过的问题，又不想回答不知道，于是临时编了一个答案。

索尼发生过一个有趣的故事。他们曾经推出一款游戏机，邀请用户来访谈，其中有一个问题是"两种外观设计，你更喜欢黄色还是黑色"，大多数用户的回答是黄色。访谈结束时他们对用户说，"感谢你的时间，你可以拿走一台游戏机作为纪念。"结果发现大多数用户拿了黑色的游戏机。

所以，用户"怎么说"和"怎么做"经常是不一致的。

那怎么解决"耳听为虚"这个缺陷呢？就是看用户"怎么做"。像索尼那样让"说"和"做"同时发生当然是个好办法，但是成本不低。"做"的优势就是"眼见为实"，但它也有劣势，那就是——我们不知道用户为什么这么做，背后的原因是什么。这也就意味着，我们只靠对用户"怎么做"的观察是没法从根本上解决问题的，还是需要回过头再去听他"怎么说"。

在处理用户"怎么说"的信息时有一个技巧。那就是注意区分用户说的"观点"和"事实"。比如，"我每天都玩游戏"是事实，而"我喜欢黄色"就是观点。用户一般不会故意扭曲事实，但他的个人观点我们就要带着"问号"听了。我们要习惯性地追问支撑用户这个观点的事实是什么。

总之，"说"和"做"是一对不可分拆的需求采集方法，可以互相补位。

定性采集与定量采集

定性采集对应的是定性研究，通常是对少量样本的深入研究，属于个体研究。通过定性研究，我们可以找出产生问题的原因。而定量采集对应的是定量研究，是对大量样本的研究，属于群体研究。通过定量研究，我们可以发现现象、验证事实。

定性采集可能会存在的问题是"以偏概全"。

比如我们的产品有几百万用户，而定性采集经常只针对几十个用户，那么这几十个用户是否能代表全体呢？比如我们为了调研的方便，只选取了北京五环内的用户，这种情况下就很可能被部分样本的特殊情况带入歧途。所以，我们要辅以定量采集。

但是定量采集容易发生"以表代本"的问题——让人只看到表面的现象，却无法从中知道背后的本质原因。比如，通过定量的数据我们发现 11 月的用户活跃度比 10 月降了 5 个百分点。为了继续探寻原因，我们可以抽取几个 10 月活跃但 11 月不活跃的用户，做一个定性的访谈来搞清楚到底发生了什么。

执行需求采集、理解用户的过程，也需要符合人类认知新事物的一般规律——从观点到行为，再从行为到观点；从定性到定量，再从定量到定性；最后实现需求采集的螺旋式上升，使了解和证实在不断迭代中得到进化。

真实场景采集与虚拟场景采集

采集行为是否发生在真实的需求场景里，也是一种分类方法。

真实场景下采集到的需求更真实可靠。比如某个产品的使用场景以家庭为主，于是我们把采集的地点设置在用户家里，则用户的言行会更加符合常态。当然，这种情况下记录的难度会增加。出于性价比和效率的考虑，有一些采集是在模拟状态下完成的。因为在虚拟的场景里，我们可以更方便地执行录音、录像、录屏等操作，也可以更方便地让别的同事或利益相关方进行观察，以促进共识的达成。比如，很多大公司都有专门用于用户研究的房间，配备单面玻璃、观察室等配套设施。

有条件的话，我个人还是倾向于优先在真实场景里采集需求，因为这样更具"临场感"。拥有"临场感"是产品经理的一项基本能力。需求本身通常都是伴随着特定场景的，只有到真实场景里去亲身体会，或者通过贴近真实场景的想象去体会，才能知道我们的设计是不是有问题。而对这种体会的准确把握，就是"临场感"。

曾经有公司打算推出一个面向钓鱼爱好者的产品——"智能鱼漂"。这款产品可以通过 App 观察鱼漂的状态，提醒钓鱼者有没有鱼上钩。公司认为这对钓鱼新手会有很大帮助。但经过临场观察之后，公司就发现了不少设计问题。首先，每次提醒之后都需要重置鱼漂的状态，而钓鱼的时候人们经常要搓饵料，手上黏黏的，根本不方便操作手机。更关键的是，很多人本来就是为了要远离手机、放空自己才去钓鱼的。后来，钓鱼爱好者提出了和智能手环相结合，将提醒方式改为振动提醒的建议。作为这个产品的负责人，产品经理最好去钓几次鱼，或者多看几次钓鱼，才能找到这种"临场感"。

产品交互采集与无产品交互采集

最后一个维度是看在需求采集的过程中用户是否和产品发生了交互。

有些需求的采集只是跟用户聊一聊，用户并没有了解过产品，更没有真正用过这个产品。这种需求采集，用户并没有和产品进行交互，我们更可能是为了"发现新问题、探索新方向"。另一种采集方法是让用户真实接触到这个产品，即在用户跟产品进行交互的状态下进行采集，这种方法往往更适用于"优化现有方案"。当然，如果我们还没有产品，也可以让用户和竞品进行交互。

不一样的阶段、不同的目的，需要使用不同的需求采集方法。通常是先探索方向，再优化方案，通过不断循环探索、优化的过程，实现需求采集的螺旋式上升。

对于很多产品来说，用户想象中的"自己是否需要"，和真正用过以后的"自己是否需要"是完全不同的。而这正需要通过产品交互来发现。有两个很典型的例子——电视机需求和洗碗机需求。

装修好新家，大多数人都觉得客厅应该有个电视机，所以一定会买来放在沙发对面，但之后可能一个月才开一次，几乎不用。

而洗碗机在国内，因为大家都不觉得这是必需品，所以很少有人买。但如果"不小心"买了，用过之后发现洗得确实挺干净，每周能因此省下不少时间，就"根本停不下来"了。

"电视机需求"是指用户以为自己有，但实际并没有的产品需求；而"洗碗机需求"是用户以为自己没有，但体验过就会萌生的产品需求。

小结

这一节，我们从五个维度对需求采集方法进行了分类，了解了各自的特点和利弊：

▶ *直接与间接：前者对应准确，后者对应效率。*

▶ *"说"和"做"：即收集用户的"怎么说"和"怎么做"，既要防止"耳听为虚"，也要避免"不知道为什么这么做"。*

▶ *定性与定量：定性采集属个体研究，通过它我们可以找出原因；定量采集属群体研究，通过它我们可以发现现象、验证事实。我们既要防止"以偏概全"，也要避免"以表代本"。*

▶ *是否真实环境：真实环境更可靠，模拟环境效率高。*

▶ *是否与产品交互：无交互常用于探索新方向，有交互用于优化现有方案。*

整体而言，需求采集是一个螺旋式上升的过程，各种方法要反复交替使用。

思考题

分析一下当前你负责的产品、碰到的各种问题，找一个可以通过需求采集来解决的问题，然后配之以合适的需求采集方法。

扩展案例：企业管理软件的完整需求采集

说完了五种需求采集方法的对比，下面我将结合一个曾参与过的企业管理软件的案例来梳理在不同产品阶段中需求采集的不同方法。用户是对网络营销有需求的贸易型企业，我们希望找到他们在做营销推广时碰到的问题，并且提供一个软件产品来帮助他们在扩大营销收益的同时降低营销成本。

MVV Paperwork 阶段

我们随机抽样了 40 个贸易型企业的老板和营销负责人做访谈，据此写出潜在的用户故事，了解用户需求场景，分析用户生态、用户画像、用户旅程，以确定产品方向，这是直接采集。我们在真实场景里听用户"定性地说"，但并没有让用户和产品互动。

MVV Paperwork 转 Prototype 阶段

我们面向企业主投放了 20 万份调查问卷，以确定产品功能优先级的排序。将 20 万份报告处理成汇总报告，就属于间接采集，我们通过调查问卷看用户"定量地做"。

MVV Prototype 阶段

在设计功能的同时，我们做了可用性测试。我们通过让用户使用产品的原型，来发现问题、提供观点。其间，我们陆续找了 10 个负责具体操作产品的营销人员，以辅助实现功能优化。这一过程属于直接采集，我们既在非真实场景里看用户"定性地做"，又让用户与产品有了互动。

MVV Product 和 Promotion 阶段

我们根据产品的终端用户使用情况做数据分析，不断地改进产品、改进运营策略。这类分析就属于间接采集，即看用户"定量地做"。在此阶段，需求采集的方法通常是在真实场景下，让用户与产品进行交互。当然，这个阶段显然也需要多和用户沟通，进行又一轮的直接采集，听用户"定性地说"。

2.3　理解用户Ⅱ　收敛思维：用户画像与用户旅程

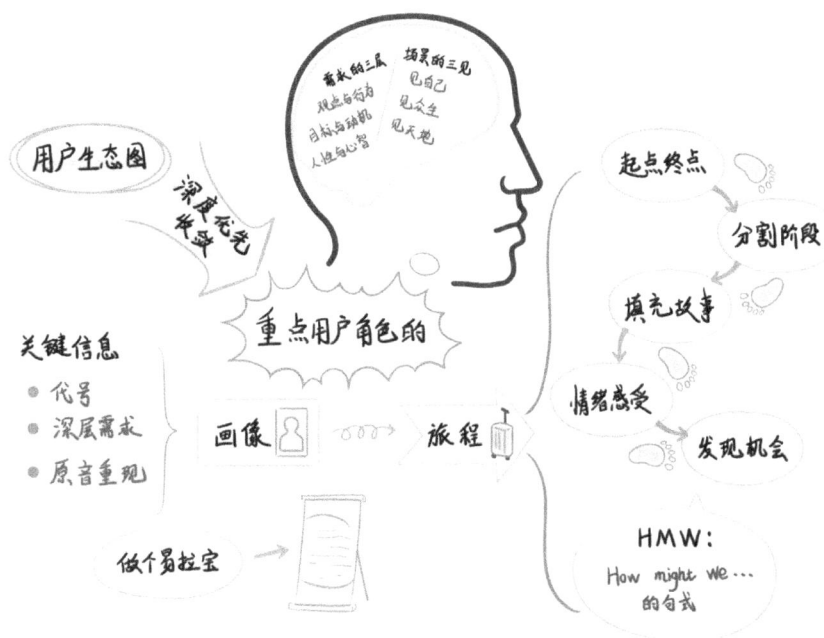

收集用户故事、了解用户生态，并基于此进行了一轮需求采集，至此其实都是较为发散的探索。当我们有了很多的信息之后，就要运用收敛思维进行组织和整理，此时就进入了理解用户的后两步——勾画用户画像和模拟用户旅程，它可以让我们的用户角色更加精准和真实。

勾画用户画像

勾画用户画像是指用一些关键特征来描述重要的用户角色。它可以帮助整个产品创新团队时刻牢记产品是为谁服务的，使日常讨论能够始终以用户为中心。

如表 2-1 所示，一份完整的画像，通常包含个人基本信息、特征标签、产品领域相关信息、用户典型的一天经历、抱怨和痛点、用户需求描述等内容。对此，我从自己的经验出发，总结了几个需要特别注意的地方。

第一，给这类用户一个代号，方便将来称呼他们，比如"名校学霸""精英单身白领""泛产品经理"。

第二，对用户需求的描述不要流于表面，尽量挖掘到价值观、人性、心智层面。

第三，可以挑选几句用户的代表性话语，比如在收集用户故事时，用户说的有代表性的话，它能够增强角色的真实感。

另外，我建议可以给用户的代表起一个相对真实的名字，配一张"真实"的照片，把用户画像做成易拉宝，不但平时能放在团队的办公区，开会的时候还可以带到会议室，以此来培养对用户的感知和同理心。

这个做法来自亚马逊的创始人贝索斯。贝索斯在开会时经常放一把空椅子，然后告诉与会者：这把椅子上坐着这个房间里最重要的人物——消费者，如果真的有消费者坐在这张椅子上，他会支持我们的决策吗？

表 2-1 用户画像案例

	姓名：大毛 初次购车者	缺乏汽车知识，茫然："第一次买车，完全不知道从哪里开始！"

个人信息与简介（实战中可按需扩充）			
年龄	29	住址	杭州城西
职业	IT 从业人员	预算	10 万 ~ 15 万元
爱好	骑行、台球、魔方、棋牌、K 歌……		
性格	和善、理性、冷静、理想主义、追求完美……		

行业信息（过去经历、当前状态、未来计划、痛处等）

2009 年开始，他的公司搬到离家约 15 公里的地方，现在每天早晚都坐班车上下班，既要走路到班车停靠点，又要等待特定的时间发车，大量时间浪费在路上。他计划 2010 年购车一辆，这样就可以自己掌握时间了……

他的目标还算清晰——10 万 ~ 15 万元的紧凑型轿车，但具体选什么品牌、什么配置，就完全不知道了。他打算找一个可靠的汽车网站，先学习一下各种知识，并与网友交流，再做决定。

计算机和互联网使用情况（本例把互联网当作一个大产品）

2000 年开始接触互联网，属于重度用户，特别是最近两三年开始，工作、生活都完全依赖互联网，每天在线时间超过 8 小时。电脑为 Dell 台式机和 ThinkPad 笔记本。上网主要是处理邮件，与同事朋友交流，用阅读器获取信息，不时逛逛各种 SNS、微博、购物网站等。喜欢的互联网产品有 Gmail、Google Reader、豆瓣、虾米等。

用户目标	商业目标
1. 了解汽车知识、各种术语等。	1. 经常访问网站（广告收入）。
2. 与购买同类车的网友交流。	2. 将网站推荐给其他人。
3. ……	3. ……

　　一个清晰精准的用户画像，可以为后续的产品策略提供很好的启发指引。宝马旗下的 MINI 品牌就是一个很好的例子，它将用户画像运用到了实际的销售场景中。

　　MINI 品牌的首款 SUV 车型 MINI COUNTRYMAN 曾发布过一份产品手册——《MINI COUNTRYMAN 产品手册及销售话术》。该手册的核心理念是：做销售不仅仅要熟悉产品、介绍产品，还要熟悉对面的客户，然后做 Ta 的决策顾问。

　　如表 2-2 所示，手册中将 MINI COUNTRYMAN 的用户分成了四类。

表2-2 MINI COUNTRYMAN 的用户类型

1. 家庭型用户	2.精英单身白领	3. 实力雄厚的单身贵族	4.品牌忠诚者
主要购买需求： √高端品牌 √具有较好的实用性和性价比 √人人皆宜，不同的家庭成员都适合使用	主要购买需求： √车辆风格时尚有品位 √车辆具有较高的品质，比如工艺质量和安全性 √驾驶便捷，最好是 SAV 车型	主要购买需求： √车辆外观独特，与众不同 √车辆具有新鲜、独有的配置 √车辆具有较好的动力 √品牌和车型档次高	主要购买需求： √车辆具有 MINI 和 BMW 一贯的传统和一流的品质 √与曾使用过的 MINI 或 BMW 相比，有鲜明的个性 √驾驶感觉好
主要购买动机： √体现家庭实力和社会地位 √改善生活品质，尤其是家庭出行方便并提供高端感受 √如果是添购车辆，希望带来与原有车辆不同的新鲜感	主要购买动机： √显示个人品位和个性 √车辆需要能够提供安全感 √能够通过车辆改变自己的生活方式 √改善生活品质	主要购买动机： √炫耀与众不同和实力 √体会新鲜感 √希望车辆给自己充分的自信	主要购买动机： √具有信赖感 √与之前使用的车辆相比具有新鲜感 √喜欢驾驶乐趣和驾驶安全感

划分用户的重点是识别每一种用户，给每种用户一个代号，并且理解其购买产品的各种动机。接下来，MINI 就针对每一类用户的特征，结合他们的动机，在产品介绍上着力，打磨出了一套对应的产品话术。值得一提的是，在做产品介绍时，MINI 一开始不是偏理性地去介绍功能——我们做了什么，而是偏感性地解释设计理念和讲述品牌故事——我们为什么而做。以家庭型用户为例：

其深层次的购买动机为：

▶ 体现家庭实力和社会地位。

▶ 改善生活品质，尤其是家庭出行方便并提供高端感受。

▶ 如果是添购车辆，希望带来与原有车辆不同的新鲜感。

相应的产品介绍分析：

▶ 家庭型客户希望表现家庭实力和对高端品牌的追求，所以不能忽略对品牌和设计特征的介绍。

▶ 由于家庭型客户希望提升生活品质，所以对于豪华配置一定要着重介绍，比如车况保养服务系统（CBS）、自动防眩目车内后视镜等。

▶ 由于家庭型用户关注家庭成员，所以车辆的多功能性和安全性方面的亮点也需要有针对性地进行介绍。

话术技巧举例：

在多数情况下，客户选车时很有可能会说："看起来还是有点小，真的适合全家出行吗？"

▶　面对家庭型客户感兴趣的多功能性或者豪华配置，可以使用为客户"刻画场景"的话术技巧，让客户体会到拥有这部车后为家庭生活带来的喜悦。具体的话术可以是："张先生，您可以坐到车的后排看一下，MINI COUNTRYMAN 配备了全景天窗，您要是一家人在周末开车出去游玩，有阳光照进来，坐在后排的家人晒着太阳，感觉特别好。到了晚上，在车里还可以把座椅放倒，家人就可以通过全景天窗看星星……"

再如客户可能会质疑："听说没有备胎？会不会不安全？"

▶　由于家庭用户十分看重口碑和其他用户的评价，因此在进行产品介绍时，我们可以运用"现有客户的反馈"，帮助客户理解产品亮点的实际价值。比如我们可以使用这样的话术："王先生，MINI COUNTRYMAN 标准装备防爆轮胎，在轮胎胎压为零时还可以续航 150 公里左右。上次我有一位客户，带全家出去玩，回来的时候轮胎漏气，不过幸好有防爆轮胎……"

模拟用户旅程

如果说用户画像是静态的，那模拟用户旅程就是让用户"动起来"。

对用户旅程进行模拟时，我们可以选一个重要的用户角色，思考他在某个重要的需求场景下解决相应问题的时候，可能会碰到什么状况、需要做什么事、有什么感受和情绪。此时，"有没有产品"不是重点，重点在于我们密切关注着用户的言行举止。

模拟用户旅程的具体操作分为以下四步：

第一，确定旅程的起点和终点。比如，在模拟关于酒店服务产品的用户旅程时，我们可以从"用户制订出行计划→预订酒店"开始，到"用户离开酒店"结束，这就是典型的起点和终点。

第二，我们通常会把用户旅程分为三段——事前、事中、事后。比如一位宝妈独自带两岁的孩子出门吃饭。出门前要做什么准备（事前），在路上、到达目的地后、在餐厅、孩子困了等情景下她可能会碰到哪些事（事中），回程以及到家以后她又要做什么（事后）。我们甚至可以形成一个类似图 2-9 的用户旅程示意图。

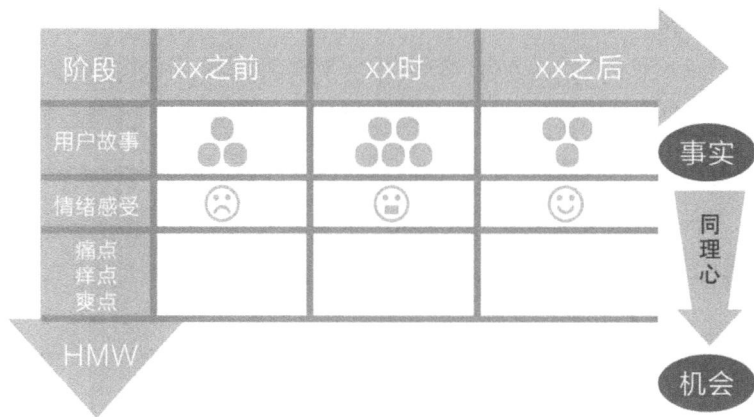

图 2-9　用户旅程示意图

第三，我们要去探索每个用户故事，了解用户的情绪和感受是正面评价、负面评价还是比较中性的评价，我们可以从这些感性的内容中发现用户的痛点、痒点、爽点。

第四，思考我们希望重点改变用户的哪些情绪，以及对应要做的事情。把这些点用 HMW（How Might We……，我们可以如何……）的句式表达出来。比如：

▶ 我们可以如何让宝妈在自己想去洗手间的时候，可以从容不迫地安顿好自己两岁的儿子？

▶ 我们可以如何让小学生在逛博物馆的过程中，可以更方便地深入探索某个展品？

▶ 我们可以如何让老师在不熟悉直播这种教学形式的情况下，更从容地做好开场互动？

在模拟了整个用户流程后，我们往往能从具体的情景中发现很多被忽略的细节，也能基于这些问题及早做好应对的准备。当然，在实际操作的时候，可以根据情况增减用户旅程图中横轴的内容。比如，对于每个用户行为，如果我们能识别并区分出行为背后的想法（这是用户对产品动心的开始）、感受（由想法触发，它是情绪的基础）、情绪（这是用户对感受的表达）的不同，也可以将三者分别作为一行来描述。

小结

理解用户的后两步是：

▶ 　抽取用户生态中的关键人，描绘关键人的用户画像。

▶ 　分析关键人的用户旅程。

这两步重在收敛，目的是关注核心的用户，让用户角色更加聚焦和真实。

思考题

你正在负责的产品有哪些关键的用户角色？试着列 3~5 个，给他们做一个用户画像，并且选一个最重要的用户角色，思考一下他会有哪些关键的旅程？在旅程中，你又能发现什么值得关注的痛点、爽点、痒点？

扩展案例：我理解淘宝卖家的过程

2007 到 2008 年间，随着淘宝卖家群体渐渐壮大，出现了对管理软件的需求，于是我便接手了设计开发卖家管理软件的任务。

首先，采集用户故事。比较幸运的是，我们在做产品的几年间，一直保持着一定的频率不断补充用户故事。这种细水长流的采集模式，能帮助我们更全面地了解用户，也给我的工作省去了不少麻烦。我可以很快整理出已经采集到的用户故事。

第二步，分析用户生态。2007 年前后，我们重点服务的淘宝卖家还没有那么正规，并不像后来那样有很多上规模的电商公司，但淘宝卖家中依然有各种不同的用户角色。我从中抓取了一个与我们有长期联系的卖家，因为他们的组成形式非常典型。一个店铺共三个人，分别是老板、老板娘、助手。老板负责选品、进货、定价；老板娘管钱、管客户、管订单；助手负责当客服、发货，等等。

第三步，识别出产品要优先服务的关键角色，做出这个角色的用户画像。对于早期版本的淘宝来说，可能老板娘是最重要的，因为老板娘在电脑前的时间最多（老板经常外出进货、谈生意）。而且，和客服主要负责旺旺聊天的场景不同，老板娘经常要在后台做一些与商品、交易、买家相关的操作。

最后，我们做出了"老板娘"一天的典型用户旅程。观察她从早上睁眼、打开电脑、日常工作，到晚上关机，都会做些什么，记录下她的喜怒哀乐，进而寻找我们能在什么地方帮到她。

以上，就是一个产品简单的用户理解过程。和其他产品思维一样，这些方法也可以运用在生活当中。

至于如何服务好用户的问题，我自己最大的体会就是，把用户当成你的"丈母娘"即可。记得我自己带岳父母去香港玩的时候，甚至会把酒店到地铁站如何走，哪一个入口最近都提前了解一遍。如果能用这样的态度对用户，何愁用户不满意？

扩展话题：如何真正理解用户的需求与场景

在这一小节，我们将从观点与行为、目标与动机、人性与心智这三个层面来了解用户的真正需求。

在这三大层面中观点与行为是用户需求的表现，目标与动机是用户产生需求的直接原因，人性与心智则是用户需求的根源。对需求理解得越深，我们才能把用户服务得越好。这一话题，我在《人人都是产品经理（思维版）》中有过比较多的讲述，本书 4.1 节中也会再谈到。很多时候，我们需要更深入和细化地理解用户，才能发现他们的真实需求。

几年前，我父亲想买一个 1000 元左右的安卓手机。当我和父亲聊了几句以后，发现他想要的不仅仅是一台新手机，而是想通过买手机学习如何在网上买东西，以及希望了解最新的数码产品。他看了很多相似的手机，自己在纸上画了一个表格，列出了各个手机的重要参数对比，比如屏幕大小、内存容量、CPU、价格等。他在给我看这个表格的时候，是很开心愉快的。所以，我在后来的那段日子里，认真地和他一起讨论了哪款手机比较好，我想这个过程应该满足了他更深层的需求。

场景是个非常重要的概念，正如我父亲买手机一样，用户角色是带着场景的，需求也是带着场景的。我的好友刘飞在《产品思维》一书里有过如下总结：

场景 = 内心环境 + 社会环境 + 物理环境

- ▶ 内心环境：比如你刚搞定一个大项目和刚被老板骂的两种情况下，想听的歌肯定不同。

- ▶ 社会环境：比如你在拥挤的地铁车厢里，这时候如果某产品需要你进行面部识别就会比较困难，但你在独处时就没有问题。

- ▶ 物理环境：比如你在开车时用手机和办公室里用手机，对于人机交互的需求肯定不同。

这正好对应着电影《一代宗师》里面所说的，习武的三个境界——见自己、见众生、见天地。

这三个境界之间其实并没有谁高谁低的分别，它们是一体三面的整体。

- ▶ 自己：用户个人心境、价值观、心智模式，以及基本的人性都会影响需求。

- ▶ 众生：近如用户周围的社会关系、人际网络，远如用户所在的社区、城市乃至国家整体的社会环境，这些因素也会影响需求。

- ▶ 天地：客观环境的一切亦都会影响需求。

梁宁老师在曾经的分享中提到过世界的三重现实：心理现实、社会现实、客观现实。这三个层面共同影响人们的感受，并且外在表达为情绪，然后转化为问题，产生对解决方案，即产品的需求。

这亦类似于弗洛伊德的人格结构理论所提出的本我、自我、超我，我们可以用产品的思路来做出新的理解：

- ▶ 本我对应生物意义上的人，是出于生理及安全的需要对客观物质世界做出反应而产生的需求。

- ▶ 自我对应社会意义上的人，是因个体在现实条件的制约下寻求与他人互动而产生的需求。

▶ 超我对应意识意义上的人，是内心世界的精神需求投射在物质层面而产生的需求。

表 2-3 展示了上述不同视角对场景的理解。

表 2-3　不同视角对场景的理解

刘飞《产品思维》	电影《一代宗师》	梁宁	弗洛伊德	人的三面
内心环境	见自己	心理现实	超我	意识人
社会环境	见众生	社会现实	自我	社会人
物理环境	见天地	客观现实	本我	生物人

不论从哪种角度看，场景长期对需求产生的动态影响，沉淀为用户心智，使得不同人的需求各异。所以，如果对场景的理解不到位，我们很难准确把握用户的真正需求。

2.4　竞品生态：真正有效的竞品分析该怎么做

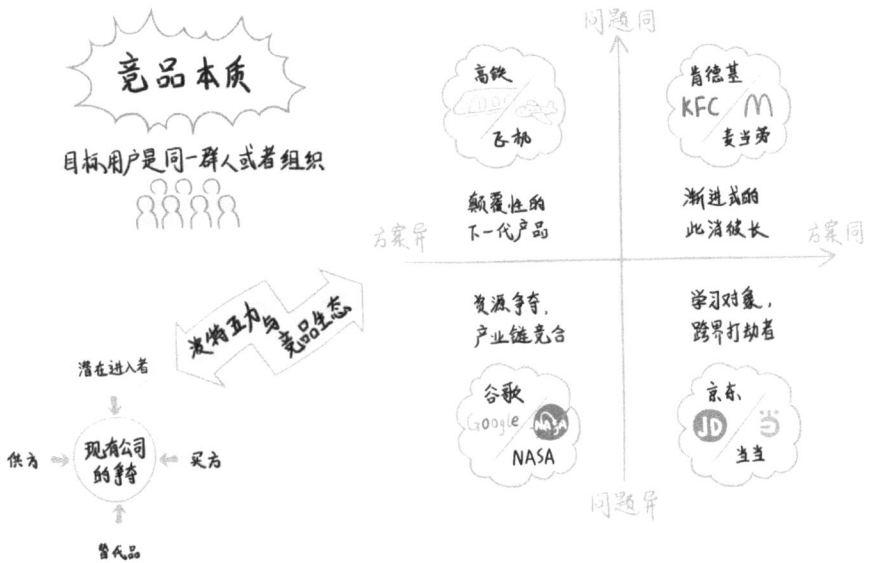

竞品本质

目标用户是同一群人或者组织

波特五力与竞品生态

潜在进入者

供方　现有公司的竞争　买方

替代品

问题同

高铁／飞机

肯德基 KFC／M 麦当劳

颠覆性的下一代产品

渐进式的此消彼长

方案异　　　　　　方案同

资源争夺，产业链竞合

学习对象，跨界打劫者

谷歌 Google／NASA　NASA

京东 JD／当当 当当

问题异

当我们理解用户之后，就要加深对已有解决方案的理解了。这些已有的解决方案通常就是市场上的竞品。每个人做产品创新的时候都会分析现状，其中很重要的一部分就是分析竞争对手，我们称之为"竞品分析"。

大家最常采用的竞品分析方式可能是这样的：挑选三五个竞品，然后用一张表格来对比它们和我方产品的差异，如图 2-10 所示。

	自己的产品	竞品A	竞品B	竞品C
功能1	☆☆☆☆☆	✕	☆☆☆	☆☆
功能2	✕	☆☆☆	☆☆☆☆☆	☆
功能3	☆☆☆	☆	✕	☆☆☆☆☆
功能4	☆☆	☆☆☆☆	☆	✕

图 2-10　常见的竞品分析

这样的竞品分析固然有价值，但在我看来过于狭隘了，它只能带来渐进式的产品创新，如果想要做到颠覆或者说跳跃式的创新，这还远远不够。

竞品分析的有效思路

关于竞品分析，还是要从创新最简单的思路出发——先搞清楚问题，再搞清楚解决方案。通过"问题"和"方案"这两个指标的异同来界定竞品生态的组成，可以形成如图 2-11 的四象限图，该图参考了波特五力模型[1]。

1　波特五力模型是 Michael Porter 于 20 世纪 80 年代初提出的。他认为行业中存在着决定竞争规模和程度的五种力量，这五种力量综合起来影响着产业的吸引力，以及现有企业的竞争战略决策。五种力量分别为同行业内现有竞争者的竞争能力、潜在竞争者进入的能力、替代品的替代能力、供应商的讨价还价能力、购买者的讨价还价能力。

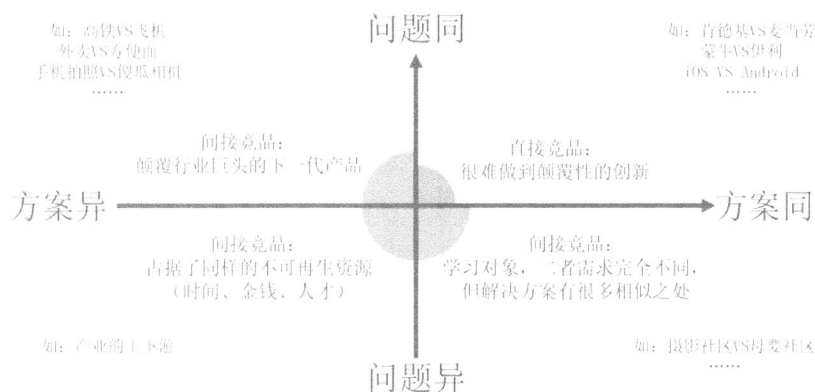

图 2-11 竞品生态的组成

如此我们就把与自己产品有关系的潜在竞争对手分为四大类，接下来将依次说明。

"问题同方案同"的竞品

这类属于直接竞品，上文中大家最常用的表格分析方法一般只适用于直接竞品。比如肯德基和麦当劳、蒙牛和伊利、iOS 和 Android 之类，提起一方，人们马上就能联想到另一方。

正如"打败谷歌的不会是一个搜索引擎公司，打败微信的也不会是另一个微信"这句话所说的那样，直接竞品之间的厮杀通常是渐进式的创新，很难做到颠覆性的创新，也无法做到直接把对手消灭。

"问题同方案异"的竞品

这类是指用不同方案解决相似问题的产品，它们往往会成为行业里颠覆巨头的下一代产品。

比如越来越方便的高铁对飞机的冲击，快餐外卖对方便面的冲击，手机的拍照功能对数码相机的冲击，咖啡对茶饮料的冲击，等等。我们做竞品分析的时候，要特别关注这类竞品，因为它们可以帮助我们透过解决方案本身，更深刻地理解用户需求的本质到底是什么。

"问题异方案同"的竞品

这类产品是我们学习的对象。比如一个摄影社区和一个母婴社区，面向的用户需求完全不同，但解决方案却可能有很多相似之处，比如两者都可能有论坛、私信、积分、好友关系等模块，此时它们就可以互相交流学习。

不过，如果这样的产品存在跨"品类"迁移的可能，那就也是广义的竞品了。比如京东原来只卖 3C[1]数码，积累了用户和基础设施之后，开辟的图书模块很快就比肩当当；星巴克原来只卖咖啡，2019 年也推出了茶饮料……这些都是鲜活的案例。

"问题异方案异"的竞品

问题不一样，解决方案也不一样，这样的产品好像八竿子打不着，为什么也会成为间接竞品呢？这里有两种可能。

第一种，各类竞品都占用了相似的不可再生资源。

比如时间就是一种不可再生资源。2016 年年底，罗振宇提出了"国民总时间"的概念，指的是人们的时间已经被各种产品占满了，再要用新的产品，就必须放弃其他某些产品，比如每天上下班通勤的路上，用户用网易云音乐听歌，就没法在得到里听课，虽然这两个产品想解决的问题和解决方案都大相径庭。

不可再生资源还可能是金钱。用户的钱只有那么多，意味着消费必须有所取舍。比如用户有 1 万左右的闲钱，如果选择出国游，就没法买最新的 iPhone 手机。

从公司角度来看，不可再生的资源也可能是人才。比如谷歌认为自己的竞争对手是美国国家航空航天局（NASA），而不是苹果、微软、亚马逊这些公司。因为 NASA 抢走了很多高级人才。

除了占用相似的不可再生资源，问题异方案异的另一种竞争对手，可能来自产品产业链条的上下游。

任何行业里的某个角色，做大做强后都会占据产业链条里更多的位置，以获取更多的利润。

比如宝马是做发动机起家，BMW 的全称为 Bavarian Motor Work，意为"巴伐利亚

1　3C 是计算机（Computer）、通讯（Communication）和消费类（Consumer）电子产品的简称。

发动机制造厂"，后来宝马往下游渗透才开始制造汽车。再比如 Costco 原来只卖其他品牌的货，后来往上游发展，推出了自有品牌的商品 Kirkland。

所以，分析清楚这类竞品，我们也就了解了产品所在的产业链，也可以把竞品生态扩展为行业生态。

生活中的竞品分析

我们生活的周遭就存在着各色各样的竞品，下面我将用几个案例来加深大家对竞品分析的思考。

比如装修的时候，很多人都要挑选微波炉，选择的标准无非是产品的品牌、国别、功能等属性。我家准备装修的时候，太太告诉我还有烤箱、蒸箱这样的选项，我的视野一下子就被打开了，对"加热食物的电器"这个领域的认知也提升了不少。当我了解了它们各自的加热原理、适用场景以后，发现自己选择起来更能做到有的放矢。

做产品创新如同选择"加热食物的电器"，当我们的认知太过局限时，很多选项根本不存在，也就很难设计出更优的解决方案。发现广义竞品是产品创新重要的一步。

又比如对上班的交通方式的选择。我家到公司大约 8 公里。我曾经想过自己从家到公司到底有几种通行方式，它们各自的优劣和适用场景是什么：

- ▶ 第一个选项是走路。在天气很好的时候，我很喜欢这个选项，全程大约要走两个小时，还顺便锻炼了身体。

- ▶ 第二个选项是骑车。我可以骑自己的山地车，也可以骑共享单车，共享单车又分为杭州市政府设置的有桩公共自行车和多家商业公司的共享单车。天气好的时候我也很喜欢这种方式，全程大约需要半个小时。

- ▶ 第三个选项是电动车。虽然我自己没有电动车，但共享电动车有很多种选择。

- ▶ 第四个选项是开车。如果是早晚高峰出行，这是我最不喜欢的方式。当然，除了开自己的车，还有共享汽车可以选择。

- ▶ 第五个选项是坐车。除了出租车、快车、专车、顺风车，我还可以选择坐公交，只不过班次太少，我并没有尝试过。

光是上班的交通方式，用户的选择就如此之多。同理，我们的产品要被用户选中，从来都不只有一两个对手。

小结

创业者必须要思考的一个问题是——我的竞争对手是谁？最糟糕的答案就是——我没有竞争对手。

绝大多数情况下，没有竞争对手是因为市场不存在、需求不存在。也可能是因为创业者把竞争对手理解得太狭隘了。

竞争对手不仅仅是那些很相似的产品，或者解决相似问题的产品，还包括整个行业生态，它们共同服务着我们的用户。

我们可以回顾用户生态的相关内容，结合对用户的理解，去了解更多的用户故事。了解用户每天在相关领域的各种所作所为、所思所想后，才能帮助我们更全面地发现竞品。

思考题

看完这一节，希望你能重新审视一下自己产品的竞争对手列表，好好地做一个竞品分析，分析一下自家产品的竞品生态。

▶　目前你把谁当作最主要的竞品，它属于哪一类竞品？

▶　你能否根据上文说的四类竞品，找出真正值得自己研究的产品？

扩展案例：天猫商城轻奢频道的竞品分析

多年以前，我在天猫商城负责过轻奢频道，当时主要卖的货品是轻奢（不那么贵的入门级奢侈品品牌）和经典奢侈品的老款旧款库存。为了搞清楚这个轻奢频道的竞品都有哪些，我运用了前面提到的四象限竞品分析思路，如图 2-12 所示。下文仅选取四种竞品中的各一例进行分析。

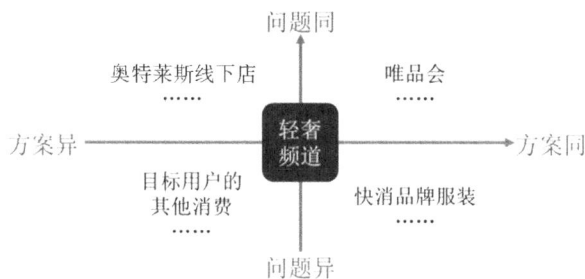

图 2-12　淘宝商场轻奢频道的竞品生态

问题同方案同：唯品会是我们当时的直接竞争对手。但因为可以复用淘宝主站的购物流量，所以我们的优势是流量成本比它低很多。

问题同方案异：奥特莱斯线下店是我们传统的间接竞争对手。但毕竟不是每个城市都有奥特莱斯，有的奥特莱斯线下店会设在郊区，用户来回路上的时间成本不低。所以相对于奥特莱斯线下店，我们的优势是便捷省时。

问题异方案同：快消品牌服装是属于不同产品形态的竞争对手。因为他们有线上清库存的渠道，如果做得足够好，积累了足够多的流量，也可以转向卖奢侈品。但不同价位的商品，背后对应着不同的用户消费能力，快消品牌的用户消费能力无法完美地向奢侈品产品迁移。这一点也是我们的相对优势。

问题异方案异：产品目标用户的其他提升生活品质的消费，都会导致他们在天猫奢侈品频道的消费降低。从这一点来看，目标用户的其他消费对象也是我们的竞品。而这一点需要依照"心理账户[1]"做进一步验证。

最后我们来总结一下最广义的竞品本质到底是什么。

只要两个产品的目标用户是同一群人或者组织，这两个产品在某种程度上就会形成竞争关系。当然，竞争与合作在这个时代是可以并存的，竞争不一定是你死我活，也可以是互相成就。所有的广义竞品一起组成了一个跨公司的产品矩阵，共同服务着某一群用户。

1　心理账户指消费者会把资金根据来源和支出划分成不同的类别，消费有时会受制于明确或不明确的特定账户的预算。

扩展话题：内容产品如何防盗版

曾有一个教育行业的客户，他的产品是基础教育阶段的语文阅读辅助类的内容产品。因为被盗版问题困扰，于是他向我咨询该怎么办。

盗版也属于广义竞品的范畴。当时我给了三点建议，供大家参考。

第一，官方上场。

版权方主动放出部分内容，占领流量入口，让想找盗版的人找不到盗版内容。比如做一个内容试读版。《人人都是产品经理》早期版本下载量最大的免费电子书，就是我自己放出去的。

第二，变目的为手段。

我们可以把容易被盗版的内容产品设计成产品矩阵中的一员，即设计更大的产品引流模块。比如我的主业是 2B 的咨询业务，那我就会在自己书里经常提及自己的这项业务。如此一来，盗版者虽然让我损失了一些版税，但随着盗版资源在市场上的传播，我的咨询业务也在无形中扩大了影响力。这些损失的版税就成了我给盗版者支付的营销费用。

第三，产品本身创新。

我们可以拉大盗版与正版的价值差距，给正版用户提供更多的增值服务。

比如做线下活动，把正版内容的购买凭证作为门票；又如将书籍本身做得很有吸引力，从封面、内页的设计，到纸张的选择、手感等方面都严格把关，让人看过就想收藏一本；再如我之前在正版书中夹带附赠一张 100 元的三节课学习卡，如图 2-13 所示，为书本增添了附加值。

图 2-13　正版书夹带的三节课的学习卡

2.5　打造属于你的点子过滤器

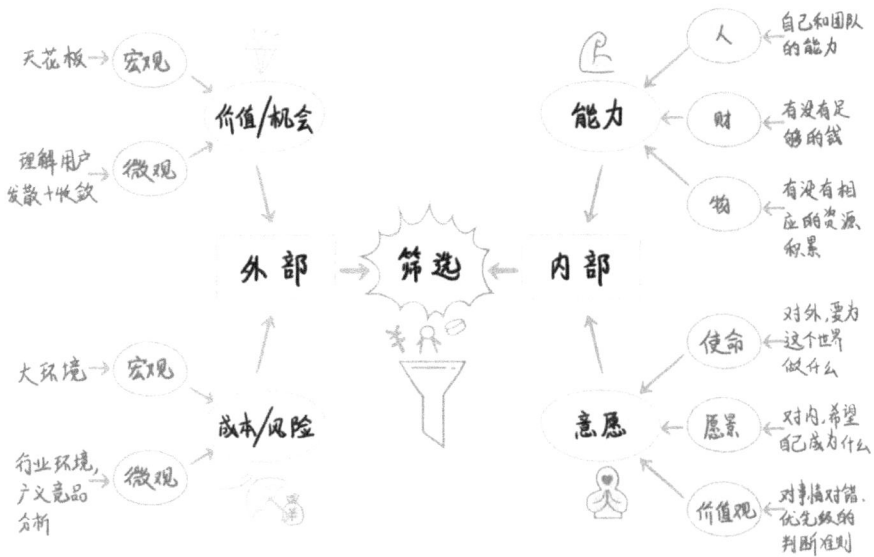

天花板 → 宏观

价值/机会

理解用户
发散 + 收欲 → 微观

外部　←　筛选　←　内部

大环境 → 宏观

成本/风险

行业环境,
广义竞品
分析 → 微观

人 → 自己和团队
的能力

能力 ← 财 → 有没有足
够的钱

物 → 有没有相
应的资源
积累

使命 → 对外,要为
这个世界
做什么

意愿 ← 愿景 → 对内,希望
自己成为什么

价值观 → 对事情对错,
优先级的
判断准则

Paperwork 阶段的最后一节，让我们一起来打造一个属于你的"点子过滤器"，对于通过了"点子过滤器"的产品创新点子，我们应该投入更多的资源。

我在做产品创新咨询服务的时候，经常听到有创业者说想到了一个绝妙的点子，跟我探讨的时候他还千叮咛万嘱咐，让我不要告诉别人。

但实际上，他们想的点子通常并不靠谱。比如最常见的情况是，他们想到的其实是一个已经有很多人在做的"伪新产品"。之所以会出现这样的情况，一方面可能是竞品分析阶段就没有做好，另一方面是因为他们缺少一个"产品概念筛选"的环节。

那么，如何避免这种情况呢？

每个产品经理或产品团队都需要一个可以帮助他们做"产品概念筛选"的强力"点子过滤器"。

不论是创业公司还是大公司，都有很多"胎死腹中"的产品。我们在市面上能看到的产品其实都是他们过滤完的结果。创新者在工作中每天都需要做类似的选择判断——一个产品方案，一个创业方向，到底做不做？多个想法，到底选哪一个？回答这些问题，我们要考虑很多因素。

如何过滤掉不靠谱的点子

点子过滤器是产品概念筛选的框架。通过筛选，我们可以防止大量的资源浪费，尽早减少对"不靠谱产品"的投入。那么，如何打造点子过滤器呢？

首先，我们把要考虑的因素分为内部、外部两方面，如图 2-14 所示。

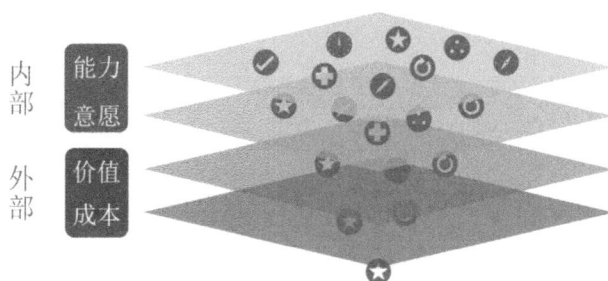

图 2-14　点子过滤器

内部因素

内部因素需要考虑两个方面：能力和意愿。

内部能力包括人、财、物三点，即自己和团队的能力、有没有足够的钱、有没有相应的资源积累等。比如我们要做人工智能方面的创业，有无技术高手是关键；我们要和竞争对手打补贴大战，充足的资本是必须；我们要给消费者做出精准的商品推荐，就得有足够多的数据积累。我们应该选一个能发挥自己能力的方向。[1]

我曾经有一个咨询客户，他是一位有技术背景的创业者，掌握了一些图像和语音相关的人工智能技术。他在辅导孩子写作业的过程中，想到了一个点子。他把这个点子叫作"错题强化训练"。这个创意点子是把孩子做错的题目通过拍照、识别、语义理解、知识点分析，然后匹配后台题库，给出类似的题目，帮助孩子巩固没掌握的知识点。

我当时首先想到的是，抛开文字识别这个技术要求，题目与知识点的匹配关系怎么建立？题库从哪里来？这位创业者表示还没仔细想过。后来经过我们的现场分析，发现他并不具备相应的教育行业资源。根据我的点子过滤器，这就属于内部因素中的能力不足。于是我让他再重新思考自己的创业方向。

其次是内部意愿。对创新者来说，需要考虑自己想做的事情是否符合自己或公司的使命、愿景、价值观。这些内容就属于内部意愿。简单来说：

▶　使命——我们要为这个世界做什么。

▶　愿景——我们希望自己成为什么。

▶　价值观——我们对事情对错、优先级的判断准则。

我们要想清楚自己到底想做什么、为什么而活。每家足够成功的公司，他们的终极目标都不是赚钱，比如阿里巴巴要"让天下没有难做的生意"，谷歌要"整合全球信息，使人人皆可访问并从中受益"。

这个世界上有价值的事情不是随随便便、轻轻松松就能达成的。只有明确了这件事

1　企业要清楚自己的发展阶段、明白自己的能力上限，以及当前阶段要解决的主要问题，具体可参考梁宁老师在知识课程"增长思维30讲"里"草根、腰部、头部、顶级"企业的概念。

符合自己的意愿，符合自己的起心动念，我们才能在碰到困难的时候依然坚持走下去。

我遇到过不少机会主义的创业者，他们创业的动机完全由外部驱动，只是看哪个细分市场又有新机会、哪个领域又出现了一个风口、最近投资人都在关注什么方向……并没有自己深耕细作的领域。三五年来，我眼见着他们做了匿名社交、共享充电宝、共享零食货架、在线抓娃娃机……每一次都是浅尝辄止，每当他们看到机会转移就轻易放弃，最终一事无成。

所以，和创业者交流的时候，我必问的一个问题是——为什么要做这个项目？

我喜欢的答案是——使命驱动。出于怎样的个人经历，所以一直致力于做哪方面的事情，并且过去几年已经做了哪些尝试……教育、医疗相关的产品，往往都有这种"情怀加成"。比如我曾接触过一个针对基础教育阶段的语文阅读项目，它致力于缓解教育资源的不均衡；我还接触过一个慢病管理的项目，它希望能真正造福高血压、糖尿病患者。

意愿，其实是长期积累的结果。有了意愿作为动力，我们做的事情就会互相关联，多年以后，我们的积累就会成为核心竞争力。

外部因素

外部因素同样分为两方面：价值（机会）和成本（风险）。

判断是否有价值（机会），是指从专业的角度出发，判断这个领域的"天花板"高不高，用风险投资人的话来说就是"这是不是一条足够宽阔的赛道"。一般来说，越多人需要的产品、越频繁用到的产品、交易价格越高的产品，"天花板"越高。在这样的行业里，我们做到行业前几名可能就活得很滋润了，当然，这些行业的竞争也会更加激烈。而在一个"天花板"低的行业里，我们可能需要保持在第一位才能勉强支撑。

我有一个创业的师弟，主要做的是主机游戏光盘的共享。因为主机游戏的防盗版技术做得很好，所以一张游戏光盘通常都要好几百人民币，于是玩家们就有了二手交易的需求，希望能有渠道可以买到一些便宜的游戏。

他和我说了自己的想法后，我帮他进行了分析：一、主机游戏玩家的存量不多；二、玩游戏的群体选择越来越多了，主机游戏玩家的增长趋势不容乐观；三、不同的主机厂商（如索尼、微软……）的忠实玩家互相割裂，这又使得原本就很小的市场继续碎片化为多个更小的市场，不能形成合力。所以，这件事的"天花板"其实很低。

和他交流的过程中，我能体会到他对这件事情的热爱，所以我跟他说，只要你想清楚了，觉得"就算事情很小，我也认了"，那就去做吧，毕竟小而美也是一种存在形式。

当然，在价值（机会）方面除了宏观的行业天花板，我们还得考虑微观的用户价值，即用户价值高不高。用户价值不高，产品点子也就没有意义，这一点在理解用户的篇章里已经讲了不少，这里不再赘述。

第二个外部因素是成本（风险），主要可以从"宏观大环境"和"微观行业环境"两个角度进行思考。

宏观大环境指的是不受产品影响的时代大背景，比如政治、经济、文化、社会、技术、环境、法律等方面，对绝大多数产品来说，我们不要去挑战这些因素，要避免不必要的成本及风险。而关于微观行业环境，我们需要考虑到很多因素，主要包括行业里都有哪些玩家、产业链的上下游、潜在的进入者、未来的替代者，等等。

如果把产品创意比作行驶在路上的汽车，价值（机会）是指路面是否宽阔，而成本（风险）是看路上的车多不多、路面有没有坑，以及是否存在"车匪路霸"。

比如社交产品是非常有想象空间的一种产品。经常有大学在校生或者刚毕业没多久的年轻人来找我，说自己找到了一种打败微信的方式，打算做一种新型社交产品。

即使他的想法再特别，但通常经过分析，我们都会发现竞争过于激烈，已经有很多有积累的玩家，要脱颖而出的成本过高。有人说"社交是产品之王"，但太多人都想戴上王冠了，对草根创业者来说，成功的概率实在太低。

点子过滤器的生活应用

不只在工作中，日常生活中我们也可以用到产品概念筛选的模型。不一定每次都要使用整个过滤框架，有时候只利用其中的一部分也可以帮助我们做出选择。

比如你要找工作，可以运用"外部价值"的思考方式。对于行业选择，你不仅要看现状，还要看趋势。你要争取进入一个朝阳产业，朝阳产业不仅将来的机会更多，而且也是真正厉害的人愿意去的地方。你每天和什么水平的人在一起工作，决定了你将来会成为什么层次的人。

又比如思考"到底应该去一线大城市还是回家乡县城"，你可以利用内部、外部两方面因素进行考量：能力——你是否想借力家人的积累？意愿——你是否想和父母一起生活？大城市和县城的生活方式，你认为哪个更好？价值——你的技能与县城市场的匹配度如何？如图 2-15 所示。

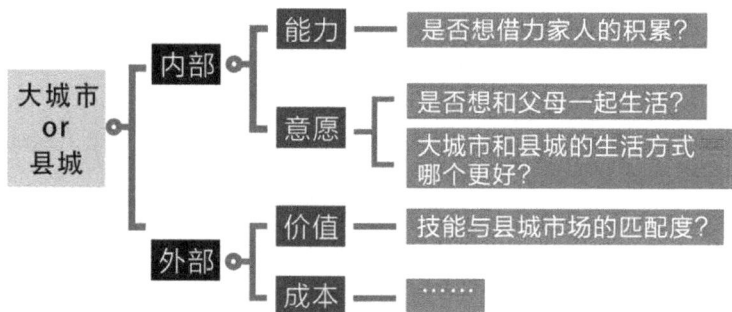

图 2-15　点子过滤器的生活应用之一

再比如周末的吃饭问题，到底应该自己做，还是出去吃，还是叫外卖？你可以思考这样几个问题：能力——你的厨艺怎么样？意愿——想提升厨艺吗？价值——该和朋友们聚餐了吗？成本——这个周末的时间值钱吗，你有什么重要的事情要做吗（周末的时间成本）？天气好不好？外卖有促销吗？如图 2-16 所示。

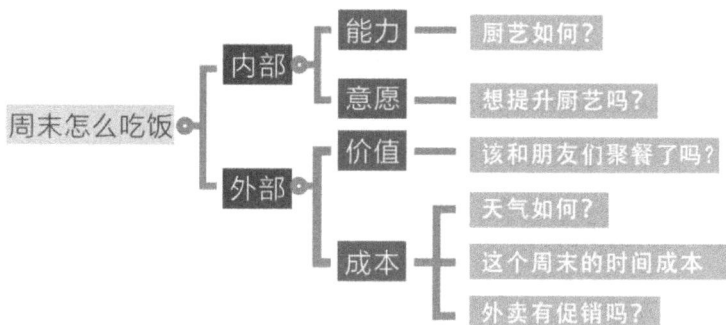

图 2-16　点子过滤器的生活应用之二

看完这些生活中的例子，不知道你有没有想到更多的应用场景呢？

最后，过滤器里的每个因素都不是相互独立的，我们还是要根据自己的实际情况，把诸多因素综合起来考虑。

小结

这一节分享了一个收敛想法并从创意点子里做出选择的框架工具"产品概念筛选"，也就是我们常说的"点子过滤器"。

在运用点子过滤器的时候，我们需要先把考虑的方向分为内部和外部因素两方面，在内部因素方面，我们考虑的是能力和意愿；在外部因素方面，我们考虑的是价值（机会）和成本（风险）。

思考题

你可以用这个"点子过滤器"，来过滤一下你正在负责的项目，希望你可以发现一些短板，并做出针对性的弥补。

扩展案例：阿里旺旺的成与败

了解完"点子过滤器"的运作流程，现在我们通过阿里旺旺的案例，来看看点子过滤器会如何帮助我们分析一个点子，如图 2-17 所示。

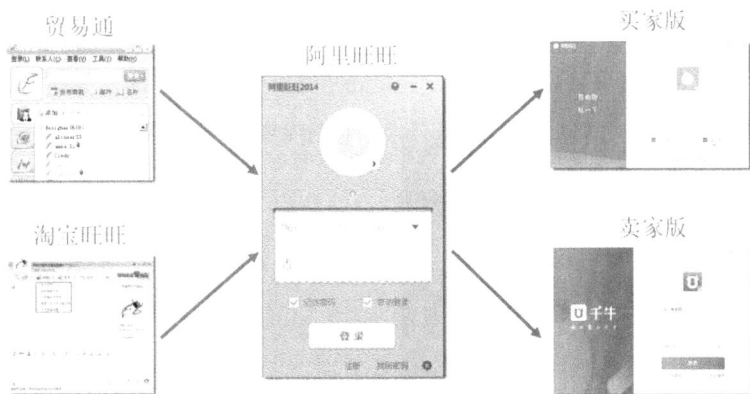

图 2-17　阿里旺旺的"前世今生"

阿里旺旺的前身是 2003 年被推出的贸易通，2004 年贸易通在代码上略做改动后推出了淘宝旺旺，后来合并成阿里旺旺，再又逐渐细分为中国站版、淘宝买家版、淘宝卖家版等不同版本。

在 2007 年，腾讯 QQ 虽然用户众多，但还不足以一统江湖，而 QQ 的低龄化、娱乐化的特点也远比今天明显。很多白领上班时还在用 MSN、雅虎通等聊天工具，当时阿里旺旺完全有机会切入通用 IM（Instant Messaging，即时通信）这个市场。IM 工具的潜力巨大，毕竟 IM 工具满足的是人类的核心需求——沟通。在这一核心需求之下，又有多个主要场景，比如办公、娱乐、日常生活，等等。阿里巴巴的想法是和腾讯展开差异化竞争，于是提出了口号"上班用旺旺，下班玩 QQ"，想抓住一个更有价值的用户群体，并且定下的目标是先把活跃用户数量做到市场第二。

阿里巴巴盘点了一下集团内的各个相关产品，淘宝旺旺、贸易通、雅虎通，等等，发现这些产品的活跃用户加起来就已经达到市场第二了。阿里巴巴据此认为自己的目标很容易实现。所以它投入百人的团队，启动了阿里旺旺项目，把集团内已有的 IM 工具都统一起来，统一登录端口、产品形态，并从尊重用户习惯的立场出发，在不同通信工具间为用户保留了好友关系。

半年之后，阿里旺旺上线。确实，活跃用户数量一下子就达到了市场第二，但各种运营动作实施下去用户的增长却很缓慢。努力了一阵子，并没有打开通用 IM 的市场，于是只能回归，继续做电商场景下的 IM 了。

通过上文的故事，我们可以发现，阿里旺旺的出身决定了它的"交易工具"属性、"电子商务 IM"定位等基因特性，这既成了它的优势，也成了它的瓶颈。

整个过程中究竟是哪里出现了问题呢？我们用可以点子过滤器来复盘一下阿里旺旺的产品过程。

从外部因素的价值（机会）方面来看，商用 IM 确实是一个很大的市场，如今钉钉的成功就可以证明；又比如内部因素的意愿方面，它也很契合阿里巴巴的"让天下没有难做的生意"的企业使命。

但是，它在"内部能力"中犯了错，误用了已有的数据积累，即用户关系。

试想一下，如果你是淘宝旺旺的买家用户，用升级后的阿里旺旺登录进去后，看到的好友都是卖家，你会把阿里旺旺当成工作使用的工具吗？你应该更有可能去逛淘宝了吧？也因为这个原因，很多企事业单位开始禁止员工上班时间逛淘宝网，同时也禁止员工使用阿里旺旺。

不仅如此，阿里旺旺在外部因素的成本方面也出现了问题。我们低估了用户群体对一个产品的固有认知所产生的影响，用户对于"旺旺是交易聊天工具"的认知已经根深蒂固，情况很难扭转，真是"成也萧何，败也萧何"。

后来，阿里旺旺退回电商场景，反而有了很多成功的例子。比如 QQ 所没有的子账号体系。因为 QQ 的用户是个人，而阿里旺旺某些版本的用户其实是企业。企业需要一个统一对外的沟通工具。阿里旺旺的账号就像一个企业的热线电话，一个人来接听肯定忙不过来。所以，就像电话有分机一样，阿里旺旺有了子账号，并且它还延伸出"智能分流"、工作台等工作场景下特有的功能。

对某类用户、需求、场景的深入定制，一方面可以成就一个产品，成为对手进入的壁垒；另一方面，它也有可能成为这个产品的牢笼。做产品要顺势而为。所谓"势"，从宏观角度来看是行业的浪潮、公司和产品的基因，从微观角度来看是用户群体的特质、需求的特性、场景的特点。一个点子只有顺"势"，才能更顺利地通过我们的过滤器。

第 3 章

原型设计：MVV Prototype

2019 年终，得到的跨年演讲上，教育专家沈祖芸老师的一句话让我很有共鸣——世界不是按照领域来划分的，而是围绕挑战组织起来的。这正好和我在本章中想表达的意思不谋而合：解决问题的起点不是产品的解决方案，而是用户需求场景。

前一章，我们已经了解到 Paperwork 阶段的重点是"想清楚"。进入第二轮 MVVP，即 Prototype 阶段时，我们工作环节要从"想清楚"阶段过渡到"做出来"阶段，我们的工作思路也会从"问题域"转移到"解决方案域"。这一阶段对应的方法论是"设计冲刺"。该阶段中，我们验证的重点依旧是"问题与方法的匹配"，但侧重点在"方法"。在工作内容上，我们主要做的是"产品设计"，如果原型验证通过，就需要"评审立项"。

本章分为三个小节：

3.1 节，我将介绍 Y 模型，它可以帮助大家"深入浅出"地找到解决思路。

3.2 节，我会分享几个低成本做原型的方法。

3.3 节，我将介绍一个验证原型有效性的流程，即谷歌创投提出的设计冲刺，以及它在应用的时候需要注意什么。

大阶段		MVVP的P	DS的D	验证重点	职能细分	商业节点
前产品阶段	想清楚	案头工作 Paperwork	探索冲刺 Discovery Sprint	PSF 问题与 方法匹配	产品规划	概念筛选
		原型设计 Prototype	设计冲刺 Design Sprint		产品设计	评审立项
产品阶段	做出来	产品开发 Product	开发冲刺 Development Sprint	PMF 产品与 市场匹配	产品管理	是否发布
	推出去	运营推广 Promotion	分销冲刺 Distribution Sprint		产品运营	是否推广
产品矩阵阶段	可复制	复制组合 Portfolio	复制冲刺 Duplication Sprint	PRF 定位与 资源匹配	矩阵管理	二次创新

3.1 Y 模型：问题域到方案域的硬核解题思路

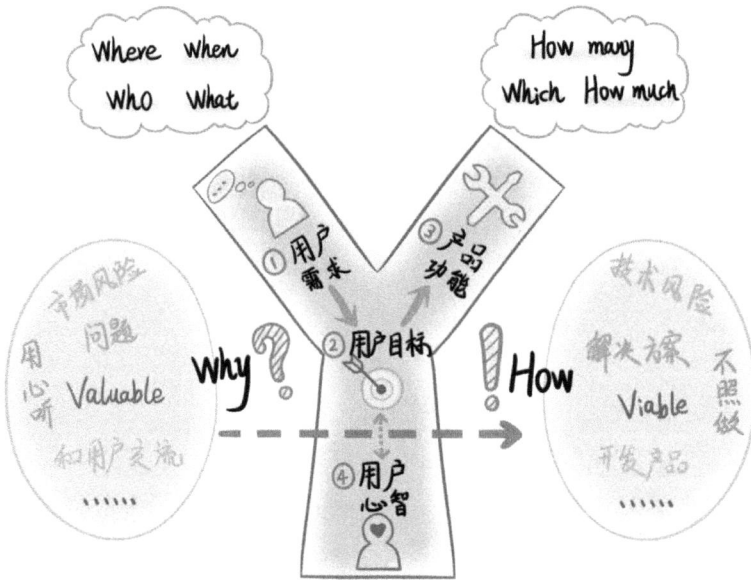

产品创新中最核心的思维方式和方法论可以总结成一句话："用心听，不照做。"

"用心听"的关注点是问题，"不照做"的关注点是解决方案。我们可以回想一下，每个产品在进行创新的时候，最常见的错误是什么？

在我看来，这些错误大致可以归纳为两点："不听"和"照做"。

一是不用心听用户的想法，和用户接触得太少。这一点在"理解用户"的章节里我们已经聊过。二是完全按照用户的意愿做。有些产品经理虽然接触了用户，但用户说什么就做什么。这样一来，产品经理岗位就没有必要存在了，我们只不过是向工程师转达了用户的想法而已。

《史蒂夫·乔布斯传》里有一句话很有意思，可以用来解释为什么"照做"是一个很大的误区："人们不知道自己想要什么，直到我们把它摆在他们面前。[1]"用户对产品的想法源自使用产品的过程中形成的经验判断。这些判断往往是模糊的、理想化的、带有主观色彩的感性认识。可以说，用户只是表达了某种个体性感受和愿望，这些内容对产品最终的实现无法起到直接的帮助作用。产品经理的工作，正是要通过接触用户、倾听用户，从他们的想法背后识别出真正的用户需求，并将满足这些需求的功能有选择地、合理地实现在产品里。

所以，不去理解用户不行，盲目顺从用户也不对，那么到底该怎么破局呢？接下来我就介绍一下"Y 模型"，它能简单、直接，且有效地帮助我们解决这个问题。

什么是 Y 模型

图 3-1 中有一个大写字母 Y 的模型。它有三条线段、四个节点。左上角的起点我们记为 1，中间节点记为 2，右上角的节点记为 3，最下方的节点记为 4。这四个节点分别代表了一个产品从需求到方案的重要思考阶段。

1　原文为：Customers don't know what they want until we've shown them.

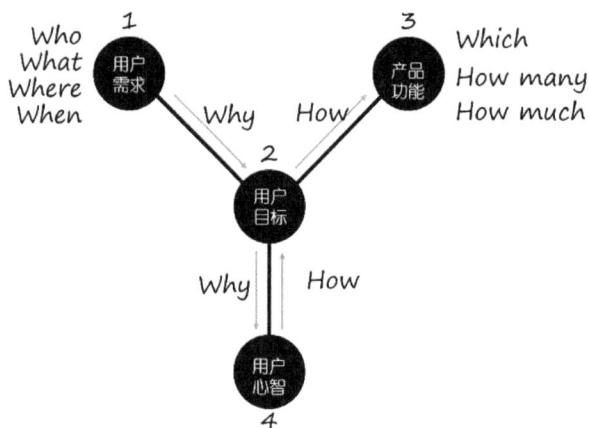

图 3-1　Y 模型

▶　"节点 1"代表的是用户需求场景，经常被称为用户需求。这是一切产品创新的起点，它是用户表面的需求，也是用户直接的观点或行为。

▶　"节点 2"代表用户需求背后的目标和动机，它是用户言行的内在原因。不过，产品经理在思考用户目标时也要综合考虑公司、产品的目标。

▶　"节点 3"代表产品功能，即问题的解决方案，它是技术人员能看懂的描述语句。

▶　"节点 4"代表人性与价值观，可以影响用户心智。它们是产品需求最深层的体现，也是需求的本质。

想要厘清 Y 模型节点之间的不同转换阶段，需要回答一些问题。这些问题可以总结为六个 W 和三个 H。"节点 1"的问题主要是 Who（目标用户是谁）、What（需求表现是什么）和 Where/When（何时何地，什么情况下）。

"节点 1"到"节点 2"和"节点 2"到"节点 4"的转换阶段，是我们对用户需求层层深入的过程，即从观点与行为到目标与动机，再到人性与用户心智的分析过程。这两个阶段要回答 Why（为什么）这个问题——我们需要不停地往下深入挖掘需求，了解用户为什么会有这样的言行、动机，为什么会有这样的心智。第 2 章中提过的"模拟用户旅程"中，有一个步骤是从用户故事出发，探寻用户背后的情绪和感受。其实这一步骤就是在落实这个层层"深入"的过程。

"节点 4"到"节点 2"再到"节点 3"的阶段中，我们要想清楚 How（怎么样）——问题应该怎么样解决。我们要确保自己对用户需求的理解足够深入，但是向用户呈现的解决方案要尽量简单。在这个过程中，我们把复杂的问题留给自己，把容易理解的表达呈现给用户，最后给出创新的解决方案。这个过程与上文的"深入"正好相反，它是一个"浅出"的过程。

最后的"节点 3"中，我们要回答 Which、How many、How much 这三个问题。Which 是指选哪一个方案、做哪一个功能。这背后是对优先级的判断，比如要评估效用、成本和性价比，等等。How many 是指做多少个功能，它考验的是对迭代周期及产品大小的把控。How much 是指需要多少资源，它是对时间、金钱、团队等资源的评估决策。

简言之，Y 模型的前半段意在"用心听"，后半段意在"不照做"，整体是一个"深入浅出"的过程。

接下来我会举一些例子，来帮助读者理解 Y 模型究竟是怎么运作的。

福特汽车是如何诞生的

亨利·福特曾说过："如果我最初是问消费者他们想要什么，他们应该会告诉我，'要一匹更快的马！'"

如果我们置身于这个场景中，可以看到，对于福特而言，"节点 1"（用户需求）是"更快的马"。显然，这个用户需求听起来很不靠谱。我们把类似的表述叫作"用户自以为是的解决方案"，也可称其为"伪需求"。

在和用户交流的过程中，我们经常有这样的体会：我们问用户哪里不满意，他会从自己的认知出发告诉我们应该怎么做。

如果亨利·福特是没有经验的产品经理，这时候他就会顺着用户的思路去思考：自己要怎么研发一种新的饲料，或改进训练方法，让马跑得更快更久。而好的产品经理就会努力搞清楚"Why"，往"节点 2"（用户目标）的方向思考。

在真实的需求场景下，我们会发现用户的深层诉求可能是"更快地到达某地"，这比"马"更重要。所以，亨利·福特作为专家，利用自己的领域知识，给出了更靠谱的"节点3"（产品功能），也就是最终的解决方案——汽车，如图3-2所示。

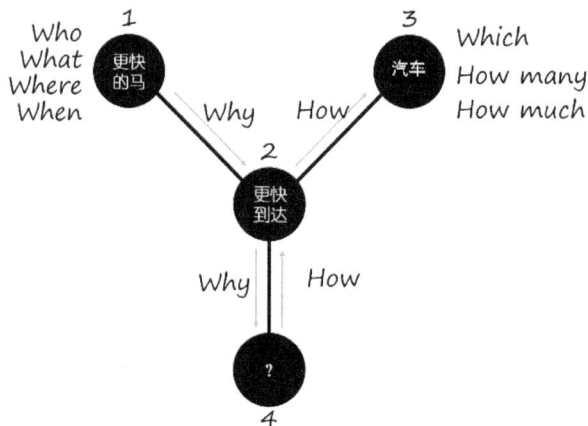

图 3-2　Y 模型在福特案例中的运用

这是一个最基本的从问题到解决方案的转化案例，值得我们反复体会。

那么"节点4"（用户心智）的作用呢？我在图3-2中的"节点4"处打了个问号。这是因为在一个不成熟的领域或全新的市场，只做"节点1、2、3"就足够让自己突围，比如早期的汽车市场，我们完全可以通过满足用户"更快"的需求来建立优势。

但表层需求很快就会被很多相似的产品跟进满足，随着市场的成熟，产品很快会陷入同质化竞争和价格战，最终整个市场变成红海。而破局的方法就在"节点4"中，这一内容在《人人都是产品经理（思维版）》里已经说过，所以不再多言，你也可以把它当作思考题，想想针对"节点4"有什么好的解法。

Y 模型的生活应用

Y 模型的核心——"用心听，不照做"，同样也可以用在我们的日常生活中。

相信恋爱过的男生都有体会，吵架的时候女生说"你滚"，如果男生真的走开，那可就完蛋了。因为男生没有"用心听"到她真实的想法，"你滚"往往是个伪需求。如果男生还想要维护这段关系，就需要凭借对她的了解去思考表象背后的用户目标是什么。她或许是要男生道歉，或者只是让男生不要与她争辩。只有发现对方言行背后的动机，找到合适的解决方案，才能更好地化解关系冲突。

装修的时候，我们可能有一个需求是客厅的灯需要多控开关（多地点控制同一照明设备）。如果这是"节点 1"用户需求的话，我们就需要分析一下"节点 2"的用户目标。利用 Y 模型挖掘下去，如图 3-3 所示，我们会发现用户的目标是"不走回头路"，所以灯控系统应该要实现进家门时可以顺手开灯，离开客厅进卧室时也可以顺手关灯的功能。于是，室内设计师给出的"节点 3"的解决方案是更合理的布线。

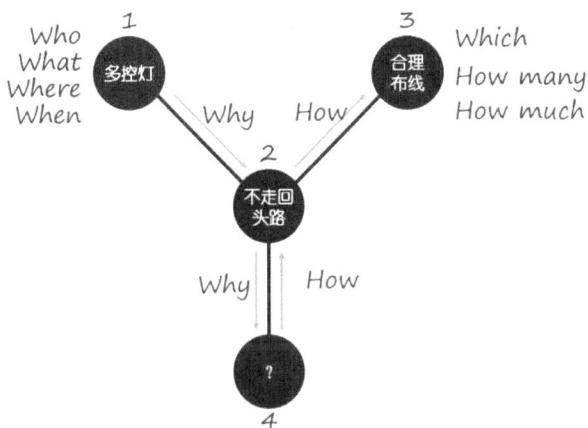

图 3-3　Y 模型的生活应用

如果我们继续深入思考，"节点 4"的用户心智，其实是"懒"，用户希望更方便地控制照明，而不是要多个开关控制一个灯。所以，随着各种智能设备的普及，我们可以给出声控、人体感应等更多的解决方案，更好地满足用户的需求。

小结

美国硅谷著名的孵化器 Y Combinator 的创始人、《黑客与画家》的作者保罗·格雷厄姆（Paul Graham），在每年给孵化项目做辅导的时候，都会强调一个观点："作为初创团队，你要做的重要事情只有两件：一是和用户交流，二是开发产品。"

因为创新会面临两大风险，一是市场风险，即做的产品没有人需要；二是技术风险，即不能把产品实现。其实，格雷厄姆说的内容与 Y 模型有异曲同工之妙。

和用户交流，就是 Y 模型的前半段，解决市场风险，要"用心听"；而开发产品，就是 Y 模型的后半段，解决技术风险，要"不照做"。

思考题

请你用 Y 模型的思路重新审视一下你最近接到的一个用户需求和给出的产品功能，有没有什么优化的想法呢？

扩展案例：首款微信游戏的成功突围

随着微信渐渐地从一个"有用的"通信工具，变成一个"有趣的"平台，用户也渐渐从有事才上微信，变成了没事就打开看看。于是微信有了朋友圈、公众号等模块，也有了游戏功能。微信游戏不仅可以让用户打发时间，这个产品本身也可以提升用户黏性。下面，我就用 Y 模型来分析一下微信的第一款游戏——著名的"打飞机"游戏，如图 3-4 所示。

图 3-4　微信的"打飞机"游戏

"打飞机"类的游戏并不新鲜，二十世纪八九十年代的红白机[1]上就有很多类似的游戏，如"沙罗曼蛇""兵蜂""B计划""1942"等。微信如果只提供基本的游戏功能，那将毫无新意。同理，微信能让用户特地到自己的产品里玩，肯定有别的原因。

游戏用户的基本需求是放松娱乐，想要在众多的游戏竞品中脱颖而出，就要试着往"节点4"的方向思考，微信团队围绕"用户心智"并且结合自身的平台属性想到两点人性的诉求，第一是社交，第二是尊重。

首先是社交。最近几年，不知你有没有和很久没见的同学（比如小学、初中的同学）聚会过？我对同学聚会的感受是：聚会现场很热闹，同学们互相加了微信，但一两年过去了，却从来没聊过天。这是因为大家的生活轨迹差异太大，一群人在一起的时候还可以相互调侃，但一对一单聊该说些什么呢？打字或发语音是一种比较正式的社交方式，需要提前想好沟通话题，否则双方很难开场。所以，在使用正式社交方式的条件下，大家只能在朋友圈里互相点个赞，以此作为维系人际关系的手段。这种情况下，我们需要一些方法来维持相对随性的社交，实现对正式社交的补充。

"打飞机"和以往的游戏不同，它不是只要花钱花时间就可以一直将游戏进行下去的。飞机用完的时候，微信给用户设计了一个开展轻度社交的契机——向好友索要飞机。此举或许就唤起了大家儿时一起躲着老师、家长玩游戏的记忆，拉近了双方的距离。

其次是尊重。尊重是指包括荣耀、攀比、虚荣、自尊等方面在内的诉求满足，这也是游戏让人上瘾的一大要素。

微信结合自身的社交、互动两大产品特点，为"打飞机"增加了"可晒的好友榜"这一功能。游戏里的排行榜已然不是新鲜玩意儿，但在我看来，"打飞机"好友榜属于第三代排行榜。

第一代排行榜是**单机榜**。在这类排行榜中，玩家是在和过去的自己比、和兄弟姐妹比，或者和隔壁邻居的儿子比，有时候玩家还可以和电脑虚拟出来的对手比。但一段时间后，玩家就会觉得没意思，因为排行榜上一共就那么几个人，排序渐渐稳定而失去了乐趣。

1　任天堂公司发行的第一代家用游戏机。

第二代排行榜是**世界榜**。随着网络的普及，玩家可以和同一个服务器里的网友比，这显然比单机榜更有趣。但时间一长，第二代排行榜出现两个新问题：一是某个玩家个人的排名会停滞不前，水平更高的专业玩家占据了排行榜的头部排名；二是排行榜上的人都互不认识，大家没法互动。私服（某种局域网里的服务器）的出现虽然可以解决部分问题，但局域网的物理条件依然有很大局限性，比如在基于校园网建立的私服游戏中，玩家只能是同一个学校的同学。

第三代排行榜是**好友榜**，它完美地解决了第二代排行榜的两个问题。玩家可以和认识的很多好友同台竞技。而且在好友榜中，谁的排名靠前完全取决于谁玩的时间多，毕竟玩家的绝大多数朋友都不是专业玩家。

在好友榜的基础上，微信游戏发展出了"可晒的好友榜"。这类排行榜除了"好友榜"的既有优势，另一个优势就是"可晒"。"晒"即展示。它不仅意味着可以满足体现存在感的用户需求，也是一种强大的"生产力"。

网上曾有人调侃："中国的微信朋友圈和微博拯救了不丹的旅游业。"这足以体现出"可晒"的巨大能量。因为去不丹旅游的成本很高，原本很少有人愿意去那里，但如果游客可以通过照片和游记让朋友知道"我在一个很贵的地方玩哦"，让这次旅行有一个绝好的"晒"点，那似乎钱花得就很值了。所以，随着互动性较强的社交媒体的出现，"晒"的行为带动了一股潮流，不丹一度成为旅游热门地区。

"打飞机"小游戏同样具有"可晒"的特点。有些玩家觉得"我小时候游戏玩得可厉害呢，但现在身边的同事都不知道"，这会让他们"怒刷""怒晒"的行为变得更加动力十足。

"可晒的好友榜"以及索要、赠送飞机等功能，都不是游戏的基本功能，但正是有了这些特性，才让微信"打飞机"更具可玩性，从而风靡一时。

3.2　用"原型"低成本验证：差个程序员，也可以做产品

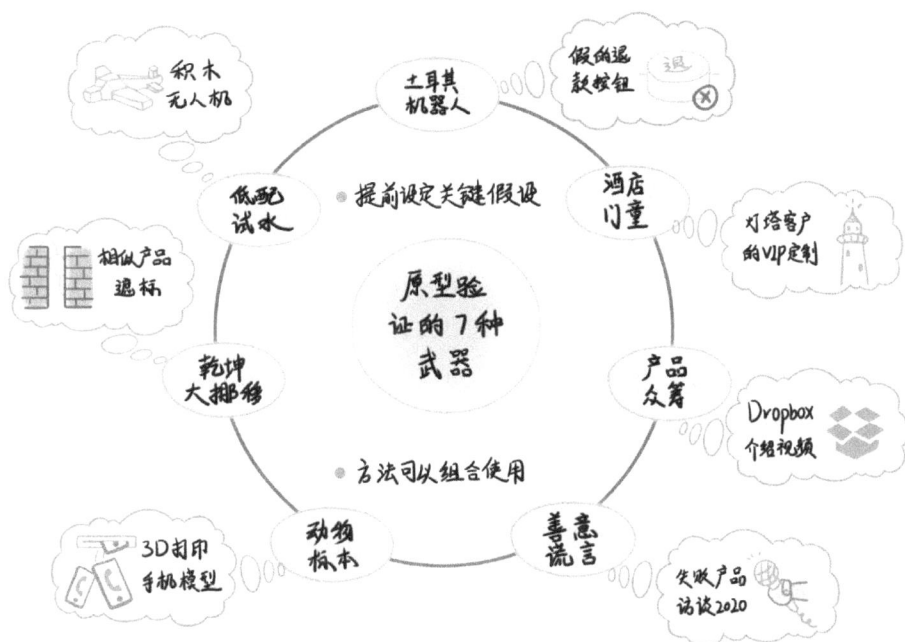

当我们想清楚解决方案之后，还不能直接把真正的产品做出来，而是要先做个某种形式的原型、Demo、样机、Prototype，用低成本的样本去验证解决方案的思路。

互联网产品行业有一句著名的玩笑是"就差一个程序员了"。这话背后的语境是：很多不太懂技术的人，认为自己的产品创意非常成熟，成熟到只要有人去做、去实现就大功告成。这些人往往觉得把产品做出来是一件很容易的事情。

这种人的产品观念存在多个误区。

首先，"想清楚"并没有那么简单，通过前文的介绍，我们已经了解到在 Paperwork 阶段，产品经理需要做大量的需求调研工作。

其次，产品做出来后，还需要进行多次调整。不光要在技术和实施层面进行调整，还要保证通过调整做出来的东西确实是用户需要的。

直接上手做真实的产品，往往需要投入大量的人力、财力和时间。这意味着，即使我们不在乎金钱损失，但时间浪费后，市场机会也有可能一去不复返。

所以，这一节我会和大家分享如何用最少的人、最少的时间、最少的花费，做出一个不仅能验证问题，而且能切实验证解决方案的"产品原型"。这种做法，通常不需要程序员参与，在这一阶段，我们甚至可以大声地说："没有程序员，也可以做产品。"

具体如何操作，我总结了七种原型武器，可以"借假修真"。"假"是指产出物并不是真实产品；"真"则是指它可以验证真正的解决方案是否靠谱。这些内容来自《创意沟通，都是画出来的！》一书的启发，接下来我将一一说明。

土耳其机器人

"土耳其机器人"源自欧洲中世纪的一个骗局。一个叫沃尔夫冈·冯·肯佩伦（Wolfgang von Kempelen）的人为了取悦奥地利女皇玛丽娅·特蕾莎（Maria Theresia），"制造"了一个会下国际象棋的机器人。这个机器人的外表是一个身着土耳其传统衣饰、叼着水烟袋的木偶，端坐于棋盘前。然而真相是，棋盘下面的桌子是使用镜子伪装起来的，里面实际上是个大箱子，箱子里面悄悄藏了一个棋艺高手。

在产品原型中，"土耳其机器人"是指我们可以设计一个看上去功能齐全的产品，但实际上用户接受的是人工服务。

比方说，我们要做一个电商 App，其中交易流程是必不可少的，但退款退货的功能要不要做呢？一开始我们可能决定不了，因为这和 App 中卖的商品品类有很大关系。

此时我们就可以采用土耳其机器人的策略。开始的时候我们先做一个退款退货的"假按钮"，用户按下按钮以后退款退货的要求并没有转入相应的系统，而是让人工客服介入去处理。这样试运行一段时间后，如果发现退款退货的订单太多，人工处理不过来了，我们再考虑开发系统；如果退款退货的量一直不大，那保持人工处理即可。

酒店门童

所谓"酒店门童"，就是那个对你有求必应的人。

它和"土耳其机器人"有点像，都是用人工服务来替代产品，但两者的差异在于，土耳其机器人的人工藏在背后，模拟真实产品，而"酒店门童"的人工服务则会直接与用户进行交互。用户很清楚地知道他接受的是贴身的人工服务。如果说"土耳其机器人"更多的是测试用户与产品交互时的真实反馈，那"酒店门童"就更偏向于测试流程的完备性。

在应用"酒店门童"的时候，我们要找到对新产品概念感兴趣的用户，提供与成型产品的效用完全一样的服务——只不过在原型阶段，它是由人工完成的。

打个比方，一家 2B 的公司主营企业服务，对于最开始的少数客户，他们很可能通过人工服务的方式把这些客户的项目当成 VIP 定制项目来做。在做的过程中，公司总结提炼项目的共性，然后慢慢打磨出将来可以批量化服务更多客户的产品，让更多的环节可以由客户自主完成。这个做法对试点客户很友好，所以相对比较容易启动。

产品众筹

有时候，虽然没有做出产品，但我们可以做出一些图文视频材料，告诉潜在用户，我们将要做的是什么产品，然后让用户用各种行动来告诉我们他们是否认可产品，比如点赞、评论、转发、分享等。当然，如果能有真金白银的资金支持，那就更棒了。

筹款成功了自然是好，筹款失败了也同样有巨大价值，至少它可以让我们避免陷入把产品做出来之后才发现用户不认可的窘境。

产品众筹的内容包括但不限于民意、舆情、金钱、资源，这个过程让我们可以有更多信息来判断潜在用户对产品的态度。

在线存储公司 Dropbox 在开发产品之前，做了一段产品功能的介绍视频，放在 YouTube 上，探测目标用户看完视频之后的反应。最终，那个视频的各种数据表现非常优秀，让 Dropbox 团队充分验证了用户的需求，坚定了信心。

淘宝众筹上有很多商品。它们看起来就像是在预售，我们可以通过"预售"情况，看出哪些产品真的值得投产，哪些产品不需要继续投入资源。

业界经常开玩笑说有些新一代车企是"PPT 造车"。其实，如果这些车企已经决定了产品方案，希望利用 PPT 收集用户需求，这也是对产品众筹方式的应用。但如果这家公司一开始自己也拿不准到底要不要造这款车，却还是把 PPT 做出来了，那就有点像下一种武器了。

善意谎言

"善意谎言"和"产品众筹"的相似之处在于，都是没做产品，只是告诉用户我们将要做什么，但不同之处在于，"善意谎言"是假装我们已经做出了一款新产品或新服务，以此来试探有没有用户感兴趣。

比如产品宣传单页就经常被用来探测市场反馈，如图 3-5 所示。做产品之前，我们可以先做个宣传或销售用的小册子，附上联系方式投放到市场上，看到底有多少人主动联系。对于过来联系的人，我们大致可以用这样的话术："感谢关注，该产品我们目前还没做好，但会送您 VIP 体验资格，并在产品上线后第一时间联系您。"

很多公司的公关部门也可以做类似的事情来帮助产品创新。比如，可以通过非正式渠道放出计划中的产品消息，然后看看市场反馈。如果反馈好，公司就继续加大资源投入；如果反对声音较多，公司可以用官方渠道发表声明说之前是个假消息；如果根本没什么人关注，那公司就停止资源投入。

图 3-5　失败产品访谈 2020 宣传页

动物标本

"动物标本"是指做一个高保真的静态原型，它看起来和真的一模一样，可以让用户简单感受产品形态，但并不具备真正的功能。

这种方法多用于发现产品本身的设计、体验细节问题，特别是外观、形态方面。

某些数码硬件类产品必须要做这一步。可以先用各种材料制作一个模型，然后让用户从各个角度观察、触摸、把玩，这样就可以发现很多值得优化的地方。

乾坤大挪移

"乾坤大挪移"是一个很有趣的技巧，它是指借用竞争对手或自己已经发布的产品，通过简单的重新包装，伪装成一个新产品，来验证我们的某些假设。

比如我们想测试用户喜欢哪种洗发水的香味，就可以买入市面上已有的多种洗发水进行测试，用测试结果指导我们自己的设计。又如车企为了测试新车的外观内饰，可以在旧款车的发动机、变速箱、底盘等基础上套壳，然后融入自己需要验证的内容。

有时候，我们甚至可以不用重新包装，直接让用户试用竞品。通过研究用户的反馈结果，也可以避免自己在设计产品时犯同样的错。

低配试水

"低配试水"是指开发一个功能有限的低配版本，来试探用户的反应。它是七个原型中唯一一个需要做一部分真实产品的原型。当然，它能够验证的假设也会更多一些。

比如小米内测版的路由器接近工程样机，具备路由器的基本功能，但很多体验、包装都不如成品。

有些硬件产品，最初甚至会以乐高积木等形式被用来给用户做测试。图 3-6 就是用乐高搭成的一个无人机的原型。

图 3-6   用乐高搭成的一个无人机的原型

这七种武器，在现实应用的时候也可以灵活混搭，比如有些车企用了"乾坤大挪移"加"低配试水"的做法，先把新车的发动机底盘做出来，然后装在老车型上给用户试用。

不轻易做真的产品功能除了降低资源损耗，还有一个现实原因——产品上线容易下线难。

任何产品功能上线后，如果只有很少的人在用，就会陷入尴尬境地——一旦下线，这些在用的少数人会抱怨："我用得好好的功能，你们为什么要下线。"迫于这种压力，如果我们勉强维护着这个功能，一方面投入产出比很低，另一方面后续新功能也必须考虑和这个鸡肋功能的兼容。

所以，我很推崇一句话——完美不是无一分可增，而是无一分可减。这就要求我们在做产品加法的时候，必须慎之又慎。

生活中，我们在做重大决策之前，也可以灵活使用上述手法。

比如，想不好装修到底选择北欧风格、简美风格还是现代风格时，我们可以先让设计师渲染一份对比的效果图。再比如，决定买某款车之前，我们可以先租同样的车型来个周末两天的周边自驾游。

小结

这一节，我们介绍了七种免开发，或者少量开发投入就能验证解决方案的手段。分别是土耳其机器人、酒店门童、产品众筹、善意谎言、动物标本、乾坤大挪移、低配试水。

其实，要保证验证的有效性，提出的"关键假设"很重要。就是说要明确你到底要验证什么。比如著名鞋类电商 Zappos（后来被亚马逊收购）早年要验证的两个问题是：

▶　用户是否愿意在网上买鞋。

▶　是否可以通过"给用户寄三双鞋试穿，用户自留一双，快递拿回两双"的方式来打消用户的顾虑。

Zappos 一开始并没有做电商系统，也没有自己建仓库采购库存，而只是做了一个可以下单的页面，一旦有用户下单，他们就去线下商店买鞋，然后寄给对方。

通常，一种原型只能验证部分"关键假设"，所以，我们可以为一个产品做多个原型，或者做一个兼具上面多种特征的混合原型，但哪怕这样，综合的投入产出比也远远低于一上来就做真实的产品。

思考题

请你深入理解这七种原型武器，分析一下自己的产品适合哪一种原型检验方式，并试着把它用在自己产品的创新上。

3.3 设计冲刺：谷歌创投如何帮助产品成功

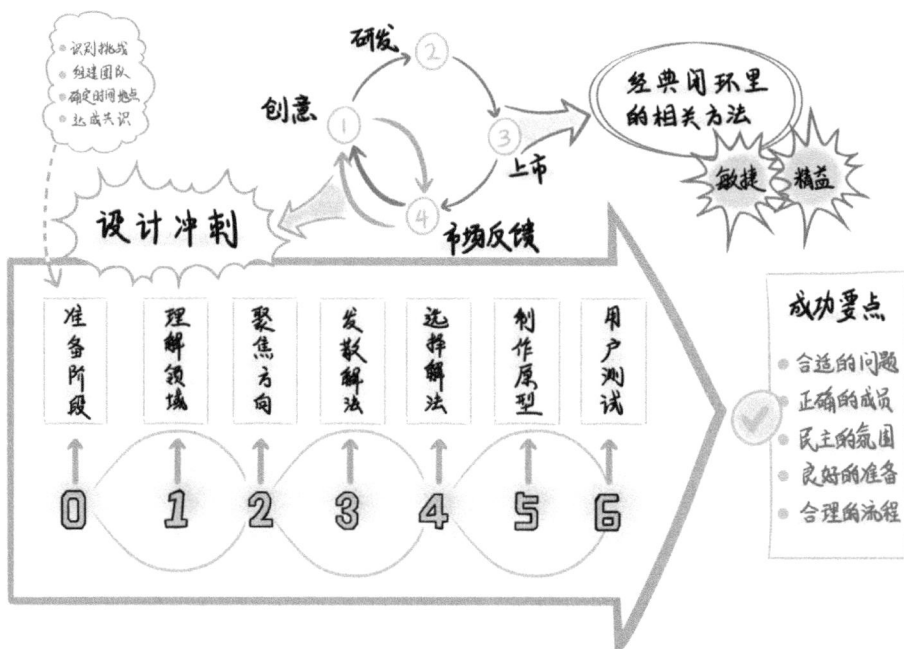

不知道大家在工作过程中有没有碰到过以下这几种情况：

▶ 团队筋疲力尽，却发现做出来的东西有一大半都没达到预期效果。

▶ 看不清前景，可做的事情很多，但团队始终无法达成一致。

▶ 想验证某些关键假设，但时间、资金、人手都远远不够。

▶ 现有产品增长遭遇瓶颈，想寻求二次创新却很迷茫。

很多时候，我们辛苦工作几个月却做了一个没人需要也不会投产的产品。从结果上来看，这几个月的时间白白地被浪费了。既然如此，为什么我们不选择一个能快速检验的方式，在原型阶段用 5 天甚至更少的时间试试呢？

这种通过原型快速验证产品方案的方法叫设计冲刺（Design Sprint）（这一方法出自《设计冲刺：谷歌风投如何 5 天完成产品迭代》一书，以下简称《设计冲刺》）。图 3-7 简单明了地解释了这个方法。

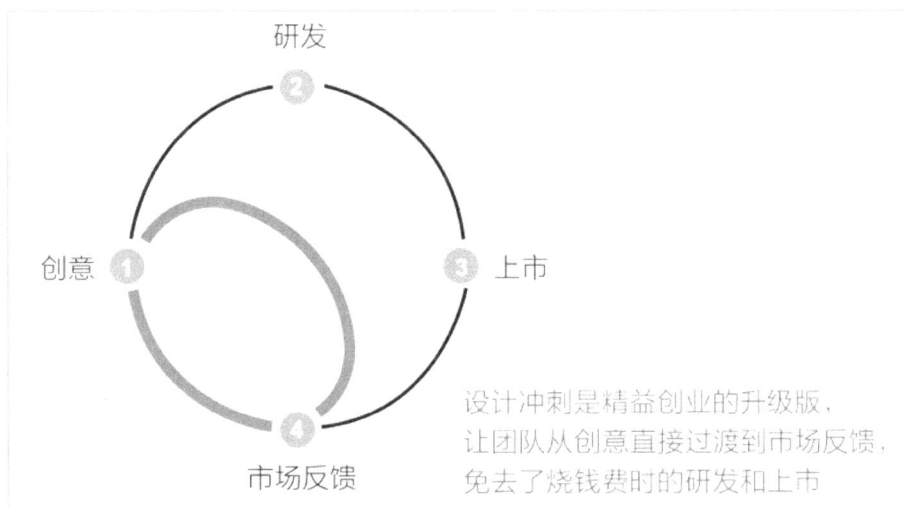

图 3-7　设计冲刺的逻辑
图片来源：《设计冲刺：谷歌风投如何 5 天完成产品迭代》

设计冲刺分为"理解领域、聚焦方向、发散解法、选择解法、制作原型、用户测试"六步。它是谷歌创投基于 Design Thinking 的启发而提出的方法，如图 3-8 所示。

理解领域　聚焦方向　发散解法　选择解法　制作原型　用户测试

1　理解领域：
　　用户需求、商业目标、技术能力

2　聚焦方向：
　　打算聚焦解决的关键问题是什么

3　发散解法：
　　如何提出尽可能多的创意

4　选择解法：
　　选择目前为止最优的解法

5　制作原型：
　　制作可以借力用户验证想法的原型

6　用户测试：
　　通过用户、利益相关方和技术专家验证想法

图 3-8　设计冲刺的六步骤

这套由谷歌创投总结出来的产品创新方法论，已经经过了实践检验，助推过很多公司和产品，比如 Uber、Lime、Slack、One Medical Group、Nest、Flatiron Health、Duo Security 等。

《设计冲刺》中对"设计"这一概念的定义很广泛。搜索引擎、电子邮箱、无人驾驶汽车是"设计"，优化产品、制定营销策略是"设计"，为公司命名、评估新商机的可行性也是"设计"。

那么，设计冲刺能干什么？《设计冲刺》一书的英文副书名——"How to Solve Big Problems and Test New Ideas in Just 5 Days"（如何在短短 5 天内解决重大问题并测试新想法）就很准确地阐释了它的价值。所以，我们也可以这样理解：这是一套适用于"现有产品碰到大瓶颈"或"打算启动一个新产品"情况下的方法论。

《设计冲刺》中针对这一方法有很详尽的操作手册，如表 3-1 所示。这一节我将会按自己的理解为大家总结设计冲刺在实操时的注意事项，如果我们理解了背后的逻辑，并且觉得有用，可以再去看这本书。

表 3-1　设计冲刺的具体操作

搭建舞台	1. 识别挑战：从大问题入手
	2. 组建团队：确定一名决策者、一名引导者以及多样化的队员
	3. 确定时间、地点：定出 5 天连续工作日，找到合适的会议室
星期一 拆包，把已知的一切摊上桌面	4. 从结果出发：设定一个长期目标
	5. 绘制地图：列出冲刺问题
	6. 请教专家：请教团队成员和其他专家
	7. 选择目标：为本次冲刺选择一个目标
星期二 写写画画，每个人都贡献点子	8. 重组和改进：回顾已有的点子和灵感
	9. 草拟方案：在纸上画出详细方案
星期三 决策日	10. 做出决策：无须集体讨论，选出最佳方案
	11. 决斗：胜者生存
	12. 原型分镜脚本：制订建模计划
星期四 完成原型产品	13. 装模作样：营造假象，替代真实产品
	14. 制作原型：选对工具，各个击破
星期五 交卷、检测	15. 小型数据：五位用户，可见一斑
	16. 采访：提对问题
	17. 学习：找到不足，计划未来
	18. 起飞：出发前的最后一次助推

　　虽然书上写的标准做法是 5 天，实际上很少有团队真的能下决心花 5 天时间来完成这件事。因为这套方法虽然严谨，但一些公司可能因为某些因素的限制无法完美地执行，比如公司可能凑不齐一群"合适"的人来执行这一整套任务。最终有可能什么结果都得不到。

　　你可能会问，既然很少有公司能真正落地这个方法，那学习它有意义吗？谷歌真的在用这套方法吗？

　　我的回答是，有意义，而且谷歌真的在用。

　　我和至少 5 位在谷歌工作的朋友聊过，他们表示公司确实在用"设计冲刺"。所以，它并不是一个摆设。而且，谷歌内部有 5 天冲刺的做法，也有时间更短的做法。我和一些咨询客户也展开过短期尝试，我可以很有信心地说，哪怕只有 2 天、1 天，甚至半天，即使能简单尝试一下里面的一些做法，也会大有收获。

设计冲刺开始之前我们要先做一些准备，实际的执行环节分为六大步骤。我本人在给客户做"产品创新工作坊"的时候，也借鉴了很多设计冲刺的理念和做法。下面我会结合自己的实践经验为大家讲述"设计冲刺"，并且会挑出可落地实操的步骤着重讲解。

准备阶段

首先，我们要做些准备工作，明确好"设计冲刺"要解决的问题、参与团队、时间地点，以及一些产品理念。

识别挑战

设计冲刺要解决的问题应该是当前急需解决的，且问题的颗粒度需要和投入的时间、资源相匹配。如果问题的颗粒度太大，比如未来 5 年的产品规划，这类一时半会搞不定的问题不适合运用"设计冲刺"的方法。如果问题颗粒度太小，比如产品内文案的风格统一，这类问题又不值得专门进行一次冲刺。

组建团队

团队组建方面，我们需要先确定一名真实的决策者，他在过程中的决定就代表了公司最终的决定，不会再被其他人推翻。然后，我们还要再确定一名引导者，他是熟悉设计冲刺方法的人，在整个设计冲刺的过程中可以根据实际情况对方法做"剪裁"，以保证最高效的产出。最后，我们要确定多样化的团队成员。团队成员可以来自公司内部，也可以来自公司外部。他们是解决特定问题需要的各方面的专家。

确定时间、地点

根据实际情况，我们要决定到底投入多少时间来做设计冲刺。同时，我们也要找到合适的工作空间。

设计冲刺工作的地点，应该与日常工作场所隔开。它可以是公司内不受打搅的会议室，也可以是宾馆里租用的房间，但最好是用户场景下的空间。比如做校园产品的设计冲刺，有条件的话，我们可以去目标学校租借一间合适的教室。

达成共识

最后的准备工作，我们需要和参与的团队达成一些理念的共识。

这是一次真实的产品探索，不是实战类的培训，所以我们需要有利益相关方的介入，比如各种真实用户、合作伙伴，而不能由着产品团队闭门造车。在有限的时间内，我们更应该尽可能多地排除多余的选项，找到有价值的选项。另外，良好的工作空间布置也能对我们的工作起到很好的促进作用。

确定合适的问题、挑选正确的成员、建立民主的氛围，这些良好的准备是成功的一大半。准备完毕之后，我们就可以正式开始了。

具体步骤

第一步：理解领域

一开始，团队专家会通过共享已有的重要信息，设定这次冲刺的目标。一个好的目标是整个冲刺过程的灯塔，比如我们把目标设定为"让初次网购的用户可以拥有一次顺畅的网购体验"。

接下来，团队需要列出所有可能会遇到的阻碍，在"网购场景"的例子中，阻碍可能是"如何顺畅地注册""如何成功完成支付""如何解决信任问题"等。

第二步：聚焦方向

接下来，我们可以请冲刺团队的专家来集中讨论一下列出的所有阻碍，并且确定本次冲刺要重点突破的一个阻碍。注意，这个选择一定要得到决策者的确认。

第三步：发散解法

然后，我们要从问题领域转移到解决方案领域。团队的每个人都要贡献点子，然后用各种各样的集体协同创作的方式，在已有点子和灵感的基础上提出更好的点子，并且把部分好点子落在纸面上，做出详细的方案。

第四步：选择解法

到了第四步，我们要在为数不多的好点子中选出最佳方案。这时候我们可以用一些引导技术来进行集体决策，比如采用投票的方式。这里的重要决定也需要决策者的确认。

第五步：制作原型

选出最佳解法后，我们就要开始用各种方式制作产品原型了，此时我们可以利用上一节里的七种原型，选取合适的做法。

第六步：用户测试

这是最关键的一步，反而往往容易被忽略。

很多公司在做出原型之后，只是经过内部评审就继续推进项目了。殊不知，此时是让真实用户对解决方案给予反馈的最佳时机。我们都知道，在任何产品研发的流程中，改动越早成本越低，而原型是解决方案最早的表现形式。做出原型后，我们需要找到少量的真实用户去采集他们的意见。

对于很多时间不足的企业，我也会建议他们至少基于现有的产品，进行第六步的用户测试，通常他们都可以收集到很多有价值的反馈。比如用户找不到按钮、看不懂文案提示、露出困惑的表情，等等。总体而言，用户测试可以扫除团队的盲目自信、发现隐藏问题。

设计冲刺的整个过程，其实就是从问题到解决方案的过程：先是问题的发散与收敛，再是解决方案的发散与收敛。英国设计协会有一个类似且十分形象的抽象模型，名为"双钻模型"，如图 3-9 所示，你也可以扩展了解。

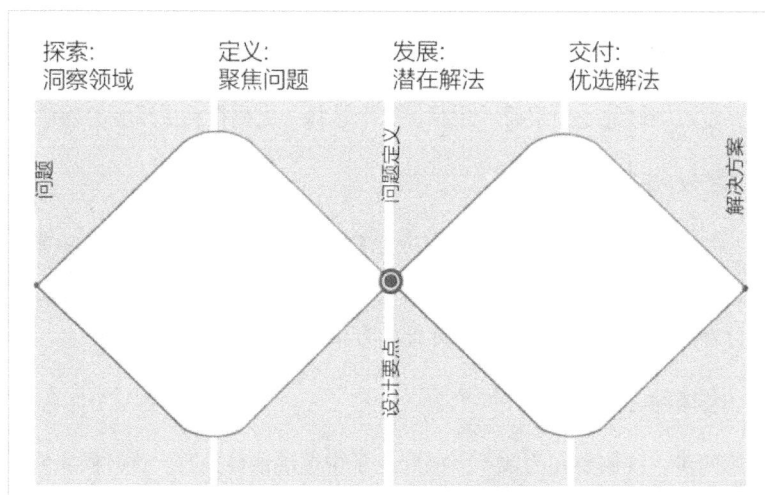

图 3-9　设计领域的"双钻模型"

小结

这一节讲解了设计冲刺的准备工作，以及执行中的关键六步：理解领域、聚焦方向、发散解法、选择解法、制作原型、用户测试。

全社会的各种产业正在以越来越短的变化周期来适应加速的商业环境，各种方法论支撑的原型设计方法的基础逻辑大多都是用粗糙的原型去获取真实用户的反馈，然后互相学习、改进。如此循环往复，才能打磨出优秀的产品。

思考题

请你试着在团队内部推动一次小型的设计冲刺。如果你对全过程没什么把握，也可以只做第六步：用两小时，约几个用户，测试一下现有的产品。相信我，你一定会有收获。

扩展话题：类似方法论的辨析

上文提及的设计冲刺和双钻模型，如果我们了解过相关的概念、方法论，可能会有个疑惑——这些内容和已有的一些产品经理工作方法十分相似。所以，我想在扩展话题中和大家聊聊其他一些相似的方法论，帮大家做个辨析。

第一类是精益管理（Lean Production），它源自精益生产的概念，旨在及时制造，消灭故障，消除一切浪费，向零缺陷、零库存进军，常见的扩展工作方法有精益创业、精益UX[1]等。

第二类是敏捷（Agile）工作法，它是一种以人为核心进行迭代、循序渐进的做事方法。具体的方法有Scrum[2]、XP[3]等。

第三类是设计思维（Design Thinking），它是一套探索创新的方法论系统，包含了

1　精益 UX（User Experience）专注于设计体验，与传统 UX 相比，它对可交付成果关注更少，需要整个团队更好地合作，核心目的在于更快地获得更好的回馈，从而快速决策。

2　Scrum 是迭代式增量软件开发过程，通常用于敏捷软件开发。

3　XP 即极限编程（Extreme Programming），是一门针对业务和软件开发的规则，它的作用在于将两者的力量集中在共同的、可以达到的目标上。

触发创意的方法。它也是设计冲刺的来源。

第四类是双轨开发（Dual Track Development），它是一种比较新的提法，双轨的意思是一个"轨"负责想法和设计，一个"轨"负责研发实现，这个概念源自"敏捷工作法"，不过正式被提出是在 2018 年。

这几个概念都有强调试错、小步快跑、尽早发布、尽快获取反馈、真实用户参与、学习闭环、迭代发展等特点。经过研究，我发现它们其实可以用产出物和所处的领域阶段进行区分，下面我把自己的理解分享一下。

第一个理解角度，看它们的产出物是不是真实产品。

敏捷工作法的产出物显然是真实产品，因为它的方法论里有很多是关乎开发（测试）的硬性内容，每次的产出物常被叫作最小可行产品。精益管理的场景也主要发生在有真实产品的生产过程中。设计冲刺则不同，它是某种可用于验证假设的原型。而双轨开发的一个"轨"是做"原型开发"，另一个"轨"是做真产品，即"产品开发"。

第二个理解角度，看它们各自的适用领域和阶段。

各个方法论"出身"的不同，导致它们各自有更适用的领域。设计思维源自著名设计公司 IDEO 和斯坦福的设计学院，后来被谷歌创投改造为设计冲刺，更加贴近实际的产品工作，它适用于相对早期的设计环节。"双钻模型"也同样更适合设计领域。敏捷工作法来自软件开发领域，故而更适用于把设计"做出来"的开发阶段。精益管理源自丰田的生产方式，它是要把做出来的东西规模化，所以和"推出去"阶段比较匹配。双轨开发是针对跨阶段的工作方法，它的一个"轨"在"想清楚"上，另一个"轨"在"做出来"上，我们可以将其理解成是设计冲刺加敏捷工作法的合体产物。

所以，从一个商业产品从无到有的逻辑来看，设计思维、敏捷工作法、精益管理依次对应了"想清楚、做出来、推出去（规模化）"三个不同阶段，根据产出物的不同，它们的区别如图 3-10 所示。

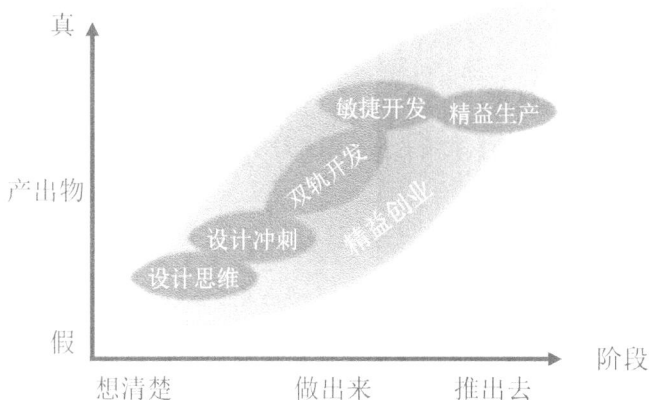

图 3-10　各种方法论的对比

扩展案例：如何提出正确的问题

以下案例是一次设计冲刺的不完整应用,案例里的故事主要聚焦在前两步——"理解领域"和"聚焦方向"上。作为解决方案的原型是否"击中"用户的心,很大程度上取决于之前定义的"要解决的问题"。

我有一个上海的客户,他们公司所做的产品是某种商品的交易平台。2019 年上半年,这个平台的增长情况特别好,但从 8、9 月份开始,增速出现了放缓的迹象。核心团队希望找到应对之策,于是找到了我。

当时的情况是,他们发现自己的一款直接竞品设置了在线聊天的模块,而且自己的用户也经常提出这类需求,于是,他们思考通过增加一个聊天室来提升用户黏性。因为现在自平台的交易频率不高,但用户在不交易的时候也会来"看盘",于是就难免有些无聊。有了聊天室,就可以实现"高频打低频[1]"了。

某个下午,我去了客户的公司一趟。我们对照竞品,从聊天模块开始探讨。以下是我们的对话。

1　产品设计用语,指在获取、激活用户时,满足高频次的需求,在大多数情况下,结果要优于满足低频次的需求。

我问：对方的聊天室可能有很多不足，但这已经是一个明确的解决方案，那我们要解决的问题到底是什么？

他们答：让用户互动起来。

问：互动只能通过聊天吗？我看你们刚刚外挂了一个 Blog，用来发些公告，下面的评论也可以互动吧。

答：那个只是用来发官方公告的，用户互动不足。

问：其实 Blog 也可以做轻度互动，不过互动还有很多模式，比如你们希望用户的互动是中心化，还是非中心化的？是否想塑造意见领袖？

答：我们的对手只是个非中心化的聊天室。

问：互动还有很多种产品形态，比如论坛、微博，那你们想让用户互动的目的又是什么？

答：提升黏性，想让更多的用户待在我们这里。

问：提升黏性的常见产品模块很多，社交类模块当然是一种选择，但内容资讯模块，甚至一些小工具也可以做到提升黏性，你们想过更多形式吗？

答：这些我们也会做的。

……

从上述对话可以看出，我们讨论的焦点在于——要解决的关键问题到底是什么？他们一开始执着于如何打造一个聊天室，把对手比下去，但实际上更关键的问题是做聊天室的目的，我通过不断地提问，把问题从产品的定位、战略规划等宏观的层面一步步分解到产品功能、模块设计等微观层面。这个案例中，我们其实可以形成以下五个层次的问题：

我们现阶段的重点应该是拉新还是促活？

我们应该怎样提高用户黏性，即促活？

我们要不要做社交类产品？

如果做社交类产品，我们要不要选择做聊天室？

如果做聊天室，我们的聊天室应该有哪些功能？

把以上关键问题定位清楚，选好将要讨论的层次，再"聚焦方向"，我们才好继续讨论解决方案，做设计冲刺的下一步："发散解法"。

在这个案例中，我最后和客户说，如今其实有很多外挂的第三方聊天模块，用不着我们自己开发，时间成本很低。所以，不管我们讨论的关键问题是什么，先灰度发布[1]一个简单的"聊天室"看看效果。顺着这个灰度的话题，我们正好进入下一章。

1 即灰度测试，在产品正式发布前，选择特定人群试用，以便及时发现和纠正其中的问题，并最小化影响。

第 4 章

产品开发：MVV Product

产品的原型设计、验证通过后，就要投入实施团队，实打实地把产品"做出来"了。此时我们进入了第三轮MVVP，即Product阶段。这一阶段对应的方法论是"开发冲刺"，验证的主要内容是"产品与市场的匹配情况"，且重点在"产品侧"。在本阶段，我们要进行"产品管理"，判断产品"是否发布"。要注意的是，这个阶段的"做"也不是一步到位，常见的低成本手法有"灰度发布""AB测试[1]"等。这些工作完成后，我们才会把"真的产品"推给所有用户。

在本章中，我会和大家聊这样几个关于"真的产品"的话题：

4.1节将探讨产品到底是什么。对此，我会引入"产品服务系统"的概念，加深大家的理解。

4.2节将了解如何评判一个产品的好坏，评判时有什么常见的判断指标和要点。

1　AB 测试，为产品制作两个（A/B）或多个（A/B/n）版本，在同一时间，分别让组成成分相同（相似）的用户随机访问这些版本，收集各组用户的数据，分析、评估出最好的版本，再正式采用。

4.3 节会细细分析一个从零起步的产品，最早的几轮迭代都应该做哪些模块。

4.4 节要讨论的是：对于产品的不同类型的功能，我们应该如何区别对待。

	大阶段	MVVP的P	DS的D	验证重点	职能细分	商业节点
前产品阶段	想清楚	案头工作 Paperwork	探索冲刺 Discovery Sprint	PSF 问题与 方法匹配	产品规划	概念筛选
		原型设计 Prototype	设计冲刺 Design Sprint		产品设计	评审立项
产品阶段	**做出来**	**产品开发 Product**	**开发冲刺 Development Sprint**	**PMF 产品与 市场匹配**	**产品管理**	**是否发布**
	推出去	运营推广 Promotion	分销冲刺 Distribution Sprint		产品运营	是否推广
产品矩阵阶段	可复制	复制组合 Portfolio	复制冲刺 Duplication Sprint	PRF 定位与 资源匹配	矩阵管理	二次创新

4.1　产品服务系统：我们说的产品到底是什么

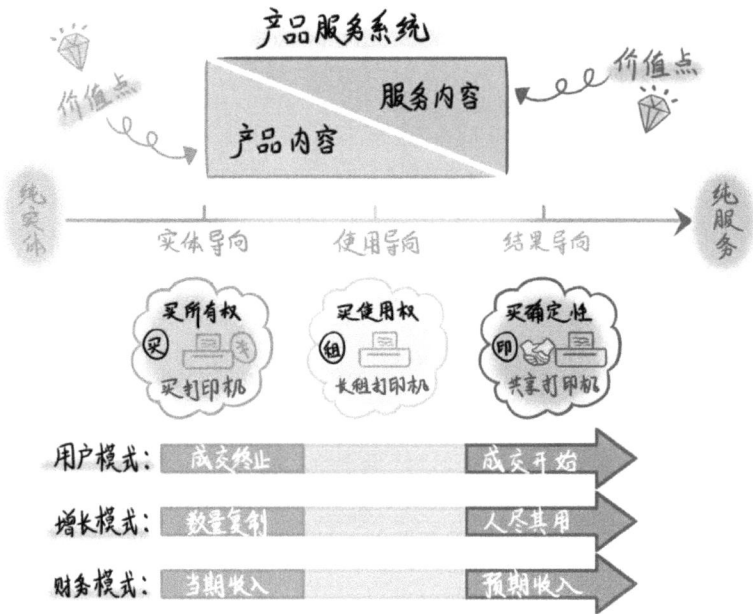

　　提起产品经理这个职业，我们肯定能明白他是"做产品的"。而关于"产品"，大多数人可能一下子就会想到某个网站、某个 App，因为这些都是典型的产品。

　　但"产品"只有这些吗？

　　一张桌子、一把椅子、一辆汽车、一间房子，这些实物可以称作产品。那么，一次培训、一篇文章、一个 PPT、一份报告、一次餐饮服务过程、一次旅游中的体验，这些是不是产品呢？

　　我们经常把"产品""产品经理""产品思维""产品创新"这些词挂在嘴边，可如果大家对"产品"的定义都没法统一，那在交流中往往会造成"鸡同鸭讲"的问题。所以，在第三轮 MVVP 的一开始，我们就要借助一个概念来重新讨论和定义"产品"这个词。

产品服务系统定义下的产品

　　2004 年，荷兰应用科学研究组织（The Netherlands Organization for Applied Scientific Research，欧洲最国际化的研究与技术组织之一）的成员阿诺德·图克（Arnold Tukker）在他的一篇论文 [1]中提出一个概念，叫作 Product Service System，意为"产品服务系统"，如图 4-1 所示。

　　图克在论文中提出了三大类导向的产品服务系统，即"实体导向""使用导向""结果导向"。接下来，我们就运用这三大类导向的概念，为广义的"产品"做个分类，看看不同的产品都适合哪种市场用户类型。

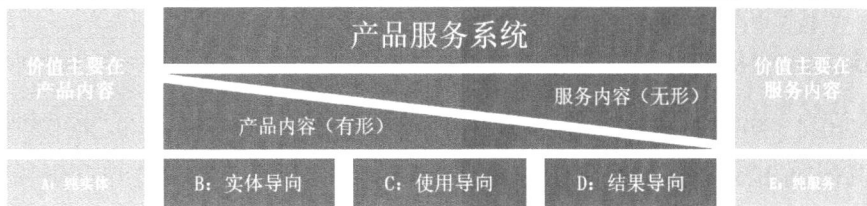

图 4-1　产品服务系统

1　Tukker A . EIGHT TYPES OF PRODUCT-SERVICE SYSTEM: EIGHT WAYS TO SUSTAINABILITY? EXPERIENCES FROM SUSPRONET[J]. Business Strategy and the Environment, 2004.

根据产品服务系统的概念，任何广义的产品都包含实体和服务两部分内容。三大类导向中，从实体导向过渡到结果导向时，实体部分越来越少，服务部分越来越多。这里说的实体，可以是硬件产品，也可以是软件产品，而服务通常指人工的服务。"实体+服务"是构成产品服务系统这一概念的基础。接下来，我们依次来看三大类导向的产品服务系统的特征。

实体导向的产品服务系统

这种类型的产品以实体为主，只包含少量服务。这类产品的服务是与实体部分紧密相关的，其目的是让用户可以顺利地使用产品实体。比如：

▶   一瓶可乐和它瓶身上的客服电话。

▶   一台空调和它的上门安装、维修服务。

▶   一辆汽车和它的保修、保养服务。

▶   一台苹果电脑和苹果门店店员提供的答疑服务。

▶   一套公司客户管理系统和系统卖家提供的培训咨询服务。

使用导向的产品服务系统

这类产品和实体导向型产品的区别在于，供给方给用户的不是所有权，而是长期独占的使用权（Lease），或者是某种条件下，产品一段时间的使用权（Rent/Share），甚至是共享的使用权（Pool）。

在这种情况下，由于用户购买的并不是实体，所以产品相关的配套服务会多一些，以确保用户使用顺利。

比如，当你有骑行需求时，能满足你的产品是一辆"哈啰单车"的 1 小时使用权。而其相关的配套服务体现在：企业负责了单车的维护、保养、调度等工作，同时提供二维码和 App 平台供用户扫码即可方便地租车。

使用导向的产品服务系统和实体导向的产品服务系统有什么不同呢？我们可以通过一个例子来理解。

比如，当你的公司需要打印服务时，如果你选择购买一台打印机，然后自己买耗材，这个产品就是实体导向的；如果你选择租一台打印机的长期使用权，同时接受卖家提供的定期维护、补充耗材的服务，这个产品就是使用导向的。

结果导向的产品服务系统

结果导向的产品服务系统以服务为主：用户所购买的不再是一个实体，而是一种"结果"，实体只是为了达成结果所需要的过程或者媒介而已。

典型的例子是大多数公司都在实施的保洁工作外包项目。公司采购的是服务，只要能获得预期的结果即可，即办公环境整洁干净。而相应的，外包合同通常都会包含对服务质量进行把关的考核指标。再如网络广告的投放业务，用户最终会按点击量、成交量等某些"结果"进行付费。再如去体检的时候，用户按照体检项目的多少来付费，也属于这个模式。

在消费完"结果导向"的产品后，你有时甚至感知不到实体的存在。比如付费聊天、轻咨询服务，等等。

三类产品服务系统间的演变趋势

从以上例子不难看出，这三类产品服务系统之间并非泾渭分明，而是逐渐过渡的。下面，我将从用户模式、增长模式、财务模式三个角度来具体审视这种过渡趋势。

如图 4-2 所示，这三个角度，从一家公司的前端到后端，分别展示了产品如何开始与用户接触并进行交互、如何获得用户增长、最后如何从用户身上获得收入。

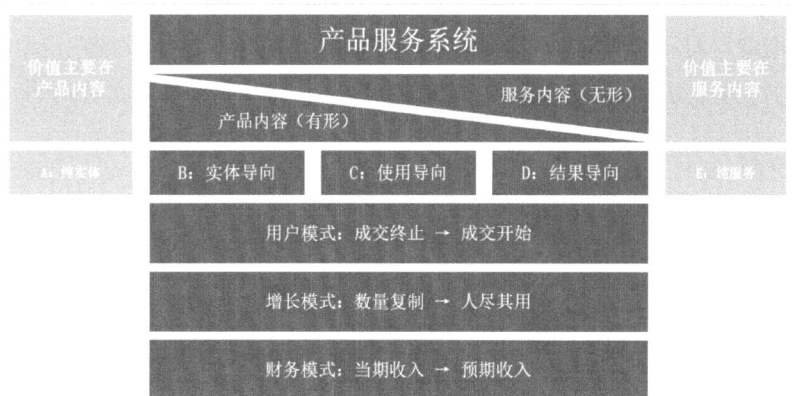

图 4-2　产品服务系统的演变趋势

用户模式

在用户模式的视角下，产品从实体主导到服务主导的变化表现为产品与用户的交互从"成交终止"变为"成交开始"。

如今供给者与用户的关系越来越紧密，产品触点越来越多，用户尝试的成本也越来越低。

实体导向的产品，供给者与用户的关系往往在销售达成的一刻就终止了。比如家里的冰箱、洗衣机等电器，当用户再次接触厂家时，往往是因为产品坏了。某些传统彩电企业就是因为在新的时代下依旧局限于卖硬件的旧思维，在产品成交之后他们和用户的互动太少，导致被各种新兴的智能彩电产品赶超。而服务占主导的产品则不同，供给者与用户的关系往往在销售达成的一刻才真正开始，比如我们在某个旅游景点请了一位导游，交易达成后才开始接受导游的服务。

在这个时代，社会供给越来越丰富，各种产品的市场越来越趋向于供过于求，这将导致在需求驱动多于生产驱动的情况下，用户与供给者的地位倒转，用户变得越来越重要。所以，我们要好好思考如何更多地接触用户，给用户创造价值，从而为公司创造更多的商业价值。从这个角度来看，越重要的用户，就越要用服务比例高的产品服务系统来完成交付。

比如人工智能客服机器人是一种典型的 2B 企业服务。这类产品针对小客户的产品交付的具体表现通常是一款自助使用的软件，产品更偏实体导向。而这类产品针对 VIP 大客户的产品交付则服务比例更多，产品更偏结果导向。按照客户的需要，它甚至可以提供外包的"人工+机器人"混编客服团队。因为相对来说，小客户比较容易批量获得，而大客户则需建立长期的关系，一个个地"啃"。这一点，也会体现在增长模式上。

增长模式

增长模式视角下，产品从实体主导到服务主导的变化表现为从"数量复制"到"人尽其用"。

不同的产品服务系统，其增长的方式也不同。实体导向的产品更容易标准化，可以批量地卖给更多的用户，这一过程被称作"数量复制"。而服务占比高的产品的极致体验是给用户提供的个性化服务，所以其增长模式是挖掘每个用户的更多需求，这一模式被叫作"人尽其用"。在上面提到的企业服务案例中，如果是给 VIP 大客户提供的产品服务系统，就需要做到"人尽其用"。

我们可以再通过汽车行业的例子对比一下。卖车的瓶颈有可能在于产能，比如特斯拉在 Model 3 刚面世的那段时间就遇到了数量复制的增长瓶颈。2018 年，特斯拉因为产能不足而无法交付的汽车订单超过 40 万单，特斯拉的 CEO 埃隆·马斯克（Elon Musk）甚至住到了工厂里以解决问题。但如果是一家手里已经有很多车的公司，选择出售已有车辆的使用权然后从中抽成（下面我们会详细讲述一个吉利的相关案例），增长瓶颈也许就会转移到别处。

再如一个使用导向的软件，如果它卖的是 1 年的使用权，就没法向数据量大的用户收更多的钱。但如果将产品改为结果导向，根据数据量进行收费，如此既可以让数据量少的用户几乎免费使用，降低他们尝试的门槛，也可以充分赚取大客户的使用费，而大客户往往也更愿意为优质的结果付费。

增长模式的视角给我们的启发是，随着产品供给的极大丰富，没有被开发的用户已经越来越少了，所以我们更要思考如何在已有用户身上下功夫，进行精细化运营。

财务模式

在财务模式视角下，产品从实体主导到服务主导的变化表现为从"当期收入"变为"预期收入"。

如图 4-2 所示，产品从左到右的实体比例越来越低，造成的必然结果是短期现金流、收入、利润减少，投入增加，同时预期的收入和利润增加。

举例来说，一家房企从卖房改做长租生意。这意味着他们没有了卖房时所能获取的一大笔即时收入，在一段时间内的资金压力会很大，这种结果体现在财务报表上将会很难看。

所以，偏服务的产品服务系统不是"今朝有酒今朝醉"，而是"前人栽树，后人乘凉"。这类产品服务系统的不确定性更高，更需要我们掌握新的产品创新方法，更需要有长远的眼光，也更需要"长期投入"。

小结

为了定义广义的"产品"，我引入了"产品服务系统"的概念。它告诉我们，任何产品都包含实体部分和服务部分。根据这两部分比例的不同，产品服务系统分为实体导向、使用导向、结果导向三大类，它们各自呈现出不同的特性，对应着不同的做法，也需要不同的团队能力。

通过用户模式、增长模式、财务模式三个角度看产品服务系统从实体主导到服务主导的演变趋势，我们可以有如下启发：

▶ 在分析用户时，我们要了解对方还能用哪种导向类型的产品服务系统来解决问题，以便在相似的导向类型中寻找产品突破口。

▶ 在分析竞品时，我们可以寻找其他导向类型的产品服务系统，以启发思路。

▶ 通过细分自己的用户群体可以帮助我们用不同导向类型的产品服务系统更合理地服务不同用户。

通常来说，随着各行各业供给的丰饶，用户变得越来越重要，我们也越来越倾向于提供服务比例高的产品服务系统来完成交付。

思考题

你可以思考一下，自己负责的产品中实体和服务的比例是怎么样的？未来，你是否可以做些调整，使它更加合理、更加适应趋势？

扩展案例：吉利的曹操专车 [1]

下面我将通过吉利的案例来介绍一家公司是如何通过调整整个产品服务系统，改变对客户的交付形式，以适应市场变化的。

吉利原先主营卖车业务。在 2010 年后，中国政府一直在大力推广电动汽车，一直紧跟政策的吉利生产了不少电动汽车。他们一开始的交付形式以整车为主，但消费者观念的转变毕竟还需要时间，于是吉利发展了租车业务，这项新业务的出现既消耗了

1　2019 年 2 月 14 日，曹操专车宣布"曹操专车"升级为"曹操出行"。

库存，又创造了就业。这便是"曹操专车"业务的起因之一。

"曹操专车"于 2015 年年底被正式推出，提供新能源专车出行、新能源汽车分时租赁等服务，是国内首个以新能源汽车为主的网约车平台。

我们可以大胆猜测一下这个新业务可能会给吉利带来的变化。

一方面，它的 C 端用户数大大增加。吉利的用户原本只有那些会花至少几万块购车的人，但租车业务的出现，使得每个月有千八百块出行预算或某次有几十块出行预算的人都可能成为吉利的用户。这些人在未能拥有吉利汽车之前就可以先行体验吉利的产品，他们当中也会有一部分人因为这种体验，在将来买车的时候考虑吉利汽车。

而且吉利还可以顺势做一些会员积分类的黏性产品，让使用"曹操专车"服务的用户在买车的时候享受更多的优惠。

另一方面，"曹操专车"的发展必然会给吉利的财务模式带来很大变化。原本通过卖车就可以迅速变现，资金回收的速度相对较快，现在吉利自己生产了很多不是用于销售的车，就需要靠后续的持续运营来不断收回投资。这样的变化很可能反过来推动吉利团队能力的变化。比如，团队需要更多地思考如何利用金融工具来缓冲这个变化、招募更多擅长互联网产品运营的人来加入"曹操专车"的团队，等等。

如今，随着人们生活节奏越来越快，时间越来越宝贵，人们对实时快递的需求也越来越多，"曹操专车"利用吉利的核心造车能力，顺势推出了同城取送快件的"曹操帮忙"业务，以响应快递公司搞不定的小时级送件需求。

以上业务，都是基于吉利的帝豪 EV 这辆 A 级纯电动汽车展开的。最先吉利只是卖车，这属于实体导向的产品服务系统；随后推出的"曹操专车"属于使用导向的产品服务系统；再往后的"曹操帮忙"业务就属于结果导向的产品服务系统了。

扩展话题：产品交付金字塔

产品服务系统的供给方将产品提供给用户的举措被称为"交付"。越重要的用户，就越要用服务比例高的产品服务系统来完成交付。

用户重要与否，有一个非常简单直接的判断标准：用户会支付多少钱。为此，我提出了一个特别简单的分析工具——产品交付金字塔，它可以帮助你判断用户的重要性，挖掘更多的产品交付形态。产品交付金字塔是指通过划分不同的用户付费级别，来有区别地设计出针对不同用户的产品交付方式。

以下是两个产品交付金字塔的案例。

案例 1：一家车企的产品交付案例

曾经有一家国内大型车企找我们做咨询，他们想做一个和 C 端用户互动更频繁的产品服务系统。但我们发现，目前他们 2C 的产品交付几乎都是 10 万元量级的整车，于是我问了这样一个问题来引发大家做一次头脑风暴的讨论：

如果把目前的交付价格，乘以 10、乘以 100，或者除以 10、除以 100，你能想到的新的交付形态是什么？

于是，大家脑洞大开，想出了如下一系列的可能：

1 元量级的交付形态可以是关于汽车文化的内容型产品。

10 元量级的交付形态可以是一些小周边，如钥匙扣、文化衫、冰箱贴等。

100 元量级的交付形态可以是汽车文化主题公园的门票，或者漫画、电影类文化产品，以及小型车模玩具。

1000 元量级的交付形态可以是租车用户、打车用户一段时间的花费，或者是官方轻量级改装件。

1 万元量级的交付形态可以是代替购买的长期租赁，或者是赛道体验类产品。

10 万元量级的交付形态就是原来的整车。

100 万元量级的交付形态可以是 2B 类公司用车，或者是个人用户购买的高端车型。

1000 万元量级的交付形态可以是主办相关赛事。

……

当然，我们可能还会根据产品交付金字塔想到更多方案。随着思路的打开，我们会发现整个产品服务系统的可能性更加丰满了。

案例 2：我自己的产品交付案例

我也试着用产品交付金字塔分析了一下自己可以提供的产品创新类知识服务，如图 4-3 所示。

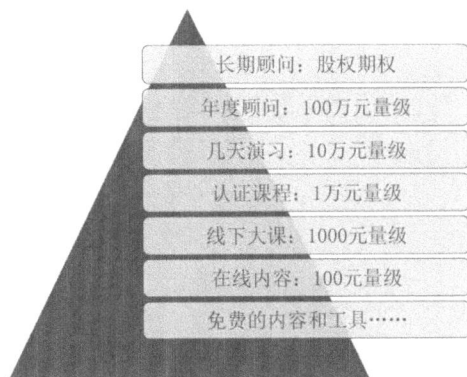

图 4-3　知识服务的产品交付金字塔

1 元量级的交付形态可以是一些公开的引流模块，比如微信公众号文章。

10 元量级的交付形态可以是一些电子化、实体化的工具包。

100 元量级的交付形态可以是一些在线课程或图书。

1000 元量级的交付形态可以是线下大课，或者线上训练营。

1 万元量级的交付形态可以是（培养顾问的）认证课程，或者高端社群。

10 万元量级的交付形态可以是 2B 的短期咨询项目，或者几天的演习。

100 万元量级的交付形态可以是 2B 的年度咨询顾问项目。

1000 万元量级的交付形态可以是非确定性的股票期权收益，是和企业的长期合作。

……

当然，这只是一个设想，里面有好多项目还没有落地。

如果碰到了类似想不清楚给用户提供何种交付的情况，我们也可以先想一想自己从"1 元到 1000 万元"都可以提供什么类型的交付，以及潜在的用户适合哪个价位的交付等问题。这样，对应的产品服务系统类型也就清晰了。

4.2　好产品的评价标准：静态与动态维度下的好产品特质

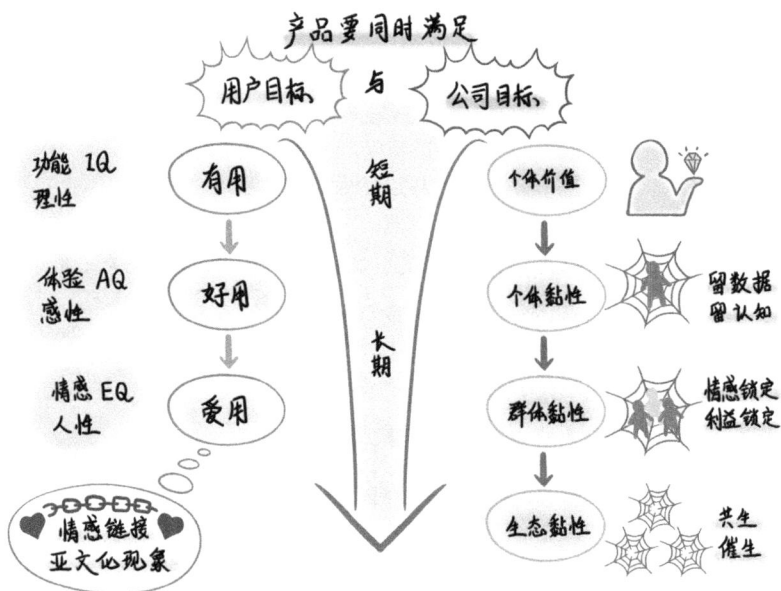

加深了对产品的理解之后，作为产品负责人，我们接下来就要弄清楚到底什么是"好产品"。在本节中，我们评价的是单一产品而不是产品矩阵，且仅仅讨论产品本身，不包含产品对研发生产效率、销售传播效率等因素的影响。[1]

产品的"好坏"关系着整个公司的生死。我们经常会评价一个产品，一方面是为了自省，另一方面是出于研究对手的需要。但是，"好产品"的标准到底是什么呢？

首先，我们要区分两个视角，一个是用户视角，一个是产品经理视角。视角的不同，看到的东西也完全不同。图 4-4 就非常形象地展现了视角的重要性。

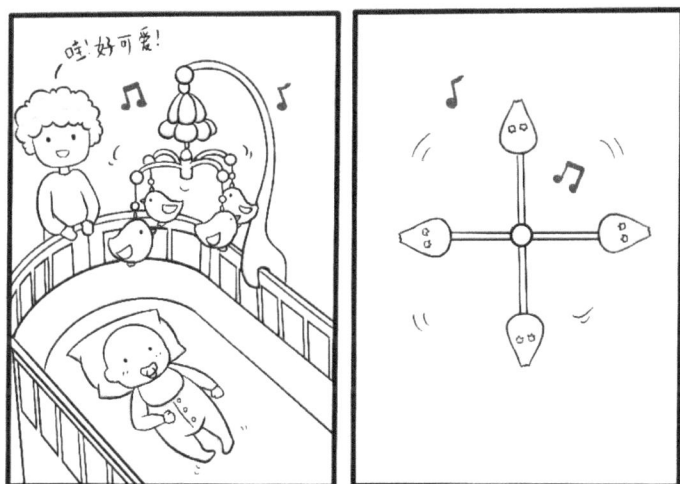

图 4-4　不同视角的差异

用户评价产品的好坏时，关注点是"自我感受"，他们的判断依据是产品带给他们的最直接的体验——我是不是喜欢？用起来舒不舒服？用户是上帝，他们的感受很重要。

然而我们在做产品创新的时候，不能只从用户视角出发，还要顾及一个更重要的视角——产品经理视角，它是从产品生产者而不是使用者的视角出发的。这就意味着我们不能以用户的感性自我为中心，而是要去思考——这个产品的目标用户到底是谁？他们的需求是什么？产品是否能满足他们的需求？另外，还要考虑到公司可持续

1　本书将在 5.3 节讨论研发生产效率和销售传播效率的话题，在 6.1 节讨论产品矩阵的话题。

发展的要求。

如果用一句话来概括，那就是"好产品"要同时满足用户目标和公司目标。这两点缺一不可。可是我们要如何评判产品是否同时满足了用户目标和公司目标呢？接下来会从一静一动两个维度来告诉大家这个问题的答案。

静态维度

静态维度是指在某个时间节点评判单一产品的好坏。在这个维度下，好产品可以用一句话概括：**依次让用户觉得有用、好用、爱用**，如图 4-5 所示。

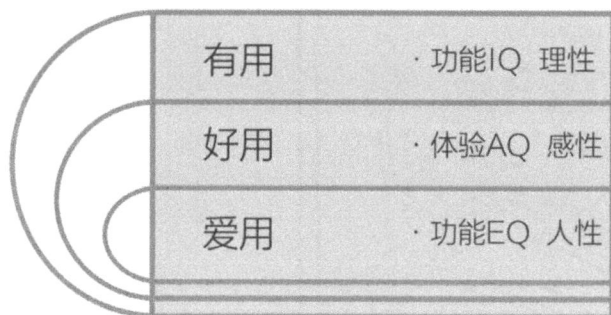

图 4-5　好产品特质的静态演化

首先是**有用**，这是产品功能层面上的要求。

产品是否"有用"是理性层面的问题，它取决于产品人的 IQ（Intelligence Quotient，智商）。这个层面的重点是要解决用户的问题、消除用户痛点。除此之外，那些支持产品顺利实现的基础需求也属于这个层面，比如软件工程里常见的"非功能需求"，包括安全性、可靠性、可维护性、可扩充性等需求。

其次是**好用**，这是产品体验层面上的要求。

产品是否"好用"是感性层面的问题，它取决于产品人的 AQ（Art Quotient，艺商）。狭义的"用户体验设计"就属于这一层面的内容，其主要目的是让产品能做到交互顺畅、视觉舒服。

最后是**爱用**，这是产品情感层面上的要求。

产品能否让用户"爱用"是人性层面的问题，它取决于产品人的 EQ（Emotional Quotient，情商）。在人性层面，我们可以提炼出自己的"产品哲学"，比如做了微信的张小龙在自己的发言稿里就提到过很多次这个问题。

一个产品就是按照上述三个层次，依次满足用户需求的。三个层次内容的实现有着先后顺序。首先，一个产品要做到"有用"，其次才能让用户感受到"好用"，最终让用户"爱用"。

人不可能造出空中楼阁，新上市的产品也不可能立即让用户"爱用"，所以在任何一个市场，我们都能看到以下的局面依次出现。

首先，某产品做出了新的功能，更好地满足了某些用户需求，甚至满足了原来难以满足的需求，这就是"有用"的产品。比如在 2000 年左右出现的一些互联网产品。

接下来，越来越多的竞争对手进入这个市场。很快，很多产品都"有用"了，于是产品间的竞争升级到"好用"的层面，比拼的是谁的产品体验感更好。比如在 2010 年前后的互联网市场，各家公司提出了要重视用户体验的口号。

再后来，随着市场越来越成熟，所有近似的产品都很"好用"，用户的选择开始基于"情感共鸣、价值观的认可"，于是"爱用"显得越来越重要，产品开始人格化。经过长期的经营，产品对用户的吸引力沉淀为对公司极具价值的品牌忠诚度，产品必须和用户有情感链接才能生存，就像 2015 年以后的互联网产品。当然，对于互联网产品来说，基于数据智能的"个性化"，也是产品"好用"的一种表现。这种"好用"和"爱用"的界限比较模糊。

零售电商行业也同样经历了"有用""好用""爱用"的演变。

2003 年，淘宝这个产品刚上线，满足了很多原来很难满足的需求。比如人们可以买到一些很小众的商品，三、四线城市的用户能买到大城市里才有的品牌商品，等等。这时候的淘宝是一种新的"有用"的产品。

到了 2010 年前后，各种电商网站纷纷上线，大家在网上买东西的渠道开始有了更多的选择。比如鞋类电商，就有乐淘、好乐买等平台。当时我负责淘宝的鞋类垂直频道，所做的一系列努力就是为了把在淘宝买鞋这件事从普遍的"有用"变成"好用"，从而增加淘宝的竞争力。于是，我们推出了很多针对鞋类商品的产品和服务，比如商品大图的拍摄标准，一双鞋需要提供前、后、左、右、斜45度等多个特定角度的拍摄图，以便让用户更清楚地看到一双鞋的细节。再比如我们还优化了收到货以后的退换流程，让用户免去后顾之忧，等等。

又过了几年，"好用"似乎也变成了标配，那么这时用户网购到底会选择什么产品呢？我们发现越来越多和情感有关的因素开始出现。

比如在淘宝上，有用户喜欢逛"什么值得买"版块，他们在逛的过程中会经常与网友互动，从而对这个版块产生信赖，他们买东西的时候就会自然而然地想到从这里出发。小红书这类产品的用户也有类似的行为。

我们可以发现，各种产品和用户产生情感链接后通常会出现"亚文化现象"。比如"什么值得买"版块里的"黑话"，如"看评论解毒""别人家老公""为信仰充值"等。

相信你也可以一下子想到更多产品里类似的黑话，如图4-6所示。知乎的"谢邀"，淘宝的"包邮哦~亲"，哔哩哔哩弹幕里的"前方高能"，这些"黑话"的诞生都意味着产品有了"爱用"它的用户。

图4-6　产品"黑话"

上面我们提过，产品静态维度的三个层次是依次实现的，但是还存在一个特殊情况，那就是作为广义产品之一的艺术品，比如图4-7中的这个手动榨汁机。

图 4-7　外星人榨汁机

　　这个榨汁机由著名设计师菲利普·斯塔克（Philippe Starck）设计，并取名为外星人榨汁机。它和普通的榨汁机大不相同，主要有这些特点：价格贵——相比宜家几十块钱就能买到的榨汁机，这个艺术品榨汁机要好几百人民币；销量高——它已经卖出了几百万个；并不好用——它有重心不稳、果汁外溢等问题。而且，据说买了外星人榨汁机的人，很少有人真的用它来榨汁。所以，大家到底在买什么？

　　产品生产者的官方回答是"社交话题"，即它是为了启动谈话而设计的。不过我想，可能还有人买的是设计感、自我品位的差异，等等。

　　所以，**如果一种"有用"能够以极低的成本满足，这个领域的产品就有可能跳出"有用"，甚至"好用"，直接去做让用户"爱用"的艺术品**。当然，我们也可以把这种"爱用"理解为情感层面的"有用"。

动态维度

动态维度是指通过分析较长一段时间内的产品演变过程来评判产品的好坏。一款"好的产品"会随着时间的演变，依次呈现出个体价值、个体黏性、群体黏性、生态黏性的特质，如图 4-8 所示。

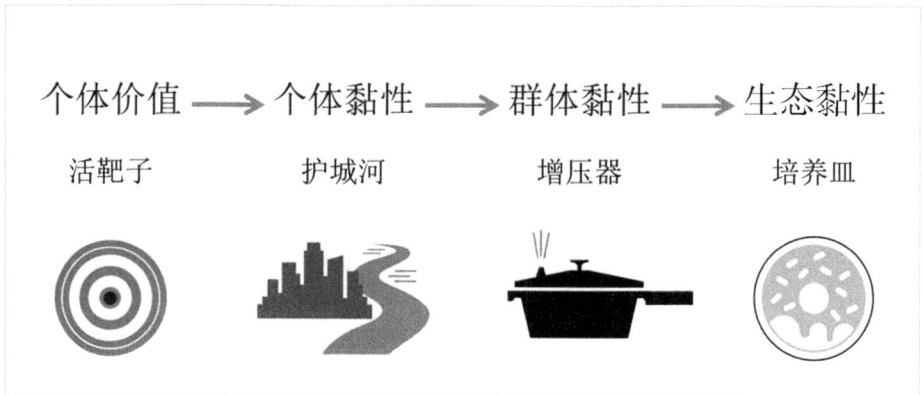

图 4-8　好产品特质的动态演化

个体价值

个体价值指的是提供功能、提供价值的产品内核，也包括良好的产品体验、包装等。它对应着静态维度中产品的"有用"和"好用"，这两点是产品必须具备的。

但如果我们的产品一直只有个体价值，不能很快发展出个体黏性的话，就会成为行业里很容易被抄袭的**活靶子**。

个体黏性

在实现个体价值之后，我们的产品需要尽快拥有第二个特质——个体黏性，它是指用户在同等条件下会优先选择我们的产品，对我们的产品有价值或情感的依赖。个体黏性会成为产品的**护城河**，可以阻挡一部分的竞争对手对用户的吸引，它对应着前面静态维度中的"爱用"层面。

那么，如何制造个体黏性呢？具体做法就是，让用户在产品里留下点什么，对产品本身产生心理或生理上的依赖。

　　比如，我们可以让用户留下个人数据。类似于某些输入法可以记住用户经常输入的一些词组，如果用户注册使用我们的产品，他可以把数据留在云上，方便与其他产品端口进行关联。比如苹果通过产品组合——电脑、手机、手表，等等，让用户的数据互相关联，将用户拴得更牢。更常见的还有积分系统，它可以让用户因不忍放弃积分而继续使用我们的产品。比如我在出差的时候通常会优先选择国航的航班，因为我在国航已经积累了一些里程。于是，越来越多的用户留下了数据，产品也可以借助这些数据变得越来越智能。

　　再如，我们可以让用户留下认知记忆。比如可口可乐的口感，让人记住了运动过后大汗淋漓时，易拉罐拉环打开那瞬间"呲"的一声，和大口喝下碳酸饮料的爽快。这样的记忆需要长期的品牌建设和认知植入，让用户产生习惯，这种习惯能让他们在需要时率先想到这种产品。

用户价值 =（新体验 - 旧体验）- 换用成本

　　这是俞军[1]老师提出的一个用户价值公式。根据这个公式，当我们提升产品的用户黏性时，就意味着增加了公式中产品的换用成本，换用成本增加，竞品的用户价值就会下降。

　　所以，我们在做出有个体价值的产品之后，必须尽快开始思考产品的个体黏性模块，这能够增加用户的迁移成本，助力公司目标的达成。当然，发展个体黏性也是要通过提供产品价值来实现的。

　　不过，个体黏性毕竟还不够强，随着产品的逐渐成熟，我们还要尽快发展出群体黏性。

群体黏性

　　群体黏性，顾名思义就是利用多用户之间的关系网络，让用户之间互相吸引，从而对产品产生价值上或情感上的依赖。这样的产品就会有网络效应，用户的迁移成本也就更高。因此，我把群体黏性比喻为产品的**增压器**。

　　社交类产品是最常见的带有群体黏性的产品。如果某个用户还在用某个体验很一

1　俞军曾任百度产品副总裁、首席产品架构师，网名"搜索引擎 9238"，有"百度贴吧之父"之称。

般的社区，可能是因为他在那里认识了一帮人，大家想要为对方留下来，这种就是情感的锁定。

除此之外，群体黏性还可以让产品的多种用户角色之间产生一种利益的锁定，并形成价值网络——一旦用户要换用其他产品，就会产生损失。下面举几个例子来说明。

某个使用微软 PowerPoint 的用户，后来觉得苹果的 Keynote 更好，但他迁移的时候，必须考虑客户在接收自己的文件后，会不会碰到"文档打不开""显示有问题"等麻烦。所以，这种工具类产品也能产生群体黏性。

又如公司的财务系统，用户在报销的时候可能会觉得流程很烦琐，但却不得不用，因为他的老板、公司财务人员都在用这个系统，已然形成了一种锁定关系。

再如淘宝上，卖家能轻松地找到很多卖家服务商，比如客服、店铺装修、仓储、IT 系统等服务商。而服务商们也能很方便地找到海量的潜在客户，交易平台也就产生了群体黏性。

综上，群体黏性可以通过其他用户增强其对产品的依赖，但这还不是最高级的产品特质。

生态黏性

拥有生态黏性是一个产品最高级的状态。我将生态黏性比喻为用户的**培养皿**，在这一阶段的产品可以培养用户。这分为两种情况：

第一种情况是用户因为使用产品而成长。

比如一个淘宝的卖家，本来只是兼职卖东西，但越做越好，于是辞职专心做卖家，渐渐地把小网店做成了一家正规的电商公司。这就是产品帮助用户成长。

第二种情况是产品催生出新的"物种"，即行业里的"新玩家"。比如微信公众号催生出了"新媒体小编"这样的岗位，得到催生出一批专门把纸质书转换成音频的"有声书编辑"。

在培养皿状态下，用户对产品的黏性达到了最高值，两者已经形成了共生关系。所以，一旦产品推动了一个生态系统的演化，也就意味着占据了极具优势的生态位。

以上就是动态维度下"好产品"依次产生的四种特质，为了便于记忆，我提出了四个比喻，分别是"活靶子""护城河""增压器""培养皿"。**做产品很难一开始就规划出平台和生态系统**，通常是从一个切入点开始，一步步发展成熟，这也对应着产品创新依次提供用户价值、商业价值、社会价值的过程。

下面我们以淘宝为例，如图 4-9 所示，看看这四种特质在产品中的具体表现：作为消费者，你买到了原来买不到的商品，这是淘宝给你的**个体价值**；你在淘宝上积累了淘金币，成为 88VIP 会员，淘宝根据你的消费习惯经常推荐一些"合你胃口"的商品，这体现了**个体黏性**；你和一些好朋友经常通过淘宝分享一些好商品，经常组队参加促销游戏，这体现了**群体黏性**；后来，你尝试了淘宝直播，变成了带货达人，这体现了**生态黏性**。

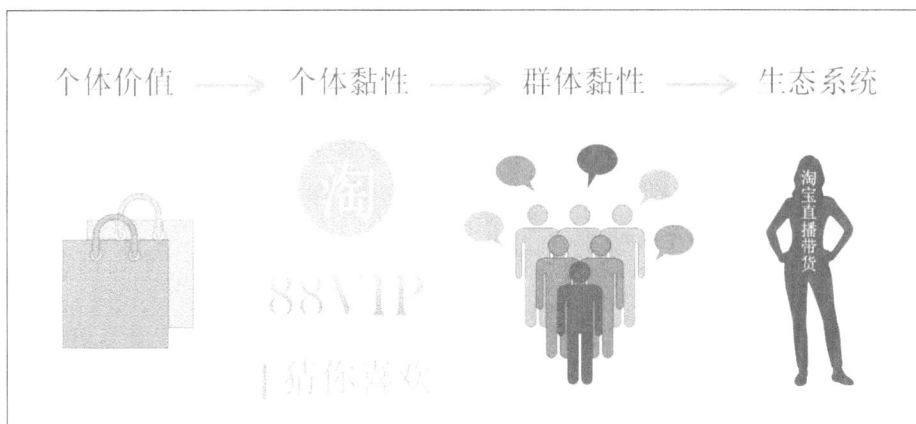

图 4-9　淘宝的产品特质演化

在生活中，我们和别人建立关系的过程也很像"好产品"依次呈现出的特性。

如图 4-10 所示，在交朋友的过程中，我们要依次让对方觉得我们"有用"（帮他解决问题）、"好用"（服务心态，为对方着想）、"爱用"（让对方感受到温暖的关怀）。随着时间推移，要依次呈现出个体价值（有用、好用）、个体黏性（让对方认识到我们是靠谱的人，下次继续合作）、群体黏性（互相融入对方的朋友圈）和生态黏性（建立更深的长期合作，最终实现双方的互相成就）。

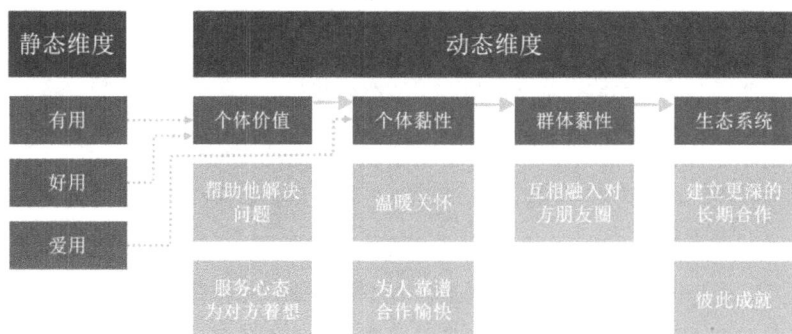

图 4-10   交朋友过程的"产品特质"演化

小结

评价一个产品的好坏，有一静一动两个维度的标准：静态维度下，产品要依次呈现出有用、好用、爱用的特质；动态维度下，产品要依次呈现出个体价值、个体黏性、群体黏性和生态黏性的特质。而从思考群体黏性开始，我们做的产品创新就有点打造"增长飞轮[1]"，可以"滚雪球"的意味了。

思考题

请你根据好产品的评价标准，对照一下自己的产品有哪些特性、缺哪些特性，想一想应该怎么优化。

扩展案例：为什么幼年淘宝是个好产品

一个产品的功过成败需要相当长的时间来验证。淘宝从 2003 年一路走来，坎坷起伏，每年都会做一些产品创新，如图 4-11 所示。我截取了 2003—2010 年的淘宝发展历史，结合本章的主题，说说为什么幼年淘宝是个好产品。

---

1   增长飞轮是一种正反馈的闭环，在淘宝的例子中，关于服务商的增长飞轮可以表现为卖家越来越多，服务商越来越愿意为淘宝卖家开发软件，各种软件越来越丰富，使得卖家在淘宝上做生意的成本越来越低，于是更多卖家选择淘宝，如此形成闭环。

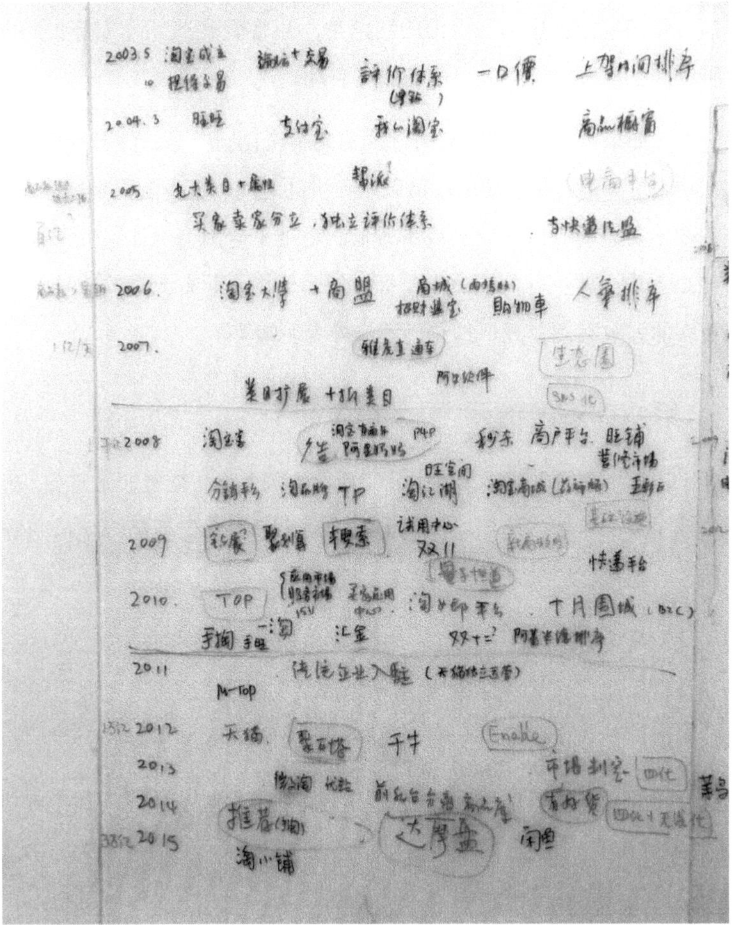

图 4-11　淘宝早期的关键产品

2003 年，真正开始很重要

在 2003 年的"非典"时期，淘宝成立了。当时的淘宝只是阿里巴巴低价买来的 IT 系统，只有最简单的交易功能和论坛。商品搜索的结果按照上架时间排序，主要是为了考虑公平，让各个卖家的产品都有机会曝光。当时的淘宝拥有最原始的评价体系，简单到难以想象：在这个评价系统中不区分买家和卖家角色，买家拍下后就可以马上评价。而作为当时的新鲜事物，淘宝上买卖双方之间的信任问题一直影响着交易的达成。直到 2003 年下半年开始，淘宝有了担保交易（支付宝的前身），才解决了买卖双方不信任的问题。

关于这一年淘宝的诞生，我得出的结论是：开始很重要。到底能不能摘到创新的果实，某种程度上取决于能否以更低的成本启动。

设想一下，如果 A 企业要 1000 万才能启动一个创新业务，而 B 企业 50 万就可以启动，那么在大量的潜在机会中，B 可以用更少的时间、更少的人员探索更多的可能。而对于到底要不要启动，由于启动成本较低，也就不会因为"如果失败损失太大"而纠结，从结果上看，就更有可能命中目标。很多巨头企业有大量的成功产品，其实这背后还有更多的失败案例，只不过它们不为外界所知罢了。

2004 年，用户理解很重要

这一年，旺旺与支付宝诞生了，十几年后，这两个产品依然非常重要。此外，"我的淘宝"模块出现。一个产品里有"我的"模块，是用户与产品产生情感链接、产生黏性的开始。

为了平衡商品流量的公平与效率，淘宝中出现了"橱窗商品"，即卖家可以给自己的部分商品打标加权[1]，让它在搜索结果里排名更靠前。而淘宝也通过给不同商家数量不等的"橱窗位"，找到了一个宏观调控流量的好手段。

淘宝这一年的产品创新显示出了"理解用户"的重要性。有人觉得淘宝在模仿 eBay，但当时的 eBay 并没有"旺旺"。淘宝的产品负责人洞察到了东西方文化在沟通上的差异：欧美人喜欢用 E-Mail，而中国人更喜欢直接聊，"讨价还价"对中国人来说是一种乐趣。于是，"旺旺"把即时通信工具用在了电商场景里。后来就出现了诸如"亲""包邮""好评"这样的话语体系，并由此形成了一种亚文化。这也是"旺旺"被大众认可的表现之一。支付宝的诞生，背后也有类似的"中国特色"。因为信用体系不完善，网购初期是先付款还是先发货的问题一直困扰着买卖双方，有时候只好见面交易，"互不信任"成为提高成交率的极大障碍，于是，支付宝应运而生。十几年后，它成长为比淘宝更具想象力的蚂蚁金服。

2005 年，找到命门很重要

这一年，淘宝上的商品数量已经多到需要仔细研究怎么分类了，于是"类目+属性"

---

[1] 卖家主动标记出的商品，淘宝会在搜索结果排序里增加权重。

的商品管理体系出现。"类目+属性"的商品管理本质上是两大不同的体系：一个是分类，一个是 Tag（标签）。这在今天看起来平平无奇，但当时能想到用两套体系来描述一套商品，实属不易。并且，商品评价体系在经过重大升级后，把卖家评价与买家评价区分开了，清晰地划分出卖家和买家两种不同的用户角色。在这一年中，阿里巴巴收编"四通一达"的说法成为了民间对阿里巴巴布局物流领域的通俗化解读。

到了这个时候，淘宝要做的事情非常多，因此这一年的关键在于如何找到命门，即能起到纲举目张效果的核心任务。

当时淘宝发现一个增长悖论：整个淘宝的交易额和商品数量呈正相关关系，也就是意味着商品越多，成交量越多。但商品越多，买家找到特定商品的路径就会变长，在 PC 互联网时代，多点击一次就意味着一大半流量的流失，所以商品数量增加又会使得成交量变少。如何解决这个悖论，就成了重中之重。于是，淘宝后续的解决方案便是将整套商品管理系统进行升级，让买家更容易找到想要的商品，算是找到了当下的命门。

2006 年，自我定位很重要

这一年，淘宝将工作重心往 B 端倾斜。为了帮助卖家成长，淘宝成立了"淘宝大学"；为了让卖家互助，淘宝成立了"商盟"；为了分层高端卖家，淘宝上出现了第一个版本的"淘宝商城"。另外，还有一个比较重要的创新：淘宝做了第一次商业化尝试——"招财进宝"，它类似于百度的竞价排名体系，但后来因为卖家的集体反对而下线。在搜索排序方面，吸取买家智慧的"人气排序"作为重要的因子上线，这背后体现了数据的积累。"购物车"也在这一年诞生，此后淘宝引以为傲的"营销平台"都得依赖它，比如"满 500 减 200"的营销活动就必须通过购物车来合并商品订单。

关于这一年发生的淘宝故事，我想重点介绍一下"招财进宝"是如何下线的。这背后体现了淘宝的管理者对自我定位的思考。"招财进宝"产品上线后，有的卖家叫好，有的卖家反对，这本来是很常见的现象，但淘宝采取了一种不太常见的决策方法——让卖家"全民公投"决定"招财进宝"的去留。如果超过半数反对，淘宝就把"招财进宝"下线。这简直是一次民主实验。但淘宝其实很早就在思考自己的定位，思考自己应该是一个什么样的平台。各种迹象表明，淘宝希望做一个"小政府"式的平台管理者，它认为要充分发挥生态系统里各种角色的力量，才能把平台做大。于是，"招财进宝"最终下线了。

2007 年，用户成长很重要

这一年，距阿里巴巴和中国雅虎的交易已经过去两年，虽然雅虎的业务没什么起色，但对淘宝贡献巨大。一是其搜索技术支撑住了淘宝上数据量暴增的商品，二是其广告技术成就了淘宝后来最大的利润源。这一年，卖家群体越做越大，除了"开源"导向的营销需求，"节流"导向的管理需求也开始出现。于是，阿里软件[1]诞生了，而我做的淘宝卖家管理软件也第一次和整个阿里巴巴的版图发生了关联。此时，淘宝流量越来越大，我们开始尝试按类目成立不同的运营团队，并在首页主导航展示各个类目，后来有人调侃称能从导航页面的设置看到整个公司的组织结构。

这一年，我们看到淘宝"培养皿"似的生态黏性显露出来了，用户不只是使用产品，而是和产品出现了共生关系，卖家和淘宝一起成长，到后来，一些卖家服务商也伴随着卖家一起成长，生态系统越来越繁荣。

2008 年，造血能力很重要

这一年，淘宝上各种盈利模式的广告工具开始出现，如 CPS（Cost Per Sale，成交付费）的淘宝客，CPC（Cost Per Click，点击付费）的直通车。

这一年，淘宝上首次出现"秒杀"的玩法，之后"秒杀"便成为一个通用词。

也是在这一年，淘宝渐渐意识到，只靠自己服务卖家是不够的，于是再次进行升级。在升级后的众多产品中，第一个成型的是"商户平台"，它的服务对象是卖家服务商，里面包含了旺铺、装修市场以及 TP（TaoBao Partner）等内容。接着"分销平台"上线，试图把 2C 的淘宝与阿里巴巴起家的 2B 业务整合。同时，提升中小卖家品牌形象的"淘品牌"出现，那些中小卖家在未来将和各种大品牌展开竞争；社交版块（当时叫 SNS）逐渐萌发，第一批出现的是"旺空间"和"淘江湖"；为进行产品底层重构，淘宝发起"五彩石"项目，用淘宝商城的先进架构供养"淘宝集市"。

1　阿里软件（上海）有限公司（本书简称：阿里软件）是阿里巴巴集团继成立"阿里巴巴""淘宝""支付宝""雅虎"后，于 2007 年 1 月 8 日成立的第五家子公司，"阿里旺旺淘宝版""阿里旺旺客服版"等多款软件产品即出自该公司。

至此，淘宝终于不再需要阿里巴巴输血，可以靠广告收入养活自己，拥有了自我造血功能。2017 年，其广告系统背后的主体"阿里妈妈"创造的广告收入甚至超过了百度。

2009 年，形成生态很重要

这一年，"钻展""卖霸"等品牌广告、展示广告出现了。其原因也许和卖家规模越来越大有关，因为规模越小的卖家越需要按效果付费的小额卖货类广告，规模越大的卖家越能接受大额的品牌类广告。

"淘江湖"因为和"旺空间"太雷同而在这一年下线，但它孵化出了"聚划算"。"阿里软件"被一拆为三，其中一部分在多年后成为阿里巴巴股价的新支撑——阿里云[1]。

这一年，淘宝举办了第一次"双 11"购物节，交易额达到了 5000 万，已然震惊世人，但谁能想到第二年的交易额翻了将近 20 倍，达到了 9.36 亿，没过几年交易额破千亿。除此之外，"试用中心"上线，各种流量运营的玩法层出不穷；雅虎的另一"遗产"——量子恒道[2]连同一众数据产品开始被重视，淘宝体会到了数据的力量，明白了卖家也需要数据；另外，物流快递相关功能也开始发展。

这一年，淘宝上出现了越来越多的卖家服务商，有的帮卖家做软件、有的帮卖家装修店铺、有的当网店模特、有的提供客服外包……这一切让淘宝生态越来越丰富，各种角色互相赋能，于是，淘宝的发展出现了增长飞轮的迹象。

2010 年，紧盯终局很重要

这一年里，淘宝正式提出 TOP（TaoBao Open Platform，淘宝开放平台）的概念，并有了应用市场、服务市场、ISV（Independent Software Vendors，独立软件开发商）。"淘女郎"就是这一时期平台思维下的产物，十年后，"淘女郎"的后辈们都做起了直播。

这一年，我亲历了淘宝商城的"十月围城事件"，杭州文二路古翠路口的西湖国

---

1 阿里巴巴集团旗下的云计算及人工智能科技公司。

2 该产品的前身是雅虎统计系统，故有"遗产"一说。

际楼下危机四伏，员工上下班都要走后门，出公司就要摘工牌。

这一年，淘宝的移动时代开始了，手机淘宝、手机旺旺纷纷上线。淘宝被一拆为四——"淘宝网""淘宝商城""一淘网"，外加一个共享技术平台。汇金、营销平台等系统越发强大，当然这是外人无法看到的，它们要等到八、九年后才会被叫作"中台"，进而迎来高光时刻。

同样在这一年，"双12"购物节像"双11"的影子一样出现了。

淘宝搜索发布了"阿基米德"排序，但流量分配的事情，虽然慎之又慎，还是出现了群体事件，很多流量变少的商家开始成规模、有组织地"闹事"。

2010年可以算是早期淘宝的最后一战。期间，淘宝一拆为四是一个特别精妙的布局。因为看不清将来线上零售的终局如何，所以管理层在每一种可能性上都安排了一支队伍——淘宝网赌将来C2C[1]平台是主流；淘宝商城，即后来的天猫，赌将来B2C[2]平台是主流；而一淘网作为"比较购物"平台，赌将来百花齐放，而且这种局面下需要一个购物搜索，作为流量的上级入口。当然，这个布局消耗的资源极大，很多创业公司难以复制，但这也体现出产品创新的另外一个要点——要想清楚终局，提前布局，才有大胜的可能。

以上的故事，如果大家还想了解细节，可以去看《人人都是产品经理（案例版）》。至于更后面的事，因为还在十年以内，就让历史来评价吧。

1　Customer-to-Customer，个人与个人之间的电子商务模式。

2　Business-to-Customer，企业与个人之间的电子商务模式。

4.3　产品起步：产品早期的迭代逻辑

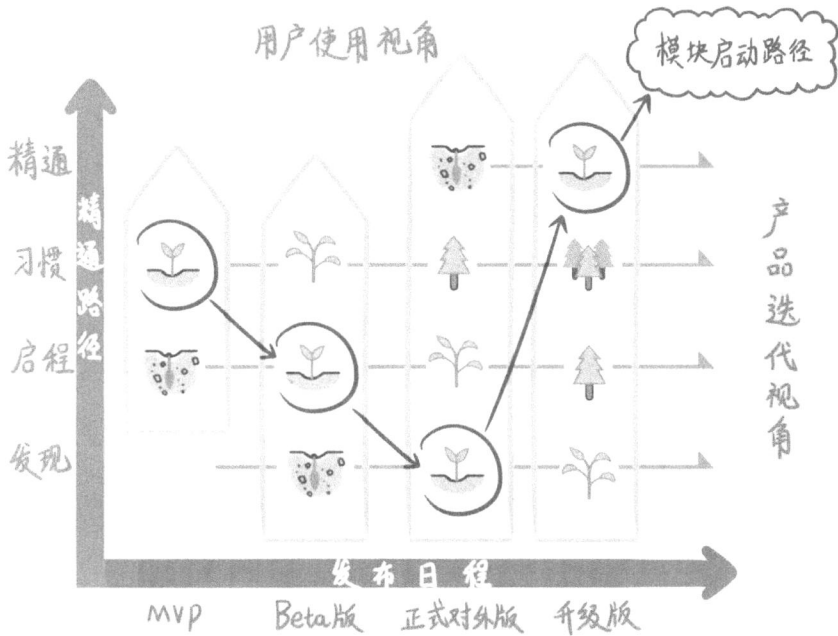

通过以上章节的学习，我们加深了对产品以及好产品的理解，大家心里应该已经有一杆做产品的秤，接下来，我们就一起探讨一下产品起步的逻辑。

我在给一些新产品做咨询的时候，经常会发现这样的问题：

问题一，产品经理做出了自认为完整的产品，可以很好地完成任务了，可用户拿到手里以后一脸茫然："这个产品是做什么用的？我应该从哪里开始？"

问题二，公司打了很多广告，在某个群体里也有了不少知名度，但每次和用户见面的时候总是听到对方说："啊，我知道你们，但是一直不知道怎么联系你们……"

问题三，用户使用产品一段时间以后，对里面的所有功能都很熟悉了，于是渐渐地对产品失去了兴趣，不再使用。

以上这些问题，其实都是因为没有理清楚产品早期的几大模块，不明白用户怎么用，产品又应该怎么做而造成的。

用户使用产品的逻辑依次要经历四个模块：发现、启程、习惯、精通，但做产品起步的逻辑顺序则是：习惯、启程、发现、精通。

产品起步的逻辑

产品起步的逻辑源自《产品游戏化》一书。书里将其顺序归纳为：习惯打造（下文中"习惯打造"简称为"习惯"模块）、启程、发现、精通，如图 4-12 中箭头所示。

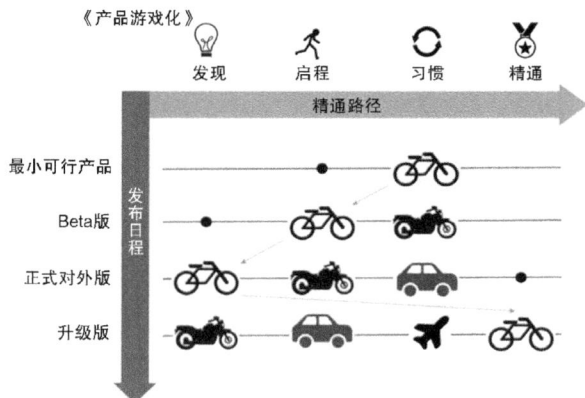

图 4-12　产品起步的迭代逻辑

第一个模块：习惯

这要求我们先打造出某个对用户有价值的闭环，这一模块应该做到让用户来了可以获得价值并且下一次还愿意来，甚至愿意推荐朋友来。这个最小的产品模块已经可以用来做"留存假设"的验证。

第二个模块：启程

启程，即用户的第一次体验。产品的早期使用者往往是高手行家，我们也常把这群人称作种子用户、天使用户。他们即便没人手把手指导，也能顺利上手。所以，启程模块是产品检验的对象扩展开以后，做给新手用户的，最常见的就是各种产品里的"新手上路"模块。

第三个模块：发现

有了一批新人用户之后，我们算是验证完了"启程"与"习惯"模块。这时候产品就应该进入推广阶段，开始做"发现"模块。我们要发掘出用户在何时、何地会对产品产生第一印象，会通过什么渠道第一次接触产品。比如对于一个手机 App 来说，从用户在应用商店里看到广告、搜索产品名称、下载安装，直到第一次打开 App 之前的整个过程都是"发现"模块。

第四个模块：精通

当产品运营了一段时间之后，会有相当数量的用户对产品了如指掌，这时候我们就有必要为他们打造"精通"模块，让他们不断接收到新的刺激。"精通"模块属于高级功能，我们可以考虑让高级用户参与其中，充分利用最热情用户的深层次需求和驱动力。

比如一个服务类产品让高级用户成为志愿者，一个论坛让高级会员成为版主，一款游戏让资深玩家做分区的督导者，等等，这些都是产品的"精通"模块。

产品起步逻辑的灵活运用

自媒体是时代的新产物。创建一个新的自媒体，其实也可以用产品起步的逻辑框架来实践。我们以典型的"经营微信公众号"为例来讲讲对产品起步逻辑的应用。

当要开设一个微信公众号的时候，我们需要先打磨"习惯"模块，也就是建设核心内容。比如准备好多篇干货文章，并且不断和目标用户互动，打磨公众号的定位、文章的形式、写作的风格，这些措施都属于"习惯"模块的内容。打磨"习惯"模块的目标是形成一批早期的忠实读者。

然后，我们可以开始设计一些"启程"模块的功能。比如，一个陌生用户通过一篇文章接触到我们的公众号并"点击关注"之后我们所提供的一些引导，比如设计欢迎语、设计自动回复的内容、提供查看往期内容的方式等。

当上述两个模块都成熟了之后，我们就可以开始考虑推广。这属于"发现"模块。这时，我们可以和其他合适的公众号互推，在相应的微信群、社区里做引流，甚至花一点钱做付费推广。

最后是"精通"模块。此时要开始考虑怎么为沉淀下来的一批忠实用户持续提供更多的价值。比如我们可以通过做个小社群和用户进行更多的互动。

以上，一个微信公众号就完成了早期的起步环节。

小结

用户使用产品的逻辑依次经历四个模块：发现、启程、习惯、精通，但做产品起步的逻辑顺序则是：习惯、启程、发现、精通。

这一产品起步方法更适用于从少量用户逐步扩展到大量用户的产品，但如果我们服务的是少数大客户，第一次交付时的产品模块就要相对完整。

思考题

对照产品起步的逻辑，你可以看看自己负责的产品有没有缺了哪个模块？

扩展案例："知乎"的起步

"知乎"是中国知名的网络问答社区，下面我们就来分析一下它的起步历程。

习惯

2010 年"知乎"上线。最开始用户只局限在一个小圈子里，实行"邀请制"。当时"知乎"共邀请了 200 多位用户，李开复、keso、和菜头等一批KOL[1]都在其中。这是典型的从高端市场切入的案例。很长一段时间里，我们几乎可以把"知乎"的用户画像定义为互联网精英人士。这一时期，"知乎"最先打磨的就是"习惯"模块——专业的问题、专业的回答。因为问题和回答的含金量高，所以它早期的种子用户黏性也很高。

现在看来，这 200 多人对"知乎"的影响是深远的，因为他们定义了"知乎"的基因。他们中有很多人是高科技行业的创业者，他们的专业知识保证了"知乎"回答的质量。而且，科技创业者大多都有一种"使命感"，即"帮别人解决问题"的意愿很高。所以，这帮人引领了"知乎"独特的讨论风气。"习惯"模块的打磨过程，也是给"知乎"社区积累"供给侧"内容和社区基因的过程。在这一模块做到一定程度之后，"知乎"的早期团队就需要在"继续小而美"和"扩大影响力"两者之间做选择了。

启程

其实，大多数产品会在"继续小而美"和"扩大影响力"之间选择后者。于是，"知乎"开始做"启程"模块。事实上，这时候新进来的用户越来越下沉，出现了很多的小白用户，他们急需引导。随后，与之匹配的产品功能上线，比如用户选择完自己的职业或专业以便匹配相关的问题和专题后，"知乎"小管家会呈现这样一段话：

"欢迎你到"知乎"，一个认真、专业、友善的知识分享社区。在"知乎"，无论是满足好奇，还是解答疑惑，你都有机会找到可信赖的回答，你还可以与来自天南地北的知友，分享你的知识、经验、见解。"

这是用户教育的一部分，可以让后来者更轻松地融入已有的社区。

"知乎"的"启程"不仅仅是对下沉用户的引导，另一方面也包括了内容的下沉——更友好的生活化内容。这让小白用户也可以迅速上手。比如"在哪个瞬间你认为应该离职了？"这样的问题下，回答者的内容里对应了各色人等的故事，这显然比专业的问题和动辄几千字的回答要友好多了。

---

1 关键意见领袖，Key Opinion Leader，简称 KOL。

发现

"知乎"上线两年多以后的"开放注册"本身就是"发现"模块的一部分。

"知乎"吸引新用户，主要靠的是已有的内容和用户，而"知乎"的特点又使得每个新用户进来后能接触到的内容和人都是不同的。因此，这个问答社区是由无数个小圈子组成的，这些小圈子围绕各自擅长的领域和兴趣进行沟通和交流，只有在大多数小圈子都有了一定基础内容之后，开放注册才具备了实施的基础。

2013 年，"知乎"开放注册。不到一年的时间，注册用户迅速由 40 万攀升至 400 万，数据结果说明了其时机选择的正确性。不过，**产品和用户是协同演化的**。在社区早期，打造良好的"文化氛围"比追求"增长"更为重要，所以需要忍住不引入过多的用户，不能让社区的氛围浓度降低、风格变乱。

"知乎"的用户增长是先从一些信息流通较快的热门行业开始的，如互联网、IT、金融，然后扩展到电影、医疗、娱乐、法律等领域。任何一个领域在最开始都只有零星的一两个问题，随着这个领域的关注度越来越高，吸引了越来越多的用户。用户产生更多内容，这些内容吸引更多用户，他们将无数内容中沉淀出的一部分优秀内容再进行细分，最后用户讨论的话题范围扩展到了周边话题，这个领域就逐步成长起来了。

后来，"知乎"做的一些周边产品，如日历、水杯、"刘看山"卡通形象，甚至线下大会等都属于增强品牌露出的产品，它们也都属于"发现"模块。

伴随着发现模块的推进，"知乎"用户越来越多，也催生了两个现象。一方面，涌现出一批"知乎大 V"；另一方面，整体的内容和用户质量也越来越参差不齐，早期成名的"大 V"出走事件，始终困扰着"知乎"。

精通

"精通"模块可以在一定程度上解决上文的这个困扰。

"知乎"后续开发了一系列和"精通"模块有关的商业化产品。从 2016 年 5 月"知乎"Live 上线开始，到后来的"值乎"、付费咨询、专栏打赏、电子书，等等，可以看出"知乎"在帮助"大 V"变现上所做的努力。在解答问题这件事上，最早的奉献精神已经让头部用户感到疲惫，于是"知乎"增加了物质激励，希望继续留住优质用户，让优质内容的产出可持续化，毕竟这才是社区长盛不衰的根本。

值得一说的是，"精通"模块里某领域的官方认证、优秀回答者等标签所带来的精神激励，也会让头部用户愿意更多地参与到社区内容的建设中。

以上就是我对"知乎"早期产品演化的管窥。财经作家吴晓波曾经在《腾讯传》的前言中说："谁能定格一座正在喷发的火山。"我深以为然。想更深入理解产品起步的逻辑，还是得靠亲身经历和时间的沉淀。

扩展话题：敏捷迭代的地铁模型

受公交模型（由李宽在《B 端产品经理必修课》一书里提出）和火车模型（由 Marty Cagan 在《启示录：打造用户喜爱的产品》一书里提出）的启发，我提出了一个地铁模型的概念，也许能让大城市每日通勤的职场人更直观地感受到敏捷迭代的方法论。

- ▶ **一趟车**：一个迭代。

- ▶ **起点和终点站**：一个迭代的开始与结束。

- ▶ **站点**：迭代的阶段节点。一趟车要按照站点顺序依次停靠，迭代也是如此，比如评审完成、编码完成等节点的背后是一个相对固定的、有时序的研发管理流程。

- ▶ **发车间隔**：相对固定的迭代周期。如同在乘客增多时地铁会进行调度增加车次，迭代需求较多的情况下，我们也会提高迭代的频次。

- ▶ **乘客**：一个个的需求点。乘客有优先级之分，比如老人孕妇上车后有更大概率可以有座位，即享受更多的资源支持。我们对需求点也要有优先级的划分安排。

- ▶ **到站时刻**：迭代中每个环节固定的时间点。如在 Scrum 之类的敏捷方法下，每个迭代中我们都会严格把控特定事件的时间点，比如每周的周一上午干什么、周五下午干什么，这更像地铁而不是公交车。

- ▶ **车厢/座位**：资源的类别等级。正如地铁有女性车厢、照顾专座、商务座（如深圳地铁 11 号线）等，不同等级的资源可以用来匹配相应优先级的需求，乘客的特性、支付的票价不同，所能获取的资源也不同。

- ▶ **快车慢车**：迭代的优先级。在一个大的研发组织里，不同类型的迭代有优先级之分。比如日本的地铁，同一条线路有每站都停的慢车，有快车，也有特快车。此外，必要的时候会出现让车的情况。

- ▶ **上下客**：需求的变更。不是每个乘客都是从起点上车坐到终点的，需求也会在各个环节有所增减和变更。

- ▶ **早晚高峰**：需求暴增的时期。就像乘客比较多的时候，我们虽然及时赶到站，但依然有可能挤不上这班车。需求突增的时期，就算我们准备好了一切，也可能因为没有技术资源，只好等待后续的迭代。

- ▶ **停运时段**：研发的停滞期。地铁每天夜里都会停运，而对于研发来说，会存在研发的停滞时期。比如春节前后或者阿里巴巴的"双 11"购物节前后会有封网的行为。

4.4　KANO 模型：雪中送炭还是锦上添花

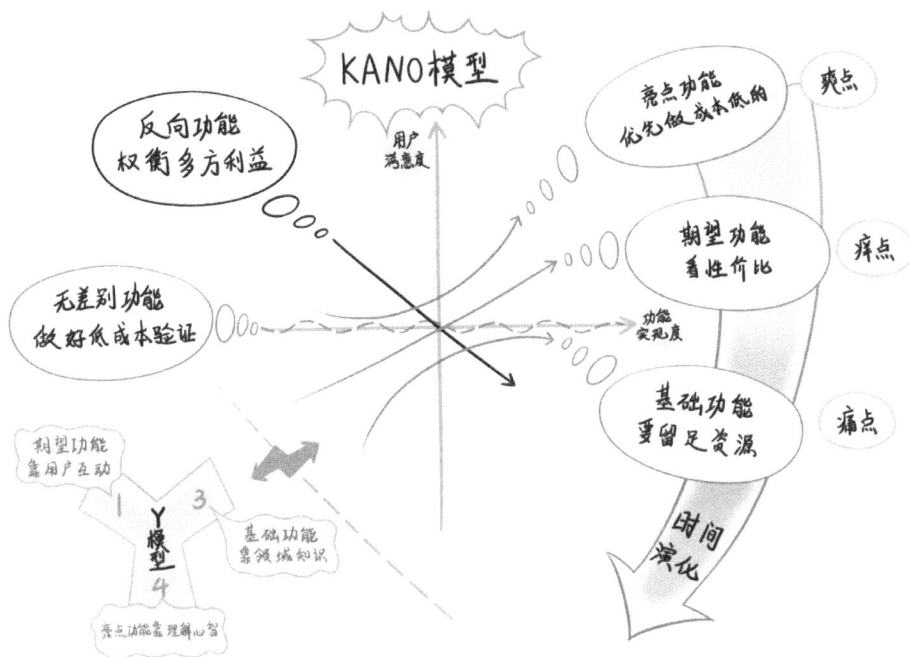

在产品开发过程中，我们总能够看到因产品功能分类和优先排序没有做好而失败的惨痛例子。

比如一家初创公司，自己的资金链本就已经很吃紧了，却还投入过多的资源给处在验证期的项目，这叫作"没有给基础功能留足资源"。在资金不足的情况下，我们应该把资源优先投入到能开源节流的事情上去。再如，一个小公司在设计产品的早期版本应该有哪些功能时，就不应该把资源过多地投入到亮点的打磨上。

那么，产品功能有哪些，我们该如何区别对待？这一节会告诉你答案。

本节引入 KANO 模型，它是东京理工大学教授狩野纪昭（Noriaki Kano）提出的一种对用户需求进行分类和优先排序的实用工具，来分析需求满足程度对用户满意度的影响。这个模型体现了产品功能多少和用户满意之间的非线性关系，如图 4-13 所示。

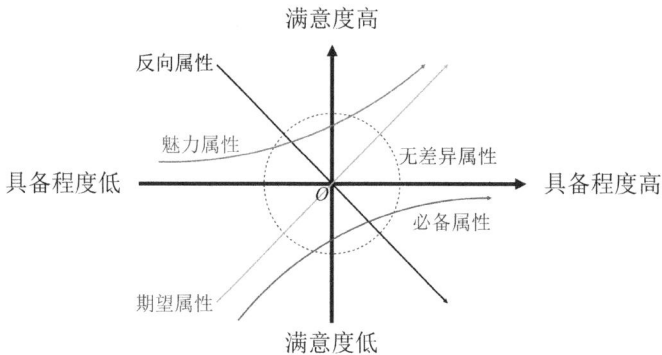

图 4-13 KANO 模型

原始的 KANO 模型并没有用于产品创新，而是用在团队管理上。所以接下来，我会从 KANO 的原始模型出发，为大家阐释 KANO 模型在产品创新上的应用与技巧，以便我们灵活应对不同类型的产品功能。

图4-14是一个产品功能视角下的KANO模型,图中横轴指的是产品功能的实现度,表示一个功能有没有做完。最左侧的一点代表功能实现尚未开始，最右侧的一点则代表功能实现已经很完善。纵轴指的是用户满意度，越靠下表示用户越不满意，越靠上表示用户越满意。不同类型的功能，在图中有着不同的曲线，下面将逐一说明。

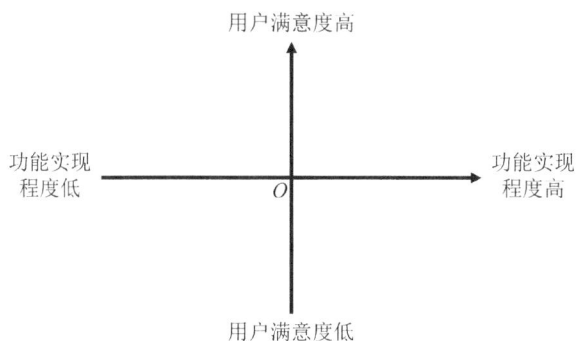

图 4-14　产品功能视角下的 KANO 模型

第一类，基础功能

对于一个产品来说，有一些非常基础的功能是非做不可的，比如有些 App 的登录模块中包含的注册、绑定手机、实名认证、忘记密码等功能。但这些功能的使用频率其实并没有那么高，也不是人人都需要，可我们为什么必须做呢？要想正确看待和理解这个矛盾，KANO 模型中的"基础功能"正好能为我们解惑。

所谓基础功能，就是指当这类功能没有实现时，用户对产品是"极其不满"的。但是，即使这类功能做得再好，用户也认为是"理所应当"。

图 4-15 展示了代表基础功能的曲线，我为这条曲线定了两个坐标点，随着功能的完善（横轴数值的增加），用户满意度（对应的纵轴数值）虽然有所增长，但始终没有突破 0，最多就是趋近于 0。

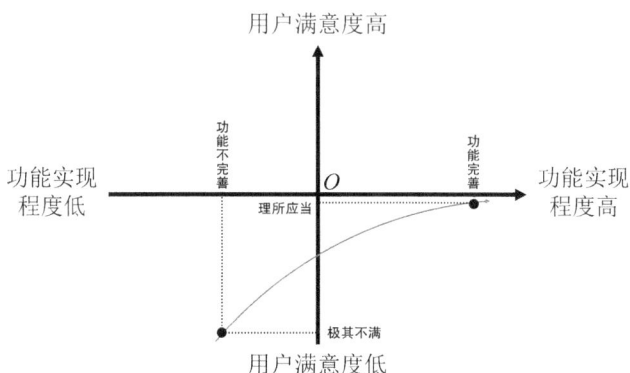

图 4-15　基础功能曲线

基础功能（Must Have）指的是必须要实现的功能点，但它的实现无法给用户带来很高的满意度，只能消除用户的不满。

比如，对于手机来说，如果有且仅有一个基础功能的话，那这个功能就是打电话。如果连基础功能都不具备，用户根本就不会用我们的产品。所以，做不做基础功能没必要看性价比，唯一正确的做法就是——留足资源先把它做好。

那么，怎么判断一个功能是不是基础功能呢？这就要靠产品人的领域知识了。

我们做某个领域的产品就得知道这个领域的产品都有哪些基础功能。比如要做一个美图的应用，我们就要知道它必须能拍照，还要了解处理图片时需要哪几种基本的滤镜，以及一些类似拼图这样的核心工具。

如果我们的领域知识还不够，无法做出正确判断，还可以问用户两个经典问题来补救：

▶ 如果产品没有功能 A，你觉得如何？请从很满意、一般满意、无所谓、不太满意、很不满意（或满意程度 5~1）这五个选项中选出一个。

▶ 如果产品有了功能 A，你觉得如何？同上给出相应的答案。

然后根据用户的回答在 KANO 模型图中找出相应的坐标点并连线，就能看出这一功能所属的类型了。这个方法对识别下述的几类功能也同样适用。

第二类，亮点功能

亮点功能是指当没有这个功能时，用户并不会不满意或觉得有问题，但是一旦有了这个功能，用户就会大喜过望，甚至"赞不绝口"。这是因为这些功能提供了用户意料之外的"妙用"。

从图 4-16 中我们可以看到亮点功能曲线的基本分布形式。随着功能的完善（横轴数值的增加），用户满意度（对应的纵轴数值）从 0 开始正相关地增长。如果说产品的基础功能是雪中送炭，那亮点功能就是锦上添花，如果把产品的基础功能比作止痛药，那么亮点功能就是维生素。

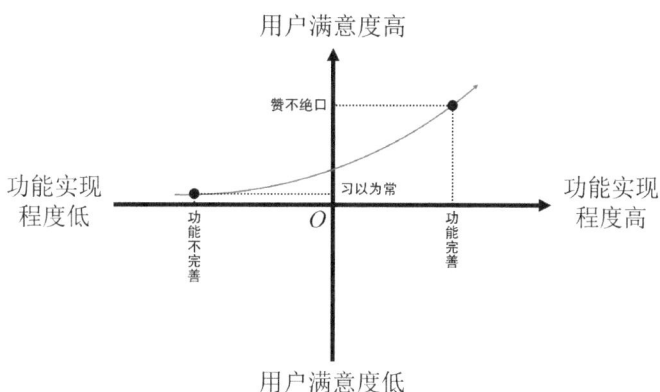

图 4-16　亮点功能曲线

若干年前，有谁会想到浏览器能通过记忆和联想自动补全只输了几个字母的网址，已发送的电子邮件还可以因内容不妥在短时间内撤回……这类功能有一个共同的名字，叫作亮点功能。

亮点功能是用户忠诚度、口碑传播的基础。如今，一个没有亮点的产品，用户也许偶尔会用，但不会与产品建立正向情感链接，即不会"爱用"，更不会主动帮它传播。如果想要低成本引流，让老用户带来新用户，产品就必须找到自己的亮点。

亮点的常见特性是：用户没见过、未经市场检验、如果被认可就能获得巨大回报。

对亮点的挖掘主要靠的是产品人对用户人性和心智的理解，因为亮点是用户想不到、说不出的东西，我们必须领先一步，深刻洞察用户的心理。

但对亮点的选择却不能一概而论。大公司和小公司，已经很成熟的产品和早期产品，对于亮点的打造有不同的做法。

小公司和早期产品，应该优选成本低的亮点，仅将其作为锦上添花的功能。比如网站上 404 页面[1]的趣味性美化、App 里用心设计的交互小细节。因为一个潜在的亮点在投放市场之前，我们并不知道它会不会真的变成亮点。如果投入成本太大，对小公司来说往往等于孤注一掷，一旦用户不买账，公司会遭受巨大的损失。

但对于大公司或已经很成熟的产品来说，情况则完全不同。由于大公司在市场竞

1　404 页面时指用户在浏览网页时，服务器无法正常提供信息，或是服务器无法回应，且不知道原因所返回的页面。

争中处于领先地位且资源充足，它可以大胆尝试一些让自己保持领先地位的亮点，以寻求更大突破。况且，大公司还可以通过大量市场调研和技术预研，在功能正式推向市场之前就确定它将会成为一个亮点，然后再投入大量资源重点研发，最终把这个亮点打造成领跑市场的撒手锏。

华为手机不断突破的拍照功能就是一个比较典型的例子。华为对手机拍照功能亮点的研发，必然需要投入大量市场、研发的资源，但因为他们能事先确定，这一亮点必会成为大趋势，只要做出来就能引领潮流，而且华为公司和产品的状态也足以支撑这样的突破，所以他们自然不会放过它。

第三类，期望功能

期望功能（Nice To Have）在 KANO 模型中是一条比较平直的线条。如图 4-17 所示，随着功能的完善（横轴），用户满意度（纵轴）从负数开始渐渐增长，然后穿过坐标系原点，变为正数后继续增长。功能实现程度和用户满意度正比例相关。

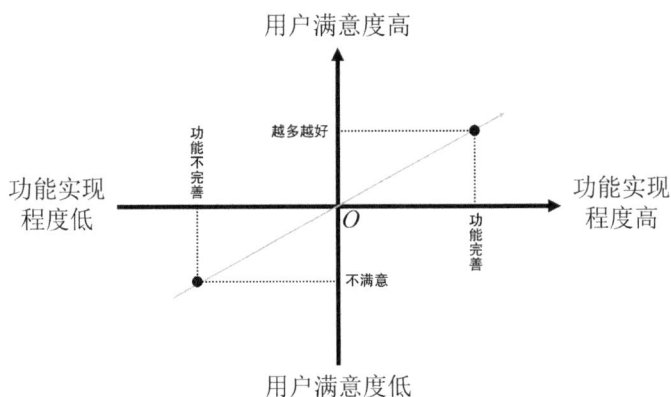

图 4-17　期望功能直线

期望功能的特点是：少了它用户有点不满意，但也不是无法接受；多了它用户会觉得不错，但也不是欣喜若狂。简言之，它对产品而言往往是"多多益善"。我们对这类产品功能的选择方式也比较简单——先做性价比高的。

之所以取名为"期望功能"，是因为这类功能都是用户的期望。比如，我们要做一款智能手环，如果我们去问用户有什么需求，用户的答案可能是：

"最好操作简单一些。"

"充电不用太频繁，希望充一次至少能用一个礼拜。"

"样子要酷一点。"

……

这种大多数用户能说得出来的，就是期望功能。

产品具备了期望功能，用户就会继续使用，但又因为缺乏惊喜感，用户不大可能主动去传播，这样的产品很难取得成功。如果只是简单地通过和用户交流来采集需求，最终实现的可能只是期望功能，所以，这再一次印证了我在 3.1 节中提到的一个原则："用心听，不照做。"只有这样，产品的功能才能完整。

我们不妨从这个角度再复习一下 Y 模型，如图 4-18 所示。其中，"节点 1"既是用户需求的表象，也是用户的期望。如果只是从"节点 1"到"节点 3"的顺序去实现产品功能，这个产品的功能往往是不完整的，因为用户告诉你的只是期望功能。用户不会提基础功能，因为他们觉得你的产品肯定会有；用户也不会说亮点功能，因为他们想不到。

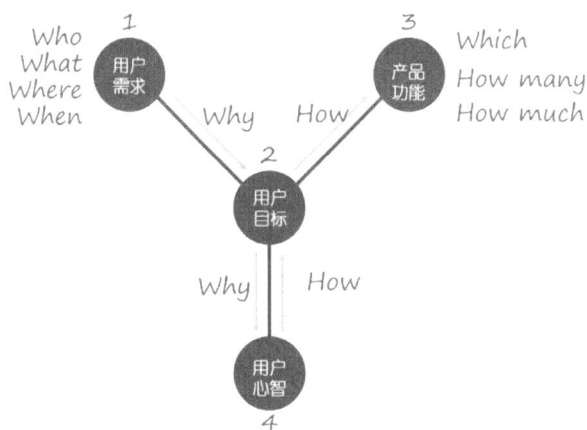

图 4-18　Y 模型

由此可见，做产品是不能抄近道的，必须从"节点 1"往下深挖。到了"节点 2"后，我们用产品领域的知识来补全基础功能，然后再到达"节点 4"，我们可以通过挖掘人性和心智来提出亮点。

前三类，功能的时间演变

以上这三类功能，是按产品节点的角度来分析的。事实上，随着时间的推移，一个功能的类型是变化的，往往会经历"亮点功能→期望功能→基础功能"这样一个完整的变迁。

例如 2000 年左右，有少数手机已经具备音乐播放功能，彻底颠覆了单独使用 MP3 听音乐的用户习惯，所以这时候"可以听歌"明显是手机的亮点；一两年后，有越来越多的用户意识到手机听歌的好处，于是他们会在参与需求调研时提出"希望你们的下一款手机也可以听歌"，这时"可以听歌"就变成了典型的期望功能；又过了几年，几乎所有手机都能听歌了，于是"可以听歌"变成了理所当然的基础功能。

有些新功能因为一直没能成为亮点，最终淡出了历史舞台，而有些基础功能也有可能被新技术替代，慢慢不再被用户需要，这都是时间的力量。我们可以看一下自己手机里的短信，是否发现短信收发这个功能，已经彻底沦落为验证码接收器和广告垃圾箱了？也许再过若干年，它就会完全消失。

随着时间的推移，市场会逐渐成熟。越来越多的功能成为基础功能，行业门槛也会随之提升。因此，基础功能常用来满足旧有的存量市场，而亮点功能则更有可能创造一个全新的增量市场。随着市场竞争日益激烈，企业要想胜出，必须不断创新，对市场进行有效细分，快速找到自己产品的阶段性亮点。

第四类，无差别功能

所谓无差别功能，指的是做与不做，用户对产品的感受都没有变化。如图 4-19 所示，这类功能在图中的表现是一条与横轴重叠的直线，为了便于识别，我把它画成了波浪线（虚线）。

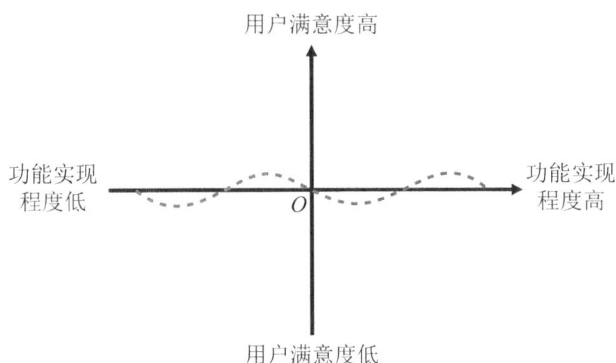

图 4-19　无差别功能

这到底是一种怎样的功能呢？

举个例子，我们通过观察后台数据，发现产品的某个二级菜单从来没有人点击，那这个二级菜单就是无差别功能。

如何对待这样的功能？当然是不要做。

可问题是，如果不做，我们又怎么知道它是无差别功能？

低成本验证方法在这个时候就派上用场了，至少有七种做原型的方法去验证。当我们准备对任何类型的功能做取舍时，都可以先做低成本验证。

第五类，反向功能

如图 4-20 所示，反向功能在 KANO 模型图中表现为一条斜率为负的直线。随着功能的完善（横轴数值的增加），用户满意度（对应的纵轴数值）下降，并且穿过图中的原点，这意味着用户满意度已经下降到了我们对产品定位时所做的预期之下。它代表的含义是：做得越多，用户越讨厌。

这似乎很奇怪，既然用户讨厌，那不做这种功能不就好了吗？可是问题没有这么简单。

比如百度的广告，对普通搜索用户来说，搜索结果里广告越多，满意度就越差，但对投放广告的用户来说，又希望搜索结果中有自己的广告。

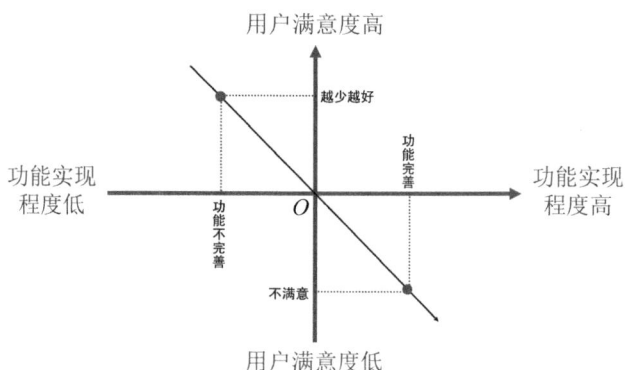

图 4-20 反向功能

出现这样的矛盾是因为，KANO 模型的纵轴虽然代表了用户满意度，但一个产品的用户是多种多样的，不同用户的目标也各不相同。所以，这里的"满意度"对于某一种用户来说可能是反向的，但对于另外一种用户来说却可能是正向的。

需要注意的是，一个 KANO 模型只针对一种用户，而且通常是核心用户。当然我们也可以针对不同的用户画出多个 KANO 模型，一般情况下，这种操作的必要性不大。

反向功能对产品人来说是一种考验，我们需要在多种用户利益之间寻找平衡。关于如何做好这种平衡，本书 2.1 节里的用户生态图就是来帮助我们理解这件事的。

小结

我们经常听到这三个词：痛点、爽点、痒点，它们指代的到底是什么？不同人有不同的解释，也可以用 KANO 模型来解释它们。

▶ 痛点对应基础功能，没有的时候用户不可忍受。

▶ 爽点对应亮点功能，有了以后用户惊喜连连。

▶ 痒点对应期望功能，虽然可有可无，但在条件允许的情况下最好能有。

这一节，我为大家系统地梳理了 KANO 模型对应的五种功能，并且给出了做产品创新时的应对之策：

▶ 基础功能要留足资源。

▶ 亮点功能优先做成本低的。

▶ 期望功能的选择看性价比。

▶ 无差别功能做好低成本检验。

▶ 反向功能权衡多方利益。

思考题

试试把 KANO 模型应用到你接下来打算做的产品上,分析一下各个功能分别是哪种类型,应该用什么策略。期待看到你的分享。

第 5 章

运营推广：MVV Promotion

一个产品在"想清楚""做出来"之后，就要"推出去"了。只有"推出去"，产品才能真正做到"闭环"，真正创造价值。这个"推出去"的过程就是 5MVVP 框架中第四轮的 Promotion（推广）阶段。这一阶段对应的工作方法论是"分销冲刺"，它重点关注"产品与市场的匹配"中的"市场侧"。在这一阶段，我们需要做很多"产品运营"的事情。在对"对产品是否进行推广"这个问题做出肯定的判断后，我们就会正式启动这一阶段。

在本章中，我们将聊这样几个话题：

5.1 节，产品在生命周期的不同阶段，分别应该怎么"推"。

5.2 节，如何制定正确的成功指标，以衡量"推"的效果。

5.3 节，如何将产品有效率地"做出来"，如何有效率地"推"产品。

5.4 节，产品如何自我造血，成功实现商业化。

大阶段	MVVP的P	DS的D	验证重点	职能细分	商业节点
前产品阶段	想清楚 案头工作 Paperwork	探索冲刺 Discovery Sprint	PSF 问题与 方法匹配	产品规划	概念筛选
		原型设计 Prototype	设计冲刺 Design Sprint		产品设计	评审立项
产品阶段	做出来 产品开发 Product	开发冲刺 Development Sprint	PMF 产品与 市场匹配	产品管理	是否发布
产品矩阵阶段	推出去 **运营推广** **Promotion**	**分销冲刺** **Distribution Sprint**		**产品运营**	**是否推广**
	可复制 复制组合 Portfolio	复制冲刺 Duplication Sprint	PRF 定位与 资源匹配	矩阵管理	二次创新

5.1 产品生命周期与运营重点：时刻和用户一起成长

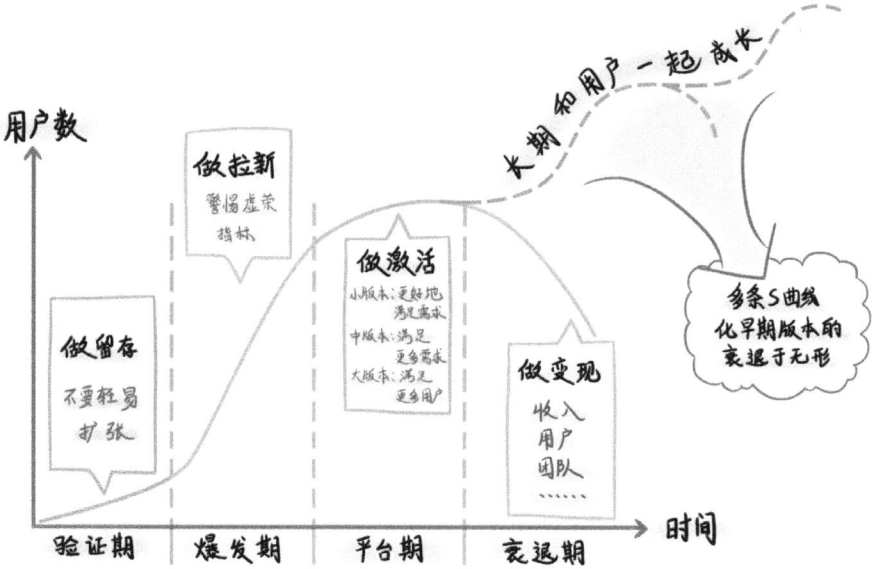

我曾见过一些客户，学了不少产品运营、增长黑客的手法。他们"手里面拿着锤子，看什么都是钉子"，结果乱打一气，反而给产品带来了负面的效果。

比如，他们在产品刚上线的时候就用裂变营销的方式大力推广，吸引了一大批用户。但因为产品本身还不完善，导致大量用户流失。当产品好不容易完善了以后，这些用户却因为"受过伤"而不愿意再使用。

再比如，某产品的用户数增长已经出现了明显的放缓趋势，但产品团队依然在想方设法吸引新用户，试图保持增长率，而没有考虑如何进行商业化。结果，过了一段时间，产品的各项数据开始下滑，错过了变现的最好时机。回顾整个过程，团队做了一个"快生快死"的产品，而且过程中还没有赚到钱。

一个产品在从无到有、从生到死的生命周期中，都需要和用户一起成长。运营也不例外。下面我们就来探讨一下，为了让产品与用户同步成长，我们应该在生命周期的不同阶段采取什么样的运营方法。

产品的生命周期

每个产品都有自己的生命周期，我把产品生命周期分为四个典型阶段，分别是：验证期、爆发期、平台期、衰退期。

验证期

验证期包括产品正式发布之前的筹备阶段，以及发布之后到开始大力推广之前的预备阶段，如图 5-1 所示。

在验证期，有一个非常常见的认识误区，即产品一上线就需要开始大力推广。这好比我们在小学时做过的那道奇怪的应用题：有一个游泳池，x 小时可以放完水，y 小时可以灌满水，若一边放水一边灌水，请问用多长时间才能灌满？显然，在实际工作中，我们一定会把池子先堵上再灌水。

产品推广的道理与之类似。产品刚上线的时候一定不完善，这时候猛推无异于一边灌水一边放水，用户留存率一定不高。而且更麻烦的是，很多用户只给我们一次机会，如果让他看到了不完善的产品，留下了不好的印象，将来就算产品改进完善，他也不愿意再次尝试了。

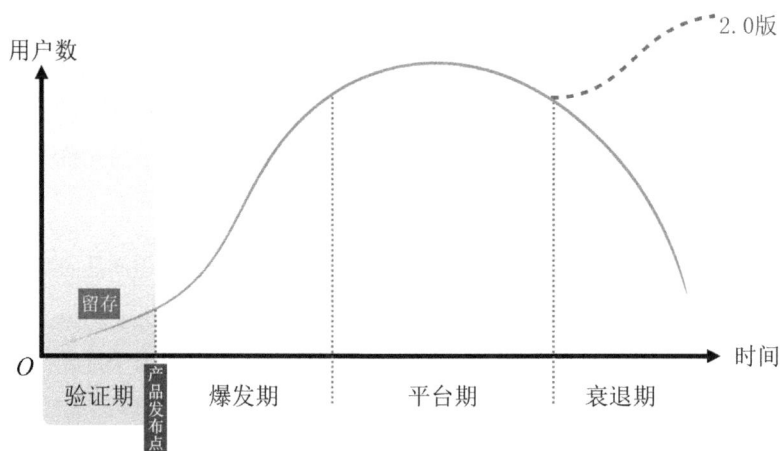

图 5-1　产品的验证期

所以，验证期的主要目标是验证产品是否真的创造了用户价值，用户是否愿意用，并且愿意反复用。4.3 节产品早期的迭代逻辑中介绍的"习惯"模块，就是验证期需要不断打磨的重点。

一个处于验证期的产品，除非发现了重大的定位失误，否则应该围绕既定的核心用户，不断优化对重要需求场景的满足，而不要为了满足更多的需求去轻易扩展，更不要随便扩大用户群体。

这一时期，运营主要关注的指标要和用户留存率相关，典型的良性表现就是用户用了还想用，以及愿意主动推荐给亲朋好友用。

爆发期

爆发期是在产品验证完成后对产品进行大面积推广的阶段，如图 5-2 所示。

在此阶段，产品依然围绕核心功能进行强化，用户数开始迅速增加。为了趁势展开大面积推广，运营工作的主要目标变成了吸引新用户，即实际工作中所说的"拉新"。这时候会加入很多新手用户，我们要做好"启程"模块，提升用户转化率，而产品内外的拉新动作就是产品起步逻辑中的"发现"模块。

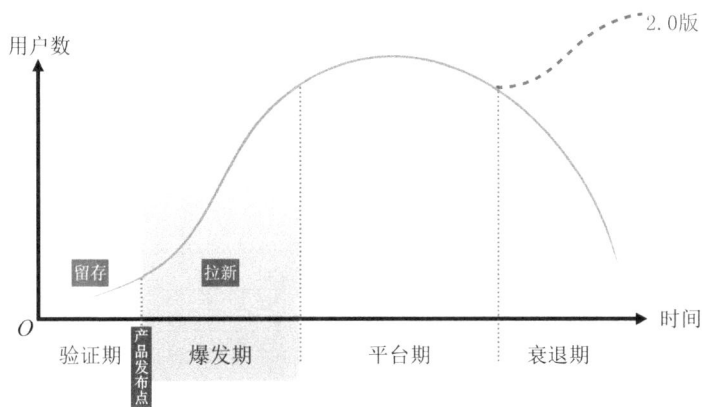

图 5-2　产品的爆发期

　　如果说验证期是产品人员发挥的主场，那爆发期就变成了运营人员的主场。爆发期正确的做法依然是遵循试错和"小步快跑"的策略：我们可以广泛地试探各种拉新渠道的效率，再收敛到少数渠道重点投入资源。

　　在此阶段，我们容易犯的错误是过于看重某些"虚荣指标"。比如醉心于追求用户数的激增。此时，我们得仔细地去分析这些涌进来的用户是不是我们的目标用户，其中又有多少可以最终留下来成为稳定的用户。（在 5.2 节中会重点讲述如何制定真正可以衡量产品是否成功的指标）。

平台期

　　大力拉新一段时间后，所有容易被吸纳的用户都被吸纳了，单个用户的获取成本变得越来越高。这时候要想继续放大产品的整体价值，只能依托于提升单个用户的价值，于是产品就进入了平台期。

　　这一阶段运营工作的主要目标是激活用户，也就是我们常常说的"促活"，旨在让用户尽可能深入地使用产品，如图 5-3 所示。

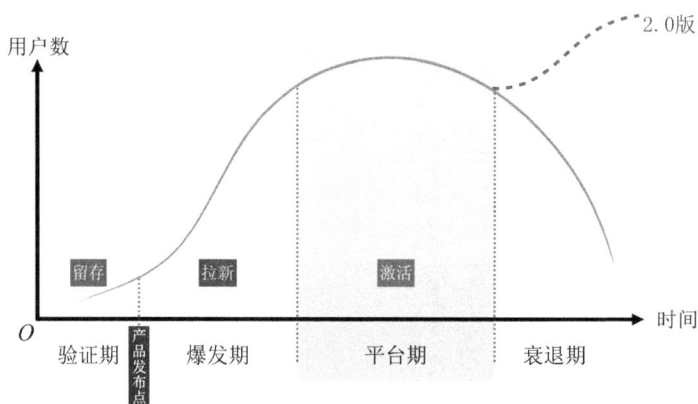

图 5-3　产品的平台期

在此阶段，用户越来越多，必然会出现分化，为激活已有的用户，我们要考虑"人尽其用"。

早期的、资深的用户由于对产品已经很熟悉，他们会产生厌倦感，甚至有可能会流失，这时候我们要用产品起步逻辑中的"精通"模块来留住他们。

此外，一些对产品核心功能的需求不是那么强烈的用户在平台期也占据了相当的比例。因此，针对这部分用户我们要考虑扩展产品功能，去满足他们多方面的需求。比如，美团进军酒店、出行领域就是在满足已有用户的更多需求。

同时，我们也要开始思考怎样满足更多的用户角色。这意味着产品的 2.0 版也要逐渐提上日程。产品微版本的迭代，诸如 1.0.1、1.0.2 等版本的更迭，是通过优化产品功能以便更好地满足某个需求；产品小版本的迭代，诸如 1.1、1.2 等版本的更迭，是增加功能满足已有用户的更多需求；产品大版本的迭代，诸如 2.0、3.0 等版本的更迭，是要满足用户生态中更多用户角色的需求。随着用户的需求差异越来越大，原本同一类型的用户也会分化成不同的用户角色。

此时，我们应该回顾并重新制定该产品的用户生态图。因为我们的产品需要与图中更多的角色发生关系，同时我们也要在用户生态中添加一些新的角色（参照 4.2 节关于生态黏性的内容，我们可以尝试打造用户的"培养皿"）。新版本的产品是在旧版本的基础上，重新开启自己的产品周期。

例如，微信一开始只是一个加强版的短信软件，所有用户都是平等的。而"群"的出现，代表微信完成了一个大版本的迭代，因为此时出现了新的角色——群主，他和普通群成员是完全不同的用户角色，有着完全不同的需求。之后，微信出现了"摇一摇"和"附近的人"，这又是一个新的大版本，因为原来微信里都是熟人，如今出现了陌生人。出现公众号，也是一个大版本，从此就有了内容的生产者和消费者之分。当然，这是以我的原则来划分的，与微信版本号的实际命名标准未必完全符合。

我们的产品一步步地演化为一个完整的产品服务系统，演化为多个产品组成的产品矩阵，就是通过更好地满足需求、满足更多需求、满足更多用户来层层推进的。

在平台期，还有非常重要的一项工作是使产品进入商业化的轨道，即如何把已经积累的大量用户、用户与产品的互动转化为现金收入。关于这部分内容，在本书 5.4 节中我们会详细展开。

衰退期

产品的 1.0 版最终会退出历史舞台，其具体表现为各种数据都开始下降。进入衰退期的产品只需维护，而运营能做的事情就是想方设法榨取产品的剩余价值。与产品和运营都很重要的平台期相比，衰退期需要运营人员来唱主角，如图 5-4 所示。

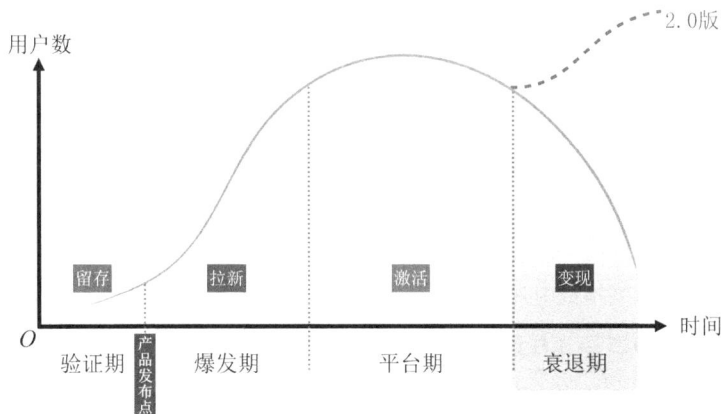

图 5-4　产品的衰退期

衰退期产品的剩余价值主要有以下三种：

第一，收入。只有在敬畏用户、不影响口碑的前提下，我们才能从用户身上赚到最后一笔钱。在衰退期，我们不能玩命发广告。这样做会给用户带来负面体验，而他们很有可能是产品 2.0 版的用户。

第二，用户。把用户平稳无知觉地导入产品 2.0 版或者其他产品中，比如"滴滴打车"改名"滴滴出行"，无形中让用户接受了全新的 App。所以，结合上文平台期相关内容中介绍的版本升级概念，我们可以这么理解"衰退"：市场里的"蛋糕"更大了，面对这一市场变化，旧产品在我们的商业目标中的重要性降低了，变成一个可以降低投入、维持现状的子模块。如果产品的不断迭代能够一直成功，就可以让生命周期曲线在平台期的末期开启新的上升曲线，从而把"衰退"化于无形。

第三，团队。让团队去做更有价值的事情可以提升公司整体的人力资源投入产出比。比如阿里巴巴著名的失败产品"来往"落幕了，但通过对核心团队成员进行重新配置，他们重整旗鼓做出了"钉钉"。

以上就是产品生命周期的四个阶段，根据产品类型的不同，各个阶段的周期短则几天，长则几年，各自有不同的时间跨度。下面我们通过一些案例来加深理解。

产品生命周期的例证

首先我们来看一个相对短期的爆款产品——"足记"是一款原创图片视频社交分享应用。2015 年，足记以充满电影大片质感的图片刷爆朋友圈，横扫各大摄影类 App 排行榜首，百家媒体对其争相报道。

我们可以在百度指数中查到足记的百度指数变化情况，如图 5-5 所示。从图中可以看到，足记在 2015 年 3 月到 5 月短短两个月内迅速爆红，又迅速销声匿迹。这种"快生快死"的产品，往往因为生命周期太短，团队还来不及留住用户、探索变现途径，就进入了衰退期。

图 5-5　足记的百度指数

在我看来，这样的产品其实并不是一个完整的产品，它更应该是一个完整产品里的引流模块。因为它们通常没有经历定位用户价值的验证期，而是在机缘巧合下找到了一个由新鲜感、好奇心驱动的切入点，随后突然进入了爆发期。一阵潮流过去，用户也随着兴趣点转移而流失，产品也就跳过平台期，直接进入了衰退期。

接下来，我们再看一个产品周期较长的例子——校内网，也就是后来为了摆脱校园局限性而改名的人人网。

校园网（人人网）的百度搜索指数变化情况如图 5-6 所示。虽然缺少更早期的数据，但也能隐隐看到爆发期的上升曲线，以及之后的平台期和衰退期。

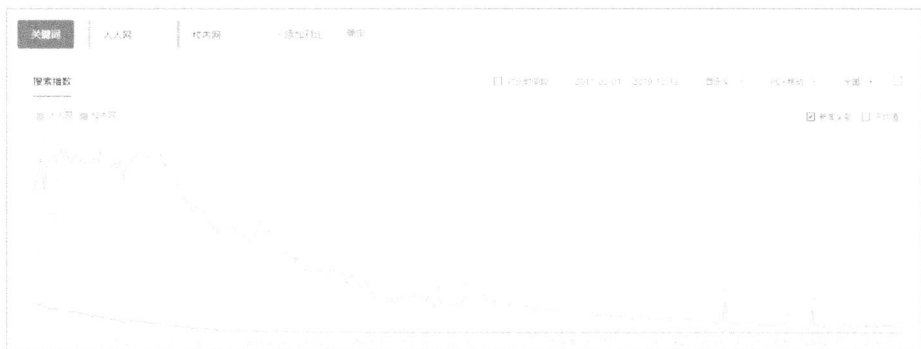

图 5-6　校园网（人人网）的百度指数

2019 年 10 月 23 日，苹果的 App Store 上线了全新的"人人"App。对此，有人问我怎么看待这种重打青春牌的做法。

我的结论是不看好。

我们要尊重自然规律，期望一个已经衰退的产品重新焕发活力，就好比期望一个老人重返青春，可能性不大。

人人网重新上线，名称依旧叫"人人"，可见其背后的意图是在向用户传递"自己是老牌的社交软件""这里有回忆"等信息。可这么做的目的，是希望当年的老用户重新使用人人，还是希望新用户加入呢？试想一下，老用户已经过了社交需求的旺盛期，他们哪还会像年轻时一样热衷使用"人人"呢？而新用户对"人人"并没有感情，又何必给人以"重新上线"的感觉呢？这样做反而让社交市场的主流年轻用户"00后"们觉得不酷了："我为什么要和80后的叔叔阿姨用同一个产品呢？"

所以，对于生命周期已经走到衰退期的产品，与其苦做挣扎，不如好好利用它剩余的价值。公司也应该通过产品矩阵，通过不断推陈出新来实现基业长青，把基因和价值传递给后代。

长时间尺度下的多周期叠加

继续"人人"的话题，我们再进一步看看长时间尺度下的产品创新问题。比如 5 到 10 年过去了，用户的"社会角色"发生了变化，该怎么办？这其实也是一种广义上的用户生态里出现的新角色。

例如，一个女性社区随着用户从小姑娘变成年轻妈妈，最活跃的版面也按照用户的自然成长规律，依次从服饰、装修、婚嫁、孕育，再到亲子和教育。我们该如何应对这种用户的成长？

这时候，产品一般会面临两个选择：一是跟着原有用户做出相应改变，二是服务一批新用户。但事实上，产品该往哪个方向走，并不是由产品经理决定的，而是由产品团队和用户共同决定的。产品与用户在长时间的互动里已经形成了共生的关系，产品影响着用户，用户也影响着产品。

豆瓣的成长故事进一步告诉了我们产品和用户所发展起来的共生关系。

豆瓣最早的产品是"豆瓣读书"。但随着用户社交生态的形成，用户产生了除图书以外的其他社交需求，怎么办？于是，豆瓣做了"豆瓣小组"，用户可以去小组讨论各种奇怪的话题。没想到的是，"豆瓣小组"这项功能大受欢迎。没过多久，作为读书网站的豆瓣，最大的小组居然是"爱看电影"，这时"爱看电影"小组里的成员其实已经是一种新的用户角色了。于是豆瓣顺水推舟，又做了"豆瓣电影"，而另一些热衷音乐会、戏剧和讲座等线下活动的小组则催生出"豆瓣同城"。

豆瓣的演变告诉我们，产品和用户是一起成长的，产品会经历无数次"验证、爆发、平台、衰退"曲线的叠加，用一个又一个的版本迭代来应对用户的成长。只有接纳用户，让用户成为产品的重要组成部分，才能与用户共创一个庞大的生态系统。

小结

这一节我们介绍了产品的生命周期，产品人员和运营人员在不同阶段要做的事情各不相同。简单地说，验证期做留存，产品人员唱主角；爆发期做拉新，运营人员挑大梁；平台期做激活，双方协同作战；衰退期做变现，运营人员主导收尾。随着版本的迭代，成功的产品会呈现波浪式上升的曲线，把早期版本的衰退化于无形。

而从长期来看，产品和用户是协同演化的，产品和用户一起决定了整个生态的走向，我们要尊重自然规律，顺势而为。

思考题

请你试着用产品生命周期来分析一下手头的产品，它正处于什么阶段？你应该做哪些对应的动作？它从诞生到现在，用户又有哪些重要的变化？

扩展案例：iPhone 的前十三年

如果把 iPhone 每年推出的产品看作一代，到 2019 年时它已经推出了 13 代产品。iPhone 重新定义了手机，把我们真正带入了移动互联网时代。下面我们就来感受一下这款产品的生命周期。

第一代 iPhone 2G

2007 年初代 iPhone 诞生时，除系统应用外还没有 App 这些应用程序的概念，初代 iPhone 的系统也不支持多任务处理。但尽管如此，它的大屏幕、不可换电池、只有一个按键，以及多手指操作的"未来感"领先了同类产品至少五年。今天的我，依旧无法描述第一次见到两个指头缩放、旋转图片时带给我的震撼，而这种电容屏、多点触控的背后有着强大的技术支撑。当时手机行业的业内领袖 Nokia 还不认可 iPhone，但很快市面上所有手机都长成了 iPhone 的样子。

第一代 iPhone 属于验证期的产品，用真实市场验证了产品所包含的突破性创新的价值。

第二代 iPhone 3G

第二代 iPhone 在硬件上的改动虽然不大，但 App Store 的出现却有着重要意义。App Store 引入大量开发者来共建生态，并且对开发者们进行统一管理，小心翼翼地平衡着 App 生态圈的"开放与封闭"。同时这一代 iPhone 开始支持 3G 网络，各种联网 App 变得更加实用。这一代 iPhone 也是我使用的第一款 iPhone 产品，其 App 的便捷性比传统的智能手机好太多，它让手机变成了一个没事儿就可以玩的玩具，而不再只是一个通信工具。

第三代 iPhone 3GS

与以往版本相比，iPhone 3GS 的硬件性能大增，比如摄像头像素从 200 万增加到 320 万，在容量上也扩展出 32G 版本。这一代 iPhone 的大事是推出了应用内支付机制 IAP（In-App Purchase），使 App 生态圈的商业想象力大增，越来越多的开发者愿意参与进来。与用户共生、构建生态系统的产品发展路线，从这一代 iPhone 开始逐步成型，iPhone 出现了增长飞轮的迹象。

第四代 iPhone 4

这一代 iPhone 的外观发生了变化，但做出改变的不仅仅只是外观。首先是它的 Retina 屏幕，用过的人都称赞说"没法再用回以前的手机"了，然后才是放在今天依然经典的外观造型。而在内核芯片技术上，第四代 iPhone 终于用上了苹果公司自己的 A4 芯片。在软件方面，苹果正式把操作系统命名为 iOS，它支持多任务处理，出现了文件夹的概念，并且推出了 FaceTime 视频通话功能，与之匹配的硬件是第一次出现的前置摄像头。并且，这也是乔布斯亲自发布给世人的最后一个产品。

这一代 iPhone 的用户数开始暴增，产品从验证期进入了爆发期。

第五代 iPhone 4S

到了这一代 iPhone，Siri 出现了，不知你是否还能记起当初使用它的场景。同时，iCloud 的面世让"果粉"的多台设备成为一个整体，它在方便用户的同时也增加了用户迁移成本。这一代的 iPhone 摄像头用上了 800 万像素的镜头，加上优秀的软件算法，让不少人直接放弃了卡片相机。

第六代 iPhone 5

到了第六代，iPhone 坚持了 5 年的屏幕尺寸终于变大了一点点，准确来说是变长了，但拿在手里反而感到比以往的 iPhone 更轻。这一代首次使用了的 8pin 的数据线接口，让很多无法匹配的音响设备无比尴尬。Nano-SIM 卡也又一次引领了潮流。

第七代 iPhone 5S 和 5C

这一代iPhone首次搭载了指纹识别技术，这让它第一次同时满足了安全和便捷两大用户需求。此外，从这一代起，iOS的UI设计[1]从拟物化演变到扁平化，这引起了设计界巨大的争论，但这同时也是用户与市场成熟的象征——不再需要拟物的符号来提醒用户某个手机功能的图标到底是什么含义，而是需要更简洁高效的符号来降低用户在辨认手机上各类图标时的注意力成本。产品线开始细分是这一代较大的改变，iPhone同时推出了"土豪金"版本，以及平价的5C版本。对"土豪金"这一概念的打造是如此成功，以至于象征着高贵奢侈的"土豪金"配色被各行业的产品广泛使用。

第八代 iPhone 6 和 iPhone 6 Plus

第八代iPhone的外形尺寸变大，同时推出的Plus版本比同一代的iPhone 6 还要更大。在软件方面，Apple Pay和Apple Watch的应用都有很大的改进，在这个时期，苹果公司试图构建一个更加完整的生态。这一代的iOS 8 更加开放，iPhone新用户对越狱[2]的需求也逐渐减少。

这一代 iPhone 开始更多地和苹果的其他产品互动，增加单个用户的价值，也显露

1　UI 设计（或称界面设计）是指对软件的人机交互、操作逻辑、界面美观的整体设计。

2　获取 iOS 操作系统最高权限的一种技术手段，用户使用这种技术及软件可以获取到 iOS 的最高权限，甚至可以进一步解开运营商对手机网络的限制。

出了平台期的特性。

第九代 iPhone 6S 和 iPhone 6S Plus

这一代的产品主要是对 iPhone 6 及 iPhone 6 Plus 进行各种细节方面的小改进。同期，还推出了一款平价版的 5SE 版本。

第十代 iPhone 7 和 iPhone 7 Plus

这一代 iPhone 依然是在上一代基础上的小幅度改进。iPhone 7 Plus 的双摄像头设计成为了一大亮点。同时，这一代 iPhone 出现了新的配色"高级黑"。

第十一代 iPhone X 和 iPhone 8

这一代 iPhone 在命名上有了突破，X 是罗马字母 10，代表这款 iPhone X 与过去以阿拉伯数字作为编号的产品序列相比有着变革性的意义。同期苹果公司也推出了 iPhone 8。虽然 iPhone 8 的外形设计依然带着"刘海"，但 iPhone X 首次带来了全面屏技术，获得了大量关注。另外值得一提的创新还有 FaceID 刷脸解锁技术和当时尚未成熟的无线充电技术。

第十二代 iPhone XS

这一代 iPhone 的主要改进是实现了双卡双待。

第十三代 iPhone 11

这一代iPhone上出现的三摄系统[1]备受争议，虽然对比以往的iPhone产品，这一代的拍照体验有了重大升级，但横向比较华为等其他手机产品，iPhone 11 的拍照功能依然有不足之处。

随着全球手机行业的发展变化，我们能明显感受到华为的崛起，我身边有不少iPhone 的老用户已经投入了华为的怀抱，一代神机的平台期到底还能持续几年？iPhone 会重新掀起下一次爆发期，还是逐渐进入衰退期？只能靠时间来告诉我们答案了。

1　iPhone 11 的摄像机设置了超广角镜头、广角镜头、长焦镜头三种独立的镜头。

扩展话题：关于用户增长的小故事

在下文中，我会介绍一些自己接触过或者了解过的产品故事。通过这些故事，我们来看看如何在产品"爆发期"阶段做好用户增长的工作。

银行理财产品

某银行投入几万元资金组织了一个"广场舞大赛"。他们首先说动了各个小区里广场舞的资深爱好者，然后以病毒式传播的方式动员了几千名所在城市的"大妈"参加。这些"大妈"往往都掌握着家里的财政大权。然后，银行用一些价值并不高的生活用品、广场舞用具做奖品，搭售"专享"的理财产品。大赛结束后，银行还通过此前拿到的联系方式进行推广宣传，卖出了不少理财产品。

招聘产品经理

这是来自中关村的著名案例。某公司为了招产品经理，和西少爷肉夹馍合作，推出"产品经理套餐"，该套餐凭产品经理抬头的名片就可以 1 元购买。于是这家公司很快收集到了足够多的中关村地区知名互联网公司产品经理的名片。

寻找行业专家

如果想联络到一批行业专家，我们可以先在"知乎"上找到几个最有名的行业专家，然后看一下他关注的人，以及这些人的答题情况（当然，也可以直接看相关话题、问题下的答题情况）。如此延伸下去，在某个行业里找到上百个专家绝非难事。然后运用"知乎"的私信逐一联系，总是能联络上一批的。

扩展话题：像管理团队一样做用户运营

我刚开始管理一个小团队的时候，学过一种团队管理的方法，后来发现，它和用户运营的道理其实是相通的，在这里和大家分享一下。

使用这种方法时，会按照团队成员的能力意愿，把团队成员分配到四个象限，如图 5-7 所示。

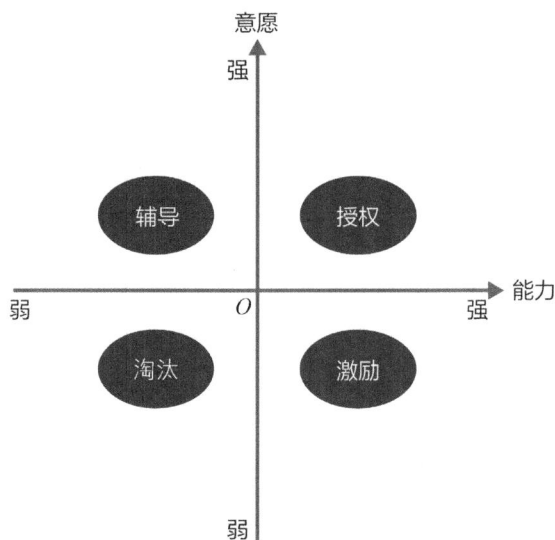

图 5-7　能力意愿四象限团队管理法

▶ **低能力低意愿**：这种员工基本上要放弃、淘汰掉。在这些人身上花费时间精力不值得，但很多"救火队员"式的管理者却喜欢这样做。

▶ **低能力高意愿**：这类员工通常是新人。他们满腔热情无处安放，所以针对这类成员主要是培训辅导，帮助提升能力。

▶ **高能力低意愿**：这类员工主要是企业中的"老油条"。我们需要激励他们，用钱用权用愿景等各种方式去点燃他们的热情。

▶ **高能力高意愿**：这类明星员工可以给予比较高的授权等级[1]。管理这种员工的主要方法就是授权，可以只给目标不管方法，让他们放手去做。但因为他们的能力很强，一旦跑偏，破坏力也很强，这是要特别注意的。

将这套方法迁移到用户运营上，我们也可以把用户按照能力（即对产品的熟悉度）和意愿（即对产品的忠诚度）分为四个象限。

▶ **低能力低意愿**：这是非目标用户，在这些人身上花费时间精力的投入产出比

1　第一级授权指所有的决策、执行都放手，主管只提供支持，但事后如果出问题，主管要承担连带责任；第二级授权指下属出方案，行动之前需要主管审批；第三级授权指允许下属参与讨论，出谋划策，但主管做决定；第四级授权指主管单向给下属下指令。

最低，特别是当我们需要付出金钱去"买"用户的时候，在这类用户身上的钱可以说是白花的，它仅仅对短期的"虚荣指标"有贡献。因此，对这类用户保持"广播式"的覆盖即可，后续慢慢影响他们。

▶ **低能力高意愿**：这类用户多见于新用户群体，做用户运营时，要做好"启程"模块，给他们一套新手上路和养成的办法，提升留存和转化。比如社交产品里让用户快速加到好友，以及游戏里的新手村任务等。

▶ **高能力低意愿**：针对这类老用户，我们要使用各种激活召回的手段。比如电商可以发点优惠券，社群可以组织一些资深用户的线下聚会。

▶ **高能力高意愿**：对于明星用户或者说种子用户，要做好维护，用授权的办法让他们能更多地帮到产品，这对应着"精通"模块。比如让这群用户来组织活动，给他们一些产品内的特权，如论坛的内容审核、版块管理权等。

看到这里我们可以发现，其实用户运营和团队管理这两个领域是相通的，有很多方法可以进行知识迁移。

5.2   真正的成功指标：让运营更有方向

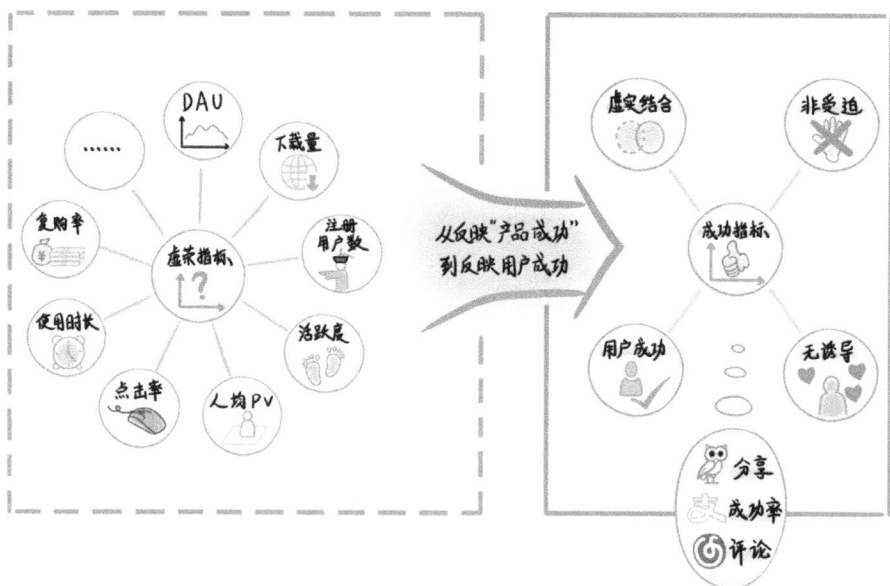

产品在每个阶段的成功与否是决定下一阶段对产品资源投入多少的关键。在运营推广过程中，衡量成功与否的办法是制定"成功指标"，即能体现出用户价值的指标。

指标作弊的泛滥

我看过一个段子：国外某特困县县长只花了几秒钟就搞定了"每个村都要通电"的指标，他的方法很简单，就是把某些没通电的村合并进已经通电的村子。

这样的行为虽然荒诞，但却说明只要团队有经验，在面对各种考核指标的时候，他们总能找到作弊的办法。类似的例子还有很多：

- ▶ 针对 DAU（Daily Active User，日活跃用户数）指标：买垃圾流量，做各种不靠谱的活动。

- ▶ 针对下载量指标：虚假宣传，夸大产品价值。

- ▶ 针对注册用户数指标：采用不考虑留存的注册返现。

- ▶ 针对活跃度指标：在活跃度的计算公式上做文章，在活跃度的定义上玩花样。

- ▶ 针对人均 PV（Page View，页面浏览量）指标：把一篇文章的内容刻意分成多个页面，让用户为了读一篇文章而浏览多个页面（人均停留时间也可以采取类似操作）。

- ▶ 针对点击率指标：在软件下载网站上做各种花花绿绿的"下载"按钮，让用户点好几次也不一定能点到真的下载链接。

- ▶ 针对使用时长指标：在后台运行，或者故意"迷惑"用户，让用户无法快速完成任务。

- ▶ 针对付费用户数指标：用首单只需 1 分钱吸引用户。

- ▶ 针对复购率指标：首单 9 块 9，第二单 1 毛钱。

······

我相信，不只是制定指标的人，哪怕是经常完成指标的被考核对象，也一定对上面这些投机取巧的做法深恶痛绝。但这一现象无法从根本上被消灭。怎样才能规避这些"作弊方法"，去制定真正的成功指标呢？我们需要在制定指标时使用一些原则。

制定成功指标的原则

关于成功指标，首先我们需要注意两点。

第一，成功指标要在项目开始执行前制定，不能在过程中根据实施情况调整。

如果在实施过程中没有遇到重大变化，我们不可以随便调整指标。而且如果指标最终总能完成，就失去了存在的意义。所以，我们更需要在行动开始前制定指标，即提前想清楚退出机制。这也是为了想清楚终止资源投入的条件。

第二，成功指标不能太"虚"也不能太"实"。指标太抽象就很难考核，太具体则很容易作弊。

多年前，马云对其下属子公司总裁的考核，就用过"让我满意"这样的虚化指标，可谓是非常难以捉摸了。而指标太过于具体也会带来问题。这里有两个略显搞笑的作弊例子：希望提升火车的上座率，于是干脆把车厢数减少，车厢一少，上座率自然就高了；要求校车零事故，于是干脆取消校车接送。

远视者把目的当手段，近视者把手段当目的。原本对考核的具化、量化只是一种实现目的的手段，但总会被一些"糊涂蛋"无意曲解，或者被一些"聪明人"有意利用。他们片面地追求数字，甚至不惜做出违背公司大目标的事情。

相信大家多少知道两大指标管理工具KPI[1]和OKR[2]的区别。两者各有其适用场景，而更倾向路径管理的OKR所强调的Objective（目标），就是为了解决舍本逐末的问题。

因此，我想找出一种不容易作弊且没那么抽象的衡量指标。幸运的是，我确实发现了一些原则。首先是SMART[3]管理原则，即指标要具体、可衡量、可达到、和大目标有相关性、有时间限制。这五点是为了保证指标"不那么抽象"。

那么，怎么做到"不容易作弊"呢？我想先用几个比较直观的例子来进行解释。

▶　　"得到"如何衡量成功？他们用的不是用户数、付费用户数、活跃度等指标，

1　KPI（Key Performance Indicator）即关键绩效指标，又称主要绩效指标、重要绩效指标、绩效评核指标等，是指衡量一个管理工作成效最重要的指标，是一项数据化管理的工具，必须是客观、可衡量的绩效指标。

2　OKR（Objectives and Key Result）即目标与关键成果法，是一套明确跟踪目标及其完成情况的管理工具和方法，由英特尔公司创始人安迪·葛洛夫发明。

3　即 Specific、Measurable、Attainable、Relevant、Time-based。

而是看用户对内容主动分享的相关数据。

▶ 早年的支付宝如何衡量成功？他们用的不是用户数、支付笔数、支付金额等指标，而是看用户的支付成功率。

▶ 网易云音乐如何衡量成功？他们用的不是用户数、歌曲数、用户使用时长等指标，而是看用户主动评论的相关数据。

对比总结一下，虚荣指标通常是公司利益的表达，是对公司有价值的；而好的指标是用户视角的表达，是对用户有价值的。这类指标也就是我认为的"成功指标"。

因此，我对成功指标的定义是：可以反映出用户非受迫、无诱导的成功行为的指标。有以下三个关键词。

▶ 非受迫：指用户没有被逼着做没价值的事情，或者被迫选择特别低效的解决方案。比如有些 App 里的"签到以后，才能正常使用"的功能。

▶ 无诱导：指用户的行为不是受到奖励、分红等利益诱导而产生的。比如有些微信群的群主经常会发一些自己写的文章，但只有发红包的时候，才有人转发。

▶ 成功行为：指的是指标考察的行为本身就为用户创造了价值，而不只对公司有价值。

除了这三个关键词，成功指标的制定还有一个大前提，那就是"真正的成功指标"要与正确的业务目标、产品的使命愿景价值观相契合。我们再来体会一下上面的例子：

▶ "得到"用户对内容的主动分享数据，体现了用户非受迫、无诱导的行为，用户价值是让朋友们听到了好的内容、自己获得了社交货币，且符合得到"服务终身学习者"的目标。

▶ 支付宝用户的支付成功率，体现了用户非受迫、无诱导的行为，用户价值显而易见，且符合支付宝当时希望提供更方便、安全的支付工具的目标。

▶ 网易云音乐用户的主动评论数据，体现了用户非受迫、无诱导的行为，用户价值是自我表达、互动分享，符合产品希望打造社区、音乐生活的目标。

小结

判断一个产品在各阶段是否成功，太抽象的指标难以考核，太具体的指标容易作弊。要想真正发挥出指标的作用，需要在遵循 SMART 原则的基础上，制定真正的成功指标。

成功指标是可以反映出用户非受迫、无诱导的成功行为，是真实反映成功和价值的指标，是推动增长的隐形引擎，是团队内部要重点关注的。

现实中虚荣指标也并非一无是处，在某些"对外"的场景下，它们也能发挥一定的价值。因为虚荣指标往往宏大而普遍，容易给人留下印象，所以我们可以用这些指标来谋求建立合作关系，赢得一些关注。

思考题

你还能想到哪些虚荣指标？或者你有没有亲身经历过的对虚荣指标"作弊"的案例？

扩展案例：闲鱼的成功指标

以闲鱼为案例，我们来分析一下它的成功指标是如何制定的。

闲鱼是阿里巴巴旗下的闲置商品交易平台，成立于 2014 年。截至 2019 年下半年，闲鱼已经收获了 3 亿多的用户，年均交易量超过了 1000 亿人民币。那么，闲鱼在最早的几个月，是如何制定成功指标，来完成从 0 到 1 的产品启动的呢？

首先，一个新的产品要创造使命。

闲鱼特别强调自己是"闲置平台"，而不是"二手平台"，这是为什么？

因为"二手"给人的感觉是旧的东西，是上不了台面的东西，是没钱的时候买的东西。如果闲鱼把自己定位为二手市场，那给人的感觉就是脏、乱、差，东西质量不高，好坏参差不齐，久而久之，就会导致劣币驱除良币。而"闲置"这个词就不一样了，它尚未有太多负面的意味，因此闲鱼可以重新定义这个词，赋予它"资源充分利用""互利""环保"这样的引申义。闲置市场还存在经营社区的可能，在这里，交易只是媒介，用户可以通过商品发现自己的同好，建立起可能的社交关系。于是，闲鱼就提炼出了几个和使命相关的关键词：环保、温度、互利、分享、社交，如图 5-8 所示。

图 5-8　闲置和二手的用户心智差异

有了使命之后，就需要给产品定一些原则来达成使命。

为了让闲鱼有温度，让用户能够热热闹闹地分享社交，就需要降低门槛，让用户随手拿来就能用。首先，要满足让用户随时随地都能使用的要求，那就要移动优先，做移动端而不做 PC 端；第二，用户进来以后要很方便地"启程"，也就是"新手上路"，所以操作流程要简单，注册、身份认证等过程都要省略，直接用淘宝或者支付宝登录认证；第三，交易过程要简单，卖家不用开店，随手拍照发布就可以卖，买家那边看到了感兴趣的商品，可以很方便地和卖家聊，双方聊开心了，要能很方便地买……

移动优先、人人可用、拍照就卖、时刻沟通、随时可买，这就是闲鱼的产品原则。

早期的闲鱼按照产品的业务目标、使命愿景等顺序制定了四个指标，都反映出了用户价值。

▶ 第一个指标，卖家商品发布的速度。卖家要能简单快速地把商品发出来。这是因为，作为一个交易平台，一切的基础是现有供给，而简单方便地发布商品，是减阻力增动力的要点，体现了产品对卖家的价值。

▶ 第二个指标，发布过商品的卖家数量。很显然，第一个指标达到了之后，第二个指标就相对容易。这个指标体现的用户价值，更多体现在买家端，因为发布的产品多了，买家在使用 App 时就有了"逛"的体验，也更容易发现自己需要的闲置商品。这时候，运营可以相应地做一些推广了。

▶ 第三个指标，聊天互动相关的数据。这背后体现的用户价值一方面是买家找到了自己需要的商品，于是更容易产生黏性；另一方面，卖家有了咨询的顾客，也更容易产生黏性。为了达成这个指标，闲鱼的做法是投入重兵自主研发聊天模块，让互动和交易模块更可控。

▶ 第四个指标，成交相关的数据。最终的成交结果，反映的是买卖双方的价值交换，双方都拿到了自己想要的结果。因为闲鱼自己做聊天模块，这时候就可以把付款功能集成在聊天界面，大大地提高了成交量。

以上几个成功指标达成后，闲鱼很快做到了 100 万 DAU。

其实，成功指标的概念也可以应用在非工作领域，对个人来说，读了多少本书、学了多少门课、听了多少分钟音频，本质上都是虚荣指标。所以，对于自我成长，应该定什么样的成功指标呢？就留给你自己思考吧。

5.3 提升效率：关于"做出来"和"推出去"

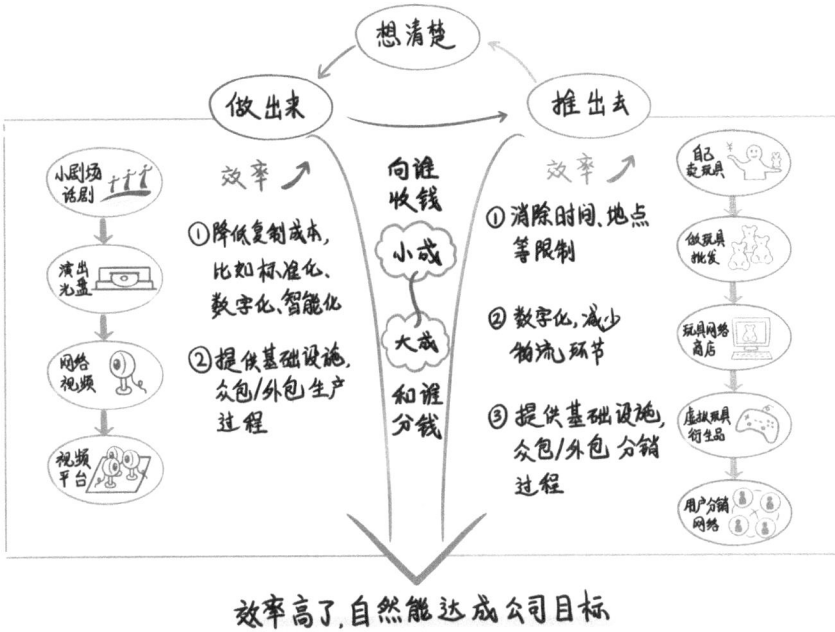

效率高了，自然能达成公司目标

有了成功指标，接下来就要去努力实现。在这个过程中，有很多需要注意的点，做好了，可以有效地提升我们"做出来"和"推出去"的效率。产品创新的从无到有在我看来其实就是"三句话，九个字"——**想清楚、做出来、推出去**。它们分别对应着高科技公司里最重要的三种岗位——广义的产品岗、广义的技术岗、广义的运营岗。

我认识一家小工作室，他们主要负责帮客户做诸如用户需求细化、产品文档编写、产品原型制作、竞品分析等产品外包工作。这家工作室的交付质量很高，但活得并不那么滋润。因为他们的交付成本太高，以至于最多同时只能接三个客户。想多赚钱的话，他们的交付质量就会下降，可从长期看，如果没了口碑，以后也赚不到钱。

在我看来，这其实就是产品服务系统"做出来"的效率太低了。"做出来"的效率，在管理学中专业的说法是**"生产制造的可扩展性"**。比如，一款产品如果给 10 倍的用户使用，那么这款产品在生产制造上的成本提升是多少？如果成本提升得少，即可变成本远低于固定成本，就是可扩展性高。

我之前做过一个知识付费类产品，可以简单地将它理解成 2B 的"在行"[1]。但这个产品最终被放弃了，其中一个重要因素就是获客成本居高不下。因为哪怕是客单价两三千的业务，但由于对方是企业客户，得反复沟通，而且只打电话是不行的，得见面谈，甚至需要提供试听服务。这就会造成"推出去"的效率太低。

描述"推出去"效率的专业用语为**"销售传播的可扩展性"**。同样的比方，一款产品给 10 倍的用户使用，它在销售传播上的成本提升是多少？如果成本提升得少，就是可扩展性高。

提升"做出来"和"推出去"的效率

如何提升"做出来"的效率？我想用一个内容行业的例子来说明。

如果一场戏的产品形态是在小剧场里演的话剧，则生产制造的可扩展性就很低，因为要满足 10 倍的用户，就得演 10 次。

但如果改变模式，只演一次，然后将这一场演出录下来，做成光盘，以光盘作为产品形态交付，那么满足 10 倍的用户，生产成本则大大低于原先成本的 10 倍。

1　通过"在行"，用户可以约见不同领域的行家，与他们进行一对一的见面约谈。

沿着这一思路继续思考，我们可以把光盘的内容上传，做成在线视频，如此就进一步降低了满足更多用户所要付出的成本。这种情况下，除非提供新的内容，否则单用户成本已经是极低了。

再进一步优化，如果我们能提供一系列好工具，把内容的生产制造分包给各种用户，像抖音、快手那样，平台自发产生源源不断的新内容，而不是自己做，则成本可以再一次降低，整个过程如图 5-9 所示。

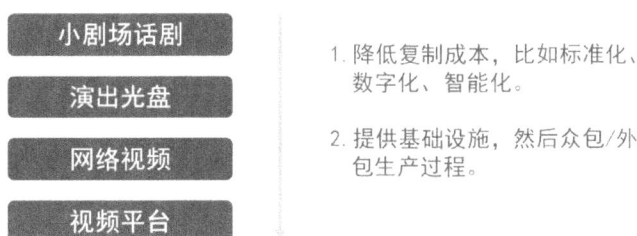

图 5-9 如何提升 "做出来" 的效率

结合上面的例子，提升生产制造效率的常见做法有以下两种:

第一，降低复制成本，比如标准化、数字化、智能化。

第二，提供基础设施，然后众包/外包生产过程。

那如何提高 "推出去" 的效率呢? 我们通过一个零售行业的例子来看看。

村里老王的手艺很好，时不时会做一些小孩子玩的木头人玩具。最早，他会在逢年过节的时候拿到镇上的庙会卖。这时候的销售传播成本是最高的，因为限定了时间、地点，如果他想要卖给 10 倍的用户，就必须付出很大的额外成本，比如等待庙会时间、赶到其他镇子。

后来，老王发现卖玩具是一个挺好的生意，为了提升分销效率，他决定把做好的玩具放到每个村头的小卖部寄售，然后给小卖部分成，这样每个村子的小孩都能随时买到玩具了。

老王的生意越做越好，他听年轻人的话开了网店，做了在线广告。之后，全国各地的小孩在任何时间都能买到他做的玩具了。老王也成立了公司，制作出了以他的木头小人玩具为主角的动画、漫画衍生品，因为是数字化产品，所以分销起来连物流成本都省了。

又过了一段时间，老王受到拼多多、趣头条这样的产品的启发，让曾经买过他产品的广大家长用户加入，一起进行销售传播，建立起了自己的用户分销网络，整个过程如图 5-10 所示。

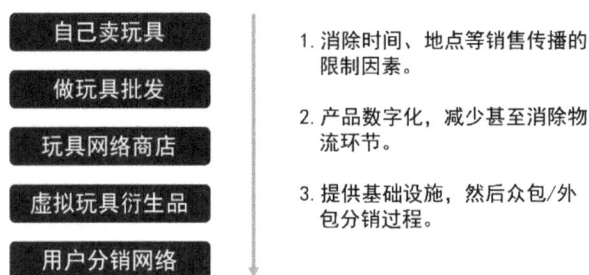

图 5-10　如何提升"推出去"的效率

通过上面这个虚构的故事，我们可以总结出三种提升销售传播效率的常见做法：

第一，消除时间、地点等销售传播的限制因素。

第二，产品数字化，减少甚至消除物流环节。

第三，提供基础设施，然后众包/外包分销过程。

从以上"做出来"和"推出去"的效率提升中，我们其实也能看到一些大趋势。首先，产品交付从实到虚，再到虚实结合，这是因为人们不能只活在数字世界里；其次，效率高的产品供给方都会渐渐演变成平台，让更多的玩家、更多的用户参与到"做"和"推"的过程中。我们可以发现，从BAT[1]到TMD[2]，这些成为行业巨头的公司，都有几分平台的样子。

1　BAT，百度（Baidu）、阿里巴巴（Alibaba）、腾讯（Tencent）的简称。

2　TMD，今日头条、美团、滴滴的简称。

小结

我对产品从无到有这一过程的描述是"想清楚、做出来、推出去"。产品好不好，除了"想清楚"本身，还要看"做出来"和"推出去"的效率。

提升"做出来"的效率有两个做法：降低复制成本和提供基础设施。提升"推出去"的效率有三个做法：消除销售传播的限制因素、产品数字化、提供基础设施。只要效率高了，赚到钱、达成公司目标，就是自然而然的结果。

思考题

对应自己负责的产品，想想有哪些可以提升"做出来"和"推出去"效率的做法？

扩展案例："双 11"的"做出来"和"推出去"

2009 年之后，每年 11 月都有一个被热议的话题——"双 11"购物节。我们接下来从产品的角度看一看，这么多年，它在"做出来"和"推出去"的效率上都有哪些改进呢？

我先从一个亲历者的角度介绍一下淘宝在 2010 年以前做大型促销活动时的情景。

当时，我们需要每天从 0 点到 24 点，以小时为单位，给重点商家打电话询问客服压力、销量、库存情况，再查看活动页面的流量情况，然后调整接下来一个小时的策略。

比如发现阿迪达斯的新货快卖完了，运营人员就要把它在活动页面的位置往暗处调一调；发现李宁的商品订单数开始加速上升，不管什么原因，先把李宁的商品调整到明显的位置。这种做法就需要很多客服随时待命。

又如，如果发现某商家男鞋交易情况不乐观，是因为客服承接不住海量的咨询，我们就得赶紧打电话让商家临时增加客服数（此类客服的工作，一般商家都是外包给专业公司负责，可以临时调拨人手）。

2009 年的第一届"双 11"购物节基本上就是这种混乱的状态。而 2010 年的"双 11"购物节则是我认为最有纪念意义的。不仅因为那是我第一次参与的"双 11"购物节，而且从客观上看，2010 年也确实是最超出预期的一年。当时内部员工之间有个赌局，看谁能猜中最终的交易额。大多数人猜 2 亿左右，少数乐观的人也只猜 3 亿，毕竟 2009 年的交易额才 5000 万。但没想到的是，最终交易额达到了 9.36 亿。这是将近 2000% 的增长，后面每一年的增长率，再也没可能达到这样令人吃惊的 4 位数了。当时，无论是最核心的"双 11"指挥部还是数据团队都难以相信这一数字。

而支撑这样一个庞大的交易数据量，不仅对当时的阿里巴巴来说是个巨大的挑战，对当年的整个电商界来说，都可谓是只能勉强完成的任务。很多操作和困难都是现在难以想象的。比如：

活动前需要买多少流量、买哪里的流量？这些问题无从下手。

只能通过人工调整活动页面的"海景房[1]"。

库存数据没打通，所以我们只能通过旺旺群和商家沟通。

卖家同行间互相导流，看似一片和谐，但这是流量运营低效的表现。

卖家没办法实时了解自己到底卖了多少，要等淘宝算几个小时以后告诉他。

买家还不习惯把钱放进支付宝，于是付款时银行支付系统接连宕机。[2]

物流爆仓、商品积压，物流和仓储的数据不仅有缺失，彼此还对不上。对此，我们只能慢慢发货，这个过程一直延续到月底、年底，甚至春节前。

……

所有的一切都在倒逼淘宝提升"做出来"和"推出去"的效率。

后来，在产品技术的帮助下，淘宝将所有的数据都抓在了自己手里，从而在很大程度上实现了活动策略的自动化调整，大型促销时再也不会像从前一样慌乱了。

比如，在后来举行大型促销的时候，每天从早上 0 点到晚上 24 点，我们实时监控活动页面的流量引入情况、商家/商品流量转化情况、商家客服的承接能力、商家库存的余量等各种数据，并实时调整接下来的策略，在活动页面上实现了自动化调整。在

---

[1]　淘宝内部对购物节中的主推单品的称呼。

[2]　虽然淘宝跟银行提前打过招呼，但银行并不重视。有趣的是，支付宝的同事也打了个赌，看哪家银行能撑得住支付系统的压力。结果，工商银行是唯一幸存的。这种情况从 2011 年开始有所好转。

此基础上，我们再利用人工智能 AI 技术针对不同用户做到"千人千面"的活动页面展示，比如鹿班系统在一秒钟内就可以生成 8000 张活动页面上的图片。

这是在"做出来"的层面提高了效率，借助标准化、数字化、智能化的产品技术，降低了复制成本。

后期，阿里巴巴给生态系统里的各路玩家助力，随着菜鸟网络、阿里云、蚂蚁金服的建设，整个社会上有越来越多的人和组织参与到"双 11"购物节中，比如物流、软件、金融，还有各种客服外包公司（后来有了 AI 客服机器人，可以节省绝大部分人工应答，这也是一种智能化的提升）。此后每年 11 月初，我们都能看到各种活动横幅，促销氛围很浓，大家一起把"双 11"购物节做大了。

这也是在"做出来"的层面，为参与者提供基础设施，然后通过众包/外包促进生产的过程。

"推出去"方面的效率提升大多隐藏在幕后，可能并不能被外人直接接触和感知，这里简单总结如下。

▶　第一，消除时间、地点等销售传播的限制因素。因为淘宝本身就是电商平台，所以早期的销售传播就已经很高效了。而后来，很多公司都会在"双 11"期间对客服团队进行弹性扩容，由于这些临时员工并不需要在一起办公，也相应地减少了时间和地点的限制。

▶　第二，将产品数字化并且减少甚至消除物流环节。实体货物是必须发货的，但整个过程的信息化管理大大提升了从发货到收货的效率。如今很多"双 11"的货物都可以达到和平时一样的投递速度。

▶　第三，提供基础设施，然后做好众包/外包的分销过程。这和"做出来"一样，由于整个生态系统的完善，2009 年之后的"双 11"购物节除了阿里巴巴，各种商家、物流、金融等公司也都在大力宣传，唯恐缺席了这场全民盛宴。

现在，系统化与自动化产品越来越多，比如已经有了很多"优雅降级"的开关，当流量过大时，只要调整开关，就可以保证系统平稳运行，甚至这些开关可以自动完成状态变化。"双 11"购物节的幕后团队就像一个坐在不断自我升级的自动驾驶汽车里的人类司机。智能化的成果来自信息技术的创新与进步，而我们要将科技与既往的工作经验相结合，才能实实在在地应用到具体的工作中。

5.4　商业化：赚钱的方式与模式

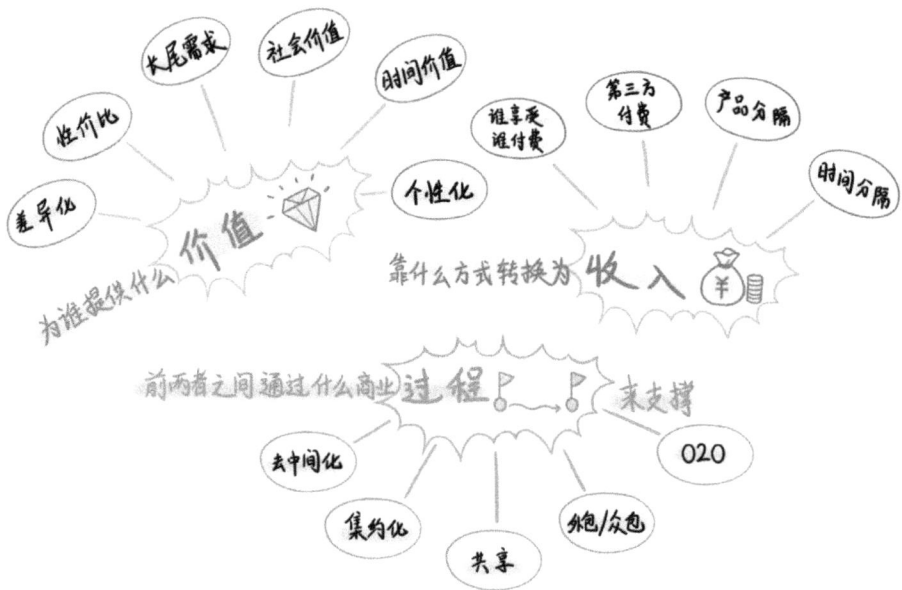

产品"推"到一定程度以后，我们就必须开始思考商业化的事情了。因为此时产品服务的用户越来越多，成本也就越来越大，没有收入将难以为继。这一节我们就来谈谈怎么获得收入、怎么盈利。收入的获得源于用户对价值的认可，而盈利则还要考虑成本的问题，背后体现了"做出来""推出去"等工作环节的运作效率。

一道有趣的思考题

在进入主题之前，我想请大家思考一道题：

假设某新款 Pad 的市场零售价是 2400 元，进货价为 2000 元，但现在限定你只能以 1800 元的价格出售这台 Pad，并且要求不停地销售、不断地赚钱。请你思考一下该如何做？

这是一个看似无解的题目，但事实上是存在实现的可能性的。有以下八种思路：

第一种思路：第三方付费

这种思路的核心是让第三方承担部分成本。比如早年的运营商定制手机。通过大客户预装软件、加各种广告等形式，销售方在零售之前就已经获取了一笔收入。这样的话，终端卖 1800 元也不无可能。

第二种思路：做会员体系

通过建立会员体系，我们增加一些增值服务，如新机优先购买、包邮，等等。购买了会员的用户能享受 1800 元的终端会员价，这与 2400 元的市场价形成了巨大差异，但是我们可以通过提升用户 LTV（Life Time Value，生命周期总价值）把差价赚回来。Amazon Prime、淘宝 88VIP、Costco 会员等机制就是运用了这种方法。

第三种思路：搭售其他商品

这种思路中，Pad 产品是引流款，其他商品才是利润款。我们不能让用户只买引流款，而是要搭售一些利润款商品，甚至是希望清库存的商品，并要求总价超过一定数值，才能享受 1800 元的价格。

第四种思路：卖配件

配件可以是音箱、耳机、手写笔、键盘，等等。如果消费者想以 1800 元购买 Pad，就必须同时购买一些配件。而消费者在进行大额消费的时候，往往不会在意小金额商品的价格到底是贵还是便宜。这也是 4S 店的常用手段——比如车价优惠的前提条件是加购一万元精品装饰。

第五种思路：卖软件

这种思路是将 Pad 产品和付费软件打包在一起销售。如果用户想花 1800 元购买，就必须选几个付费软件一起下单，比如音乐软件、影视软件、学习软件等，然后我们再和这些软件的供应商谈分销价，从中间获利，以补贴部分差价。

第六种思路：卖后续服务

这种思路是在销售 Pad 时搭售一些诸如安装 App、答疑、维护的服务，主要针对老年人和时间宝贵的用户。早在 21 世纪初，就有些电脑零售商提供过类似的服务，比如上门杀毒、重装系统等服务。

第七种思路：与金融服务公司合作

向用户推广不同的金融工具，从搭售金融产品的收入中获得利润。比如：

▶   匹配如碎屏险、延长保修等保险服务，从中获取保险公司的返点。

▶   采用和汽车金融类似的运作方式，通过支持用户分期付款，拿资方公司返点。

▶   采用预售的销售方式。比如让用户提前付款预订一年后的产品，这段时间差里沉淀的资金就可以用来获取其他收益。

第八种思路：卖多次

运用饥饿营销的手段，我们让愿意尝鲜的发烧友在"一机难求"的时候可以用 1800元买到最新款，但同步要求其签订回收换新合约，即出新款后，他们必须再付 900 元换新机，同时上交原先的旧机。而旧机回收翻新后，我们可以以 1200 元的价格卖给另一批要求价格实惠的用户。

以上，我们做了一个商业化课题的小练习，相信你或多或少得到了一些启发。

我曾从一位教授那里听到过这样一句话：商业的基础是市场经济，市场经济的基本行为是交易，交易的本质是价值交换。可以用这样一句话来概括所有的商业模式：为谁提供什么价值，靠什么方式转换为收入，这两者之间通过什么商业过程来支撑。

因此，商业化的要点就在于价值、收入和过程这三点上。

价值的类型

商业化的价值是指用户视角下的价值。常见的有以下几种：

第一种：差异化价值

差异化不是指产品本身的区别，比如采用的技术方案不同，而是产品在用户眼中的不同。例如有些视频作品的官方会放出"泄露版"，但这个版本与正式版有画质差别，这样就会凸显正式版的差异化价值，而泄露事件本身也是一次营销行为。

第二种：高性价比价值

高端产品对性能质量要求很高，低端产品对便宜的追求永无止境，因此这两者都很难实现高性价比。而中端产品在性价比上有较大提升空间，我们可以找一个用户熟悉的价值锚点[1]和标杆产品，来凸显"准高端的品质，准低端的价格"，比如国内对标无印良品的网易严选、淘宝心选、小米有品等。

第三种：长尾需求价值

长尾需求价值的例子中最经典的就是亚马逊。原来在线下书店，因为受有限货架的限制，有很多小众图书都买不到，而后来亚马逊就满足了这一需求，由此打开了长尾需求的市场。

第四种：社交价值

社交价值是指用户心理上的认知，它体现在与人互动的过程中。如早期的 iPhone、特斯拉等产品。人们可以用这些产品来给自己"贴金"。各种奢侈品、高端品牌也有类似的社交价值溢价。

---

[1]　商品价值的对比标杆。

第五种：时间价值

时间价值是指从时间角度思考，如何给用户带来价值。比如有效利用用户的碎片化时间，现在一些音频内容产品就是这样做的；又如用户可以通过额外付费而"提前"使用某产品，如一些视频网站上"再付 6 元，提前看 6 集"的收费模式。

第六种：个性化价值

个性化价值是指产品针对不同用户做到"千人千面"。比如传统的内容推送产品与基于大数据的智能推送产品相比，前者只能给所有人看同样的内容，后者则可以针对每个用户提供特定的内容。当然，这背后要依托于大量的数据积累，才能实现这种智能行为。

收入的类型

接下来，我们再看看收入的种类：

第一种：用户直接付费

这一种最为常见。这种情况下，客户与终端用户重叠为同一自然人或组织实体。

第二种：常见于互联网产品的第三方付费

这种情况下，客户与终端用户分离，付钱的人和使用产品的人不是同一方，比如一款内容产品的广告模式：终端用户可以免费看资讯、短视频，但费用是由投广告的企业支付的。

有时，一个产品有无收入、是否免费，并不像表面看上去那样简单。一个看似免费的产品，也可能有隐藏的收入。我们可以从产品分隔和时间分隔两方面来看。

按照产品分隔，可以细分为以下几种：

▶ 主机和配件模式。收入往往会体现在配件上，比如剃须刀和刀片，打印机和墨盒等，配件是可以和主机相互搭配的高消耗物品。这背后的抽象规则是"高价低频免费，低价高频付费"。这种模式通过免费的主机先抓住用户，然后用配件不断获取收入。

▶ 流量款和变现款模式。比较常见的流量款有餐馆的特价菜、软件的免费试用。

它与上一种相反，背后的抽象规则是"低价高频免费，高价低频付费"。这种模式通过降低用户的尝试成本（流量款），获取信任之后，让用户在其他地方（变现款）支付更多费用。

▶ 产品和服务分拆模式。这种模式下的产品硬件免费，但服务是收费的。比如早年的固定电话是有初装费的，后来，安装电话免费了，只收后续的通话费用。这一点，我们可以参考 5.1 节"产品服务系统"的概念，它属于从实体导向转移到使用导向。

时间分隔则以时间为考虑维度。比如使用分期付款模式的产品，以及有众筹属性的预售产品，就是先用很低的收费标准，甚至免费来吸引用户，等用户熟悉了产品再进行收费。

收入与产品价格及价值密切相关，但我们时常会发现一些产品价格明显低于价值，企业这么做肯定亏本，但为什么还要这么做呢？可能有如下两个原因：

▶ 与免费提供相比，设置较低的价格是为了提高产品的使用门槛，通过过滤客户以降低服务成本。因为企业方更看重高质量用户，不想把精力耗在"羊毛党"身上。比如有些只卖 9 块 9 的高质量网课。

▶ 把差价视为营销费用，直接返还给客户。但这一做法的前提条件是"用户 LTV > 差价"，或者把用户视为营销资源，期待通过他们的"私域流量"获取更多用户。比如拼多多、部分微商的营销手段。

过程的类型

各种商业过程在本质上都是为了降低成本、提高效率、挤出利润空间。常见的做法有以下几种。

第一种：去中间化

这一做法的核心即直销、脱媒。互联网天生就具有供需直连、脱媒的特性，比如我们经常听到的广告语"没有中间商赚差价"。从用户生态的视角看，去中间化减少了参与分取利润的用户角色。这样一来，在创造的总价值不变的前提下，每个角色的利润空间都有可能增加。

第二种：集约化

这种做法也叫工厂化，它的特点是通过扩大规模提升效率。比如餐饮连锁店的中央厨房可以把各种食材集中加工，效率远高于每个门店做同样的事情。又如在线教育的教研室集中研发课程和教材，节省了每个老师的时间。

第三种：共享

企业有一定的资源储备后，可以考虑做平台。比较典型的企业有 Airbnb、Uber 等。Airbnb 自己没有一间房，Uber 自己没有一辆车，它们只提供了一个平台，链接用户和产品。但是，任何公司若一开始就做平台则必败无疑，因为平台是资源积累到一定程度以后演化出来的，而不是凭空搭建出来的。

第四种：外包/众包

有些任务，我们可以通过松散合作来降本增效。21 世纪初诞生的维基百科就已经在用众包的方式编辑内容。现在，越来越多的企业，把越来越多的任务外包/众包给非正式员工，通过采购各种第三方服务的方式来提升效率。毕竟，公司的边界本来就是动态的，要不断权衡"把一件事放在内部做还是和外部合作"，最终选择二者中效率更高的方式。

第五种：O2O[1]

通过线上线下的互补、错位来提升效率。比如阿里巴巴旗下的盒马鲜生。因为阿里巴巴掌握有大量的数据，所以可以明确地知道要选哪里开店、开多大的店、卖哪些商品。它的门店采用的是前置仓[2]，再加上"3 公里 30 分钟送货到家"的规则，实现了终端配送、无须冷链，降低了成本。

了解了商业化的三大要点，再回看如今成功的商业化产品，我们可以发现，他们的商业化模式几乎都是对以上几种价值、收入、过程类型的排列组合。比如：抖音让内容消费者可以看到自己感兴趣的个性化内容，采取第三方付费的方式获取收入（如广告主付费），并且通过把优质内容外包给很多内容生产者的方式，实现了降本增效。

---

1 O2O，是 Online To Offline 的缩写，是指将线下的商务机会与互联网结合，让互联网成为线下交易的平台。

2 目前，虽然盒马鲜生正在淘汰单纯的前置仓，代之以盒马 mini 门店，但 mini 门店也包含了前置仓的功能。

某二手车 App 为了让买家买到性价比更高的车，搭建了去中介化的网络平台来取代传统中间商，建立了集约化的智能车价评估系统来替代传统的人工咨询服务。同时，他们根据市场供需情况向买方或卖方收取远少于传统中介的"手续费"，并且，买家可以选择分期付款。这样一来，它在平台化运作的同时，让自己的利润实现了增长。

小结

一个产品在探索商业化的过程中需要想清楚以下三个问题：

- ▶ 为谁提供什么价值？

- ▶ 靠什么方式转换为收入？

- ▶ 价值和收入之间通过什么商业过程来支撑？

思考题

价值、收入、过程，每个关键词都有多种常见类型，可以将这些类型进行排列组合。请大家思考一下哪些类型可以套用到自己负责的产品上。

扩展案例：一个网红的进化之路

对应前文的内容，我们可以通过一个真实的案例看看"网红"这个产品是如何一步步商业化的。

一位年轻人小 A 因为有点个人才艺，闲着无聊便做起了直播。当时，只有零星的几个粉丝会给他打赏，他也并没有考虑将自己的直播内容商业化。

后来随着人气越来越旺，小 A 慢慢发现，打赏变成了一笔不小的收入，甚至已经超过了他本职工作的收入。于是，他开始用心琢磨怎么更好地和粉丝互动，怎么良性地增粉、鼓励打赏。因为直播占用的时间越来越多，他干脆辞去了工作，转型做起了专职主播。

某一次直播时，有一个网友问他刚才吃的零食是什么、在哪里买的，他正好买了很多零食，于是本着"宠粉"的态度对粉丝说，干脆我给你寄一点吧。这个粉丝很开心，给他打赏了一大笔钱，而其他粉丝看到这个情况也跃跃欲试。渐渐地，直播里出现的各种零食、穿的衣服、桌上的生活用品都有粉丝想买。小 A 盘算，自己干脆开始带货吧。于是，他变成了卖货的主播。

日子一天天过去，小 A 的粉丝更多了。但卖货的数量增加以后，小 A 发现自己的发展瓶颈是时间不够用。因为自己每天做几个小时直播就已经很累了，还有诸如选品、供应商谈判、仓储等诸多事情需要操心，这让他个人有限的时间和精力根本分配不过来。这时候，他决定开展正规化的公司运作，组建团队，让大家分工协作，一起把卖货的生意做大。

但瓶颈依然存在。虽然粉丝流量很大，寻求合作的商家也不少，但一天的直播中能展示的货品很有限，很多商家的商品都排不上档期，这该怎么办？小 A 想到了复制自己的带货能力。他把自己转型做带货主播的经历制作成 SOP（Standard Operation Procedure，标准作业程序）教给后辈，把自己的粉丝分流给其他有潜力的新主播，自己则统一供货。于是，公司除了小 A 自己卖货，也开始孵化小网红，用占股、分润等方式从这些小网红身上获利。

再后来，小 A 的公司做成了平台，进入良性循环：公司卖货越来越多，获得了规模优势，而且通过向上整合供应链，公司对商品定价越来越有话语权。小 A 甚至打算利用自己"草根逆袭"的人设，推出自己的品牌、收购一些工厂、建立研发体系，做一些原创的、有性价比的商品……

如今，这个年轻人的故事还在继续。

第 6 章
复制组合：MVV Portfolio

从这一章开始，我们的思路就要从个体产品扩展到产品群了。在本章中，我们将聊聊产品线、产品矩阵、产品组合的话题。某种程度上讲，我们也可以把单个产品看成是一个产品矩阵，在这个矩阵里的产品，就是一个个功能模块。如果说一个产品的成功靠的是业务能力，那一个个产品不断的成功，甚至跨行业、跨周期的成功，就得靠"长期主义[1]"了，这一坚持背后的本质要素是组织团队。

这一阶段属于产品创新过程中的"可复制"阶段，对应着"复制冲刺"的方法论。我们需探索"定位与资源的匹配"，其中的重点在于"矩阵管理"，寻求"二次创新"。

6.1 节，会聊聊从单一产品到产品矩阵的发展过程，以及一个产品要具备何种特质，才可以成功地融入产品矩阵中。

6.2 节，会聊聊关于团队的微观话题，即如何提升沟通协作的效率。

6.3 节，会聊聊团队的宏观话题，即组织文化。

1　一种持续地、长期地守住目标的行为模式。

6.4节，将站在公司整体和行业的层面，看看大周期的演化能给我们带来什么启发。

	大阶段	MVVP的P	DS的D	验证重点	职能细分	商业节点
前产品阶段	想清楚	案头工作 Paperwork	探索冲刺 Discovery Sprint	PSF 问题与 方法匹配	产品规划	概念筛选
		原型设计 Prototype	设计冲刺 Design Sprint		产品设计	评审立项
产品阶段	做出来	产品开发 Product	开发冲刺 Development Sprint	PMF 产品与 市场匹配	产品管理	是否发布
	推出去	运营推广 Promotion	分销冲刺 Distribution Sprint		产品运营	是否推广
产品矩阵阶段	可复制	复制组合 Portfolio	复制冲刺 Duplication Sprint	PRF 定位与 资源匹配	矩阵管理	二次创新

6.1 从产品到产品矩阵：可复用、能积累、善生死

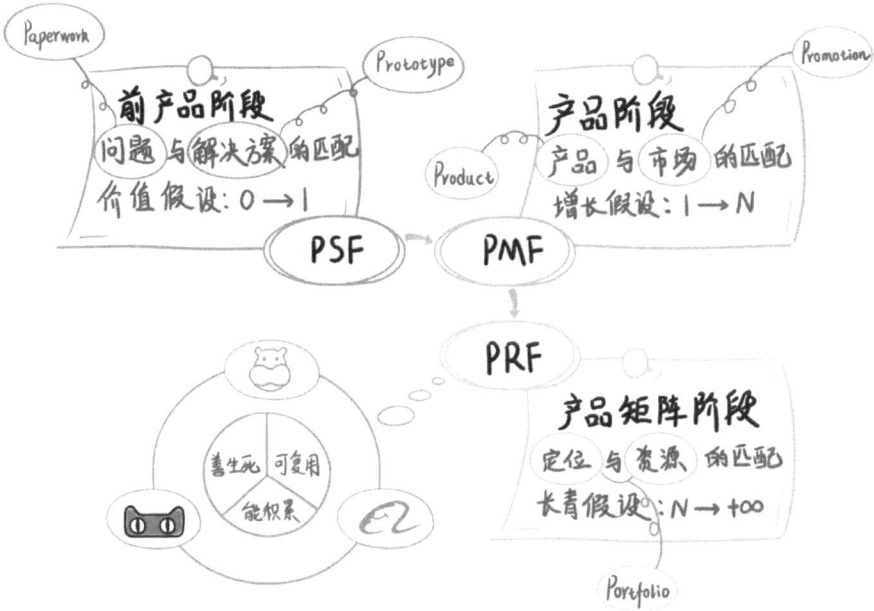

我认识的很多团队，都推出过某种程度上的成功产品。但正如前文所讲的那样，任何一个产品都有它的生命周期。当一个产品到了它生命的末期，团队想推出第二款全新的产品时，就会发现二次创新一点儿都不比从头打磨一个新产品简单。而且，对于核心团队来说，这时候还会碰到一个全新的挑战。俗话说，由俭入奢易，由奢入俭难——当团队已经体验过成功并获得过巨大的收益，却要再次从头起步时，心态和从零开始时是完全不一样的。

不过，这时候和一穷二白的初始状态最大的不同是，团队手里已经有了一些资源，这些资源可能是用户、可能是数据，也可能是一些经验。那么，要怎么利用这些资源，才能在二次创新时扬长避短呢？

从 PSF 到 PMF 再到 PRF

任何一家公司，单一产品阶段和产品矩阵阶段需要验证的假设不同，需要具备的能力也不同。我先从全新的角度梳理一下，看看我们是如何从无到有，再从单一产品走向产品矩阵的。这个过程可以总结为"从 PSF 到 PMF 再到 PRF"，如图 6-1 所示。

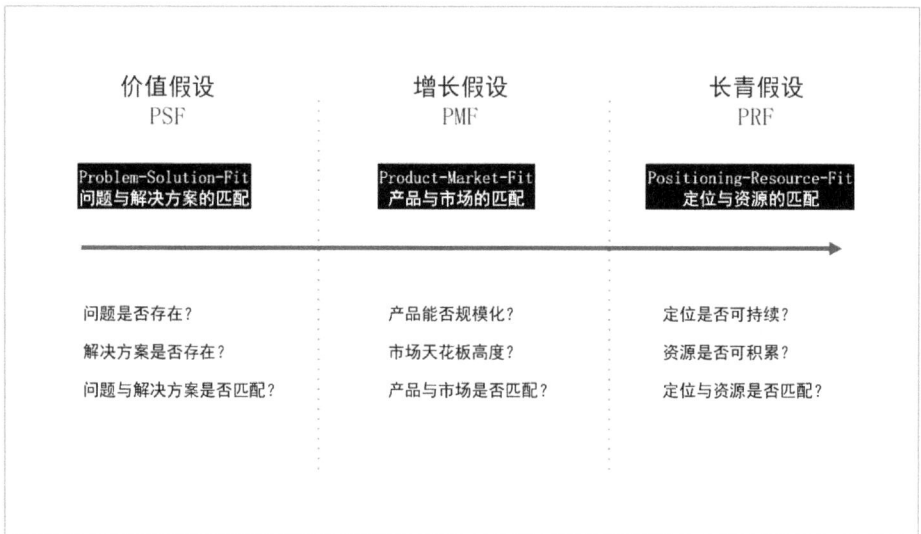

图 6-1　从 PSF 到 PMF 再到 PRF

PSF，即 Problem-Solution-Fit，意为问题与解决方案的匹配。这是价值假设，相当于从 0 到 1 的过程，它对应着**"前产品阶段"**。

PMF，即 Product-Market-Fit，意为产品与市场的匹配。这是增长假设，是从 1 到 N 的过程，它对应着**"产品阶段"**。

PRF，即 Positioning-Resource-Fit，意为定位与资源的匹配。这是长青假设，是从 N 到正无穷的过程，它对应着**"产品矩阵阶段"**。

价值假设（PSF）：问题与解决方案的匹配

PSF 要验证的是价值，即问题对不对、解决方案对不对。它对应着前两轮 MVVP，也就是 Paperwork 和 Prototype 阶段。这一阶段中常见的错误有三点：

第一，假设的问题并不存在，只是我们臆想出来的。

比如这样的问题：

▶　夫妻店的账目算不清楚，需要一个财务管理软件。

▶　坐同一趟高铁的人，有社交互动的需求。

这样的例子还有很多。如果把自己产品想做的功能列出来，我们也许就能发现一堆。而类似的错误，我们可以通过 3.5 节的"点子过滤器"来避免。

第二，解决方案不存在。

它指的是根本无解的事。比如：

▶　每个创业者都想拿到投资，我们没办法解决。

▶　每个病人都想要特效药，我们没办法解决。

▶　每个投资者都想要风险小收益高的理财产品，我们也没办法解决。

想知道到底有没有解决方案，可以咨询相关领域的专家，他们可以告诉我们答案。

第三，假设的问题真实存在，解决方案也可行，但是问题和解决方案不匹配。

这就好比用户要的是垂杨柳，你硬要塞给他黄花鱼，这怎么能行呢？这个错误我们可以通过 3.3 节"设计冲刺"方法里的用户测试来发现并避免。

增长假设（PMF）：产品与市场的匹配

只有问题和解决方案匹配后，产品进入了 PSF 阶段，我们才算有了一个产品，也就是 PMF 中的 P——Product。这时候，产品创新的重点就变成了第三、第四轮 MMVP，即 Product 和 Promotion 阶段相关的内容了。

PMF 强调产品与市场的匹配。在这一阶段中，我们要验证的是"增长"，也就是产品生产分销的可扩展性好不好、市场潜力是不是足够大、用户是不是足够多，等等。产品与市场的匹配过程中也有几种常见的错误。

第一，产品本身无法规模化。

有些产品只是解决单次问题时的灵光一现，就像很多传统匠人所做的产品有很多来自他们自己身上的隐性知识，这些知识无法标准化、显性化。比如一个名厨，如果配方只有他自己能精准掌握，那他最终也只能做个私房菜馆，无法变成连锁快餐店。这些产品的局限就在于生产可扩展性太差，如果想扩大规模，就得在模式上有所突破。

第二，产品没有一个足够大且不断增长的对应市场，只能做成小生意，不能做成大事业。

比如我前几年琢磨过的"产品新人培训"这个市场，放眼整个中国也只是个每年千万人民币级别的市场。如果要做的话，我就必须想办法"重新定义"这个市场。当然，"做大"是一种选择，"小而美"也是一种选择，只不过得先想清楚要选哪种。

第三，产品和市场不匹配。

比如在第 5 章提到的"在行"，我一直觉得它是个很好的想法。它的 PSF 已经完成，产品化也不错，市场需求也不小。但是产品与市场的供需关系上却出现了一个逻辑问题，即"卖时间的人，有钱没时间；买时间的人，没钱有时间"。这个悖论注定了"在行"不可能有很大的增长。

预防这种错误需要我们对行业做深入的分析研究。在 4.2 节"好产品的评价标准"里，关于个体价值到生态黏性的相关阐述就可以帮我们厘清这方面的问题。对于"在行"这款产品来说，如果我们分别从用户生态的供给端和需求端想一想，就会发现瓶颈。

从产品创新的角度来说，问题与解决方案必须匹配。当然，本书不讨论只需要研究解决方案的基础科学场景，但如果经过慎重考虑后，我们觉得"小而美"的产品也挺好的话，追求 PMF 和增长也并非必须。

长青假设（PRF）：定位与资源的匹配

如果我们做到了产品与市场的匹配，达成了 PMF，说明我们已经找到了一个公司团队的定位，也就是 PRF 的 P——Positioning。下一步就是达成 PRF，完成定位与资源的匹配来扩大战果。这一部分的内容超出了单一产品的范畴，开始涉及同一个行业、同一个产业内的产品矩阵，以及更长的跨周期问题。

这一阶段有几种常犯的错误：

第一，产品定位不可持续。

定位是公司的立身之本，是"使命、愿景、价值观"等宏观理念。它是公司早期依靠创始团队、产品、用户之间的反复互动才逐渐打磨清晰的，它给我们的后续产品指明了大方向。产品定位不可持续就好比我们的定位是"最好的马车公司"，那汽车时代来临时该怎么办呢？

第二，没能通过产品资源积累。

随着公司、产品、用户的协同发展，公司的某种资源应该像雪球一样越滚越大，进而形成自己的增长飞轮。比如积累的用户越来越多，成交量就越来越多，公司对商家的议价能力就越来越强；于是商品价格越来越便宜，用户也会越来越多。如此反复，形成一个闭环。但是也有不少公司，除了不断赚些小钱，到头来并没有积累下什么。

第三，定位和资源不匹配。

比如格力做手机就是一个定位和资源不匹配的例子。格力过往的积累在以空调为首的家电领域，用户对格力的认知是家电企业，而家电属于家庭耐用品，但手机是个人消费品，所以这种跨界很难突破。可能有人会问，那怎么解释小米从手机起家然后做家电呢？可以肯定的是，小米运营"用户"，取得"信任基础"，进而塑造"性价比"认知的策略，对它的跨界起了很大的助力，而反观格力，它在过去和用户的连接太弱了。

阿里巴巴在定位与资源匹配这一点上做得不错。阿里巴巴的使命是"让天下没有难做的生意"，其掌握的重要资源是不断积累的数据，数据可以帮助生意做得更好。

如果一个公司成功达成了定位和资源的匹配，它就有了一个做好产品矩阵的基础。

单一产品在产品矩阵中的评价

我们在已有成功产品的基础上，接着做第二、第三……个产品，逐渐形成产品矩阵，而矩阵中的任何一个产品，都要考虑和其他众多产品的关系。这些关系要满足三个条件：**可复用、能积累、善生死。**

可复用是指可以利用公司的积累，比如供应链、数据沉淀、已有用户，甚至是团队的特殊技能。如果公司的积累不能复用，那我们推出的第二个产品和众多竞争对手相比，就没有竞争优势了。

能积累意味着后续产品可以为公司积累将来可复用的资源。好产品应该让产品矩阵整体更强大，而不是单纯地消耗公司的积累。

善生死是指要有合理的生命周期管理，每一个产品都要在该进入市场的时候进入，该退出市场的时候退出。公司和自然界的生态系统一样，资源都是有限的，产品的死亡意味着释放资源，有时可以创造巨大的价值。

如果不具备上述条件就贸然启动更多产品，那么多个产品、团队之间就无法互相借力，公司也分散了兵力，没有竞争优势了。

从单一产品到产品矩阵，意味着我们的格局提升了，不能再想着给手头的唯一产品续命，而是要从更宏观的角度去考虑哪些产品该加大投入，哪些产品该减少投入。在产品生命周期到达极限后，我们还要考虑哪些产品应该死去。有了产品矩阵之后，我们还要开始做产品的梯队建设。产品矩阵中有的产品是负责挣钱的，有的是需要花钱投入的，这意味着我们不能太计较短期内的得失。

小结

从单一产品的成功到产品矩阵的连续成功，要跨越 PSF、PMF 然后到达 PRF。在产品矩阵中，推出的后续产品要可复用、能积累、善生死，形成可复制的创新模式。可复制分为两种，一种是同产业周期内的复制，即产品矩阵内的持续创新；另一种是跨产业周期的复制，背后需要组织与团队能力，我们会在后续章节进行讨论。

思考题

你可以试着分析一下自己所在的公司。

▶ 如果你的公司还在单一产品阶段，那么按照可复用、能积累、善生死的原则，想想你们的下一个产品可能是什么？

▶ 如果你的公司已经到了产品矩阵阶段，那么挑选其中的一款产品，想一下它是否符合可复用、能积累、善生死的原则，可以做些什么优化？

扩展案例：阿里矩阵与盒马鲜生

如图 6-2 所示，2016 年，马云首次在公开演讲中提出"新零售"的概念。阿里巴巴一直低调投资、孵化的盒马鲜生也慢慢浮出水面。我们从产品矩阵的角度，看看阿里巴巴为什么要对盒马鲜生进行战略投资。

图 6-2　阿里巴巴 2019 年 6 月季度业绩报告封面

盒马鲜生是什么？简单来说，盒马鲜生既是超市，也是菜场，还是餐厅，更是线上线下一体化的新型零售业态。它有很多创新，比如通过电子墨水价格标签（Electronic Shelf Label，ESL）实现了线上线下实时调价；通过门店天花板的自助悬挂系统运输分拣货物，实现"3 公里内 30 分钟送货到家"；通过全自助结账的流程将门店员工的效率最大化。在 2020 年年初的疫情中，盒马鲜生推出的面向社会"租借"员工的举措，更是体现了他们对资源优化的理解，如图 6-3 所示。

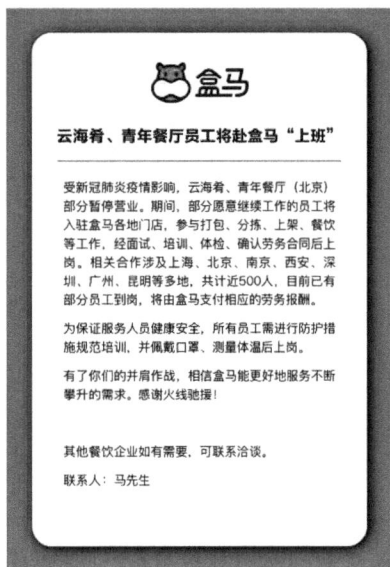

图 6-3　盒马租借其他餐厅员工

这么多年，整个阿里巴巴产品体系从 PSF 到 PMF 再到 PRF，找到了自己的立身之本——让天下没有难做的生意。他们拥有的资源也在不断累积：一是用户，二是数据，三是各种经验，并且这些资源都围绕着电子商务、商业、零售等领域。

为什么阿里巴巴战略投资的公司这么多？

我们可以通过对比另一个商业巨头——腾讯的做法，来尝试理解。

有一个说法是腾讯通常做财务投资，而阿里巴巴通常做战略投资。即腾讯通常占小股，不控制业务，而阿里巴巴想要的是绝对的话语权，把业务整合进自己的体系中。

对于这个有趣的现象，我是这么理解的：

对于互联网业务来说，流量是很重要的资源。腾讯的很多产品，可以自己创造流量，于是更有利的做法就是把这些流量充分变现。当内部产品消化不掉流量时，腾讯可以把过多的流量投资到外部，而这时候的投资标的，除了帮助腾讯实现流量变现，对腾讯整体的反哺相对较少，因此腾讯只需财务投资即可，然后灌注流量，获取回报。

而阿里巴巴的业务多是消耗流量的，很少能创造流量，这一点也解释了阿里巴巴为什么总是"社交之心不死"。向腾讯这类公司买流量太贵，于是阿里巴巴很自然的思维方式就是考虑怎么把已有流量进行更精细化的运作，比如投资银泰、盒马、饿了么这样的业务。虽然以阿里巴巴现有的体量来看，用这种方式获取的新客户数量有限，但阿里巴巴更大的诉求是获取数据，更全面地了解用户。这样一来，不论是阿里巴巴的已有业务，还是收购的新业务，都可以从每个用户身上获取更大回报。

做财务投资，是因为投资对象和自己的业务联动较少，所以只需要输入资源，而做战略投资，则是为了深度整合业务。

综上，阿里巴巴投资了盒马鲜生正是出于整合业务的考虑。那盒马鲜生在阿里巴巴的产品矩阵中又有何表现呢？

首先，盒马鲜生可以复用阿里巴巴已有的资源。比如在选址时，通过阿里巴巴积累的零售数据，可以知道哪些城市、哪些小区的用户消费能力与盒马鲜生比较匹配，哪些消费商品是盒马有供应链优势的；又如，通过分析阿里巴巴多年的历史数据，盒马鲜生可以提前预测相关需求、调整采购，避免决策滞后。

其次，盒马鲜生在线下线上产生的各种交易都会被直接数字化，这些数据可以回馈给阿里巴巴的数据池子，丰富阿里巴巴的电商数据，以此让其他产品可以获益。而盒马鲜生在各种大型购物中心里积累的经验，又可以指导阿里巴巴的其他新零售业务。

最后，在 2019 年，阿里巴巴发现盒马鲜生的业务和天猫超市的业务有很大的关联性，于是做了一些业务和团队上的整合，该增强的增强、该减弱的减弱、该砍掉的砍掉，比如将天猫超市的生鲜类目交给盒马鲜生负责。

以上三点表现，正是盒马鲜生在阿里巴巴产品矩阵中"可复制，能积累，善死生"的体现。

6.2　内部效率：关于沟通与协作

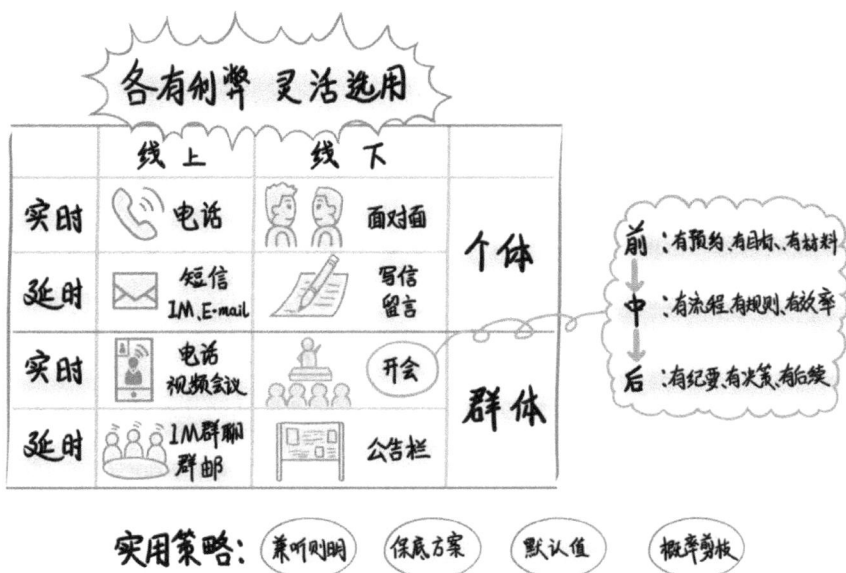

多个产品的不断成功，才能成就一家伟大的企业。因此，从更长期的角度来看，企业背后的团队才是关键。接下来，我们脱离业务本身来聊聊人的话题。

团队规模会随着产品的成功越来越大，但随之而来的是沟通协作占用的时间也越来越多，甚至成为阻碍产品更加成功的陷阱。

接下来我们就系统地分析一下，工作中到底应该怎么"沟通"。

沟通的方式与特点

在工作场景下，沟通是为了同步信息、达成共识、促进行动。为了便于分析，我把沟通做了分类，分为三个维度，第一个维度是个体和群体，第二个维度是线上和线下，第三个维度是实时和延时，如图 6-4 所示。

	线上	线下	
实时	电话	面对面	个体
延时	短信、IM、E-mail	写信、留言	
实时	电话/视频会议	开会	群体
延时	IM群聊、群邮	公告栏	

图 6-4　各种沟通方式

个体线上的实时沟通

这种沟通方式最大的优势在于及时性。它适用于很紧急的事情，但其劣势在于沟通双方会因一方的效率提高而导致另一方效率降低。如打电话者会损害接电话者的时间利益。如何避免这个问题呢？我建议，所有的实时沟通都应该加一个"预约"的动作，比如先电话询问一下对方现在是否有 20 分钟时间，如果对方正在忙，则另外约定一个时间，这样可以有效避免接收人的利益损失，从而提升整个团队的效率。

个体线上的延时沟通

这种情况的优劣势和上一种情况正好互换，它最大的优势是不打断信息接收人的工作，所以这种情况适合非紧急的信息传达，但其劣势显然就是回复不及时。微信这类 IM（即时通信）工具在大多数情况下，并不是实时沟通的工具，我们可以在每天的某几个时间点集中统一回复信息，否则会把大量高效的时间碎片化。

同样，在利用 IM 工具进行工作交流的时候省去"在吗"之类的询问，直接说事情效率会更高。如果我们实在很急，则应该用实时的方式去联系。

个体线下的实时沟通

这是沟通最终极的状态，适合紧急重要、非单向传输、需要讨论的事情。面对面交流会明显增大沟通的信息带宽，因为除了语言，还可以通过情绪、肢体语言来传递信息。其劣势则是完全独占了双方的整块时间，所以这类沟通最好提前预约。

在办公室的场景下，一对一沟通的主要发起人通常是职场地位相对高的人，职场地位相对高的人占用职场地位相对低的人的时间，对于团队的整体效率是有益的。这从某种角度也提示了我们，要想在职场发展中获取更高地位，可以试着从被打断的人变成打断别人的人。敢于打断老板，敢于发起会议，可以提升自己的主动时间。

个体线下的延时沟通

从今天来看，这种沟通方式已经没有优势了，它基本上已经被线上的方式取代。不过偶尔也会出现在如匿名传递信息、匿名送祝福等场景中，又比如对于一些并不紧急也并不重要的事情，我们可以选择给对方留一张纸条。

群体线上的实时沟通

这种做法的优势在于能够节省时间，可以相对容易地把大家聚集在一起，并且相对于线下的会议，沟通成本会大大降低。当然，群体沟通也最好有提前预约的动作。而它的劣势在于参与者无法面对面地交流，容易在讨论的时候造成信息扭曲和丢失。所以，这种方式更适用于信息的单向传输。

2020 年 2 月开始，疫情导致的特殊情况让很多职场人体验到了在线会议的好处。越来越多先进工具的出现，也让这种沟通形式被越来越多的团队采用。

群体线下的实时沟通

这类沟通方式的典型场景就是开会。会议通常分为大会和小会，我们经常说"大会决定小事，小会决定大事"，参加人数越少的会议就越重要，比如董事会或战略会的参与人数就是很少的，而全员大会通常只会宣布或通知某件事情，没有讨论的环节。

群体线上的延时沟通

这种方式虽然效率高，但不太适用于讨论复杂的事情。典型的使用场景是微信里各种特定主体的群，比如"2020 创业者抱团取暖资源互助群""良仓 CEO 合作群""阿里产品大学成教院群"等，它们并不需要我们随时关注，只需有空的时候看看即可。

群体线下的延时沟通

这种方式虽然成本低，但也仅仅适用于单方面的信息传输。比如著名的北大三角地的信息栏、高校教学楼大厅里的公告板就属于这种类型。

如何提升开会效率

会议是组织内部沟通中十分常见的形式。做产品的过程中离不开会议，但各类大大小小的低效会议却困扰着很多人。如何提高会议效率？可以从前中后三个阶段来看。

开会前

开会前最关键的一点就是做好预约。

临时通知开会会打乱所有人手头的工作安排，除非有特别紧急的事情，否则这样做得不偿失。所以，预约其实是对所有参会人时间的尊重。日常的会议，一般提前一两天通知即可。在确定参会人的名单时，要确保所有来参会的人都带着观点，或者是只邀请利益相关的人来参加，避免那些"只带耳朵"来开会的人。

并且，会议结束的时间也要预约。它可以给所有参会者一个心理预期，方便他安排后续工作。我认为最有效的开会时间是中午十一点半和晚上五点半，因为大家都想赶快讨论完了去吃饭，不愿纠缠，而晚饭后的会议通常会特别低效，经常被无限延长。

在开会前，我们得明确会议的目标。

这个会到底要干什么、我们想讨论哪些问题、想拿到什么结果，等等，这些都是很关键的问题。如果会议目标比较虚，我们也可以直白地告诉大家，这次就是一个"务虚"的会议。比如公司最近某方面出了一些问题，但是不知道问题的根源是什么，大家就可以开个务虚会来讨论一下。

同时，开会前我们要准备好会议材料。

这是提升会议效率最好的办法。会前，如果我们能把相关材料都发给每个人提前翻阅，那会议的效率会提高很多，虽然这可能很难做到。字节跳动副总裁、飞书负责人谢欣在飞书公开课的直播中提出了一种做法叫"飞阅会"，即"飞书阅读会"，就很好地解决了这个难题。他们是这么做的：

传统的开会方式是一个人上去讲 PPT，大家在下面听。有的人听得懂，有的人听不懂，有的人觉得讲得慢，有的人觉得讲得快，效率很低。

我们摸索了很久之后，终于总结出了一套办法：

首先用日历找到大家的空闲时间，开会的时候，如果有部分参加者需要远程连线，就开启视频会议加入。在会前，有一个人把这次会议要讨论的议题通过文档非常完整和清晰地写出来，然后把文档发送到通过日历自动创建的会议群里。会议开始后的 15 至 20 分钟，所有人，不管在电脑上还是手机上，远程还是线下，共同默读这个文档。读到哪里有问题，就在里面利用评论功能在旁边写上问题。

默读结束后，会议的组织者会宣布进入会议的第二步，然后开始语音回答问题，把刚才大家提的文档没有写清楚的问题一一处理。全部问题回答完后，再看看大家有没有其他问题。所有问题都解决了之后，这个会议就结束了。

这样的会议模式和传统的 PPT 会议模式有什么区别呢？

首先，它非常聚焦。因为全部过程都是围绕文档和提问进行的，没有什么可发散的内容，大家的讨论也就不会跑题。

其次，这个会议的整个过程都会通过文档和评论被清晰地记录下来。即便一些没有参加会议的人，也可以快速、完整地了解会议过程。

最后，文档中被@的人会收到提醒，就算这个人没有参加会议也可以回答问题。所以，这个文档也起到了一份动态会议记录的作用。

如果想要会议不流于形式，就必须把会议变成形式。所有的事情在会前都已经搞定。对于那些参会的关键人员，我们不仅要提前将材料递交给他，而且也已经单独找过他，和他达成了一致。这样的话，会上将产生什么样的结果，我们心里已经清楚了，这就叫作"把工作做在会前"。

开会中

对于目标很明确、比较务实的短会，我们可以尝试站着开，每个人来的时候都不带手机和电脑，以保证讨论的时候专心致志。很多会上经常出现这样一幕，某个人说了一通，然后问："×××，你有什么意见？"被点名的人猛地抬头道："不好意思，你再说一遍。"这样效率就会非常低。

如果想了解更多会中的话题，可以去看一下《罗伯特议事规则》，这本书很好地说明了开会中都有哪些角色、哪些流程、哪些规则。

开会后

任何会议必须要有跟进动作并用会议记录进行推进。在一份会议记录里，真正有价值的是两个部分：第一个部分是会议决议，它记录了这个会议做了哪些决策；第二个部分是会议上决定的行动方案，它包含了两个关键要素——唯一明确的负责人、明确的截止时间。围绕这两大内容，我们在会后就可以更方便地推动行动方案落地。

提升团队效率的几个实践

最后，我想再分享一些我在提升团队效率方面所使用的原则。

第一，做判断之前，听相关各方观点。

网络上的一些热门事件经常会出现"舆论反转"的有趣现象。人们习惯于只听一方的观点就做出判断，此后，当另外的当事人再发声，大家收到了更多的信息之后，就很容易推翻之前的判断，也就是所谓的"反转"了。

所以，如果我们在工作中不想做无用功，就要在推进事情之前，听取各个相关方的意见，做到"兼听则明"。

第二，凡事先想一个最简单的保底方案。

保底方案是指不用做太多的额外工作，就可以基于现状给出的最基础的方案。我们可以在此基础上不断优化，从而得出解决问题的最终方案。这也有点像做产品时的低成本验证方法。比如要找一批种子用户，我们的保底方案可以是去知乎上寻找相关问题的提问者和回答者，然后逐一发私信联系。

第三，对于要反复决策的事情，设置一个默认值。

对于一些经常会出现的情况、要做的决策，我们可以设一个默认值，减少重复决策的次数。

例如我在和父母同住的时候，他们每天都会问"晚上是否回来吃饭"，后来我与父母约定了一个默认值"回"，于是我只需在少数不回的时候提前说一声就好，这样一来效率就高了很多。

第四，灵活应用概率剪枝。

在没时间顾及全局的情况下，面对信息量较大的问题，为了提高成功概率，我会采取概率剪枝的做法，尽管这样会造成一些判断偏差。

比如在招人时面对大量简历，HR 会做一些标签性的筛选，如"非名牌大学的不要""非相关工作经验的不要"等。

又如投资人在看项目的时候，也会有一些带有个人或基金风格的概率剪枝，如"团队非北上广深的不要""创始人年龄超过 35 岁的不要"等。

当然，这些思维模式有利有弊，我们要想清楚在特定的场景下是否真的适用。

小结

关于沟通协作，我们可以先分清有哪几种方式，应对不同的问题，选取不同的方式。然后，我选取了典型的会议举例，总结了关于会前、会中、会后的一些要点。最后，我分享了几点自己一直在实践的、可以提升团队工作效率的做法。

好的做法有很多。具体要落地哪些做法，团队共识很关键。在不断磨合的过程中，我们可以逐渐形成团队的心智模式。

思考题

你的团队在当前沟通协作的过程中有哪些低效的场景？试着一起共创一下解决之道，推进落地一两条措施吧。

扩展案例：梳理产品研发流程

这部分内容是我在工作中和团队一起对客户产品研发流程进行梳理的实际例子。首先说说我对流程[1]的看法，这是团队良好沟通与协作的基石：

1. 流程复杂度要与团队所处的阶段相匹配，应对初创公司、大公司、新产品、成熟产品等不同的情况要采用不同的解决方案。

2. 对待产出物不求一劳永逸，而要不断迭代。我们应该从最小可行产品开始尝试。

3. 应该从问题出发，而不是强行制定一些难以执行的规则，那样只会伤害团队信心，达成共识后的工作效果比强推规则要好得多。

4. 再好的流程都比不上团队的目标一致所能达到的效果，所以目标、考核这些方面是推动团队工作更高层面的解法。

5. 沟通是润滑剂，只要我们本着对事不对人的态度，一切都可以试着沟通，永远要给机制留一个"规则是死的，人是活的"的口子，特别是对于核心团队。

当大家对理念有了共识之后，我们再去解决问题，大家可以一起梳理团队当前工作中的典型困扰，比如：

1. 需求开发完成后，才发现不是业务方想要的。

2. 决策流程"太灵活"。

3. 项目总想一蹴而就，经常启动新项目，老项目做完没有迭代。

4. 项目时间在一开始就确定，于是做到后期只能压缩研发时间。

5. 考核内容模糊，不知道某个事情到底谁负责。

……

为了解决以上的流程问题，我们推导出了一些可以做的事情，大致如下：

1　这里的流程代表了和研发有关的各种规则，包括了规范、模板等概念。

1. 调整考核标准，绑定大家的利益。

2. 按照分级、分权重的原则将决策机制半定量化。

3. 建立资源从小到大释放的机制，降低决策的机会成本。

4. 优化流程中的环节，如立项会议里要有明确的"授权仪式"，业务方验收改在测试之前等。

5. 做到信息透明化，如PRD[1]模板化、项目管理在线化、工作内容和工作量可视化等。

6. 从源头上思考公司的业务模式，如果目前的业务模式依然是"做项目赚钱，维护不赚钱"，那就很难改变不断启动新项目的局面。

7. 在项目启动前就制定"死亡标准"。

上面的事情和困扰是多对多的关系，可能多个措施有助于减轻某个困扰，也可能一个措施可以减轻多个困扰。

最后，大家一起落地了很多行动方案，并约定下一次见面，定期复盘进展，两三个月后再回顾执行过程中的得失，确定下一步如何优化。

扩展话题：职场中的"尼尔森十大可用性原则"

尼尔森（Jakob Nielsen）是一位人机交互学博士，他提出了"十大可用性原则"。这原本是 Web 易用性方面的知识，但在我看来，也可以作为检验职场人在别人眼中是否靠谱、高效的法则。

所以，我们一起来了解一下这十条原则。我会先介绍每一条原则的原始解释，再说明如何在职场中应用这些原则。

原则一：状态可见原则

Web 可用性：用户在网页上的任何操作，不论是单击、滚动还是按下键盘，页面应即时给出反馈。"即时"是指页面响应时间小于用户能忍受的等待时间。

---

1   Product Requirements Document，产品需求文档。

职场可用性：在工作中始终保持自己负责的任务状态公开可见（机密信息除外），让周围负责配合的同事随时知道我们做到哪一步了。这个要求其实比较高，甚至比定期主动反馈的要求更高，它需要使用一些线上工具，随时公开进度。

原则二：环境贴切原则

Web 可用性：网页的一切表现和表述，应该尽可能贴近用户所在的环境，如年龄、学历、文化、时代背景，而不要使用其他环境的语言。

职场可用性：与不同岗位的同事交流的时候，我们要用对方听得懂的语言。比如和技术人员讲话就极客范一些，和商务人员讲话就在商言商，和老板讲话就谈老板关注的内容，和新人讲话就谈细节怎么优化等。

原则三：撤销重做原则

Web 可用性：为了避免用户的误用和误击，网页应提供撤销和重做的功能。

职场可用性：我们在工作中要宽容他人的失误，给别人改进的机会，但这样其实对自己的要求更高，因为要做更多的预案。当然，不能没原则、无止境地给机会。创新和犯错是一枚硬币的两面。

原则四：一致性原则

Web 可用性：同一用语、功能、操作保持一致。同样的语言、同样的情景下，操作应该出现同样的结果。

职场可用性：在协同工作的过程中，我们不能出尔反尔。靠谱的人是观点行为可预测的人。

原则五：防错原则

Web 可用性：通过页面的设计、重组或特别安排，防止用户出错。比出现错误提示更好的做法是用心设计防止这类问题发生。

职场可用性：比"救火队员"更好的员工是"防火工作"做得好的人。聪明的老板会更喜欢防患于未然的人，而不是通过不停地出问题、不停地解决问题来显示存在感的人。

原则六：易取原则

Web 可用性：尽量减少用户对操作目标的记忆负荷，动作和选项都应该是可见的，即把需要记忆的内容摆上台面。

职场可用性：我们要把基本工作做到位，以便老板、合作伙伴问你要一些资料、总结的时候，可以随时奉上，而不是临时匆匆应对。因为这些信息应该是平时已经积累、沉淀好的。

原则七：灵活高效原则

Web 可用性：中间用户的数量远高于初级和高级用户的数量。因此，要为大多数用户设计，不要低估，也不可轻视他们的存在，保持灵活高效。

职场可用性：开会沟通的时候，我们要照顾大多数的普通员工。特别聪明的少数人，我们只要说一两句他们就懂了，也不用担心他们体会不到这些话是讲给大多数人听的；而特别不聪明的少数人，我们讲很多遍也是徒劳无功，因此可以有选择地放弃。

原则八：易扫原则

Web 可用性：互联网用户浏览网页的动作不是读，也不是看，而是扫。易扫，意味着突出重点，弱化和剔除无关信息。

职场可用性：工作中写邮件、说事情的时候，我们最好先抛出结论与核心观点，然后再慢慢解释。有些同事只需要知道结果，而需要仔细看（听）过程的同事，自然会慢慢看（听）我们的详细描述。

原则九：容错原则

Web 可用性：错误信息应该用语言表达（不要用错误代码），较准确地反映问题所在，并且提出一个建设性的解决方案。

职场可用性：工作出娄子的情况下，我们不要马上就和老板解释原因、主动承担或推卸责任，而应该先说这样会造成什么后果，我们有什么办法弥补。

原则十：人性化帮助原则

Web 可用性：如果系统能不使用帮助文档是最好的，但有必要提供帮助文档。任何信息都能很容易被找到，并专注于用户的任务，帮助文档应列出具体的步骤来辅助用户操作。帮助性提示最好的方式依次是：不需要提示→一次性提示→常驻提示→帮助文档。

职场可用性：工作中如果别人经常来问我们一些问题，我们就应该把"帮助"做得更人性化，比如整理好在线的FAQ[1]，提前给对方一些内部培训等。

1　Frequently Asked Questions 的缩写，即经常问到的问题。

6.3 组织文化：面向未来，如何持续创新

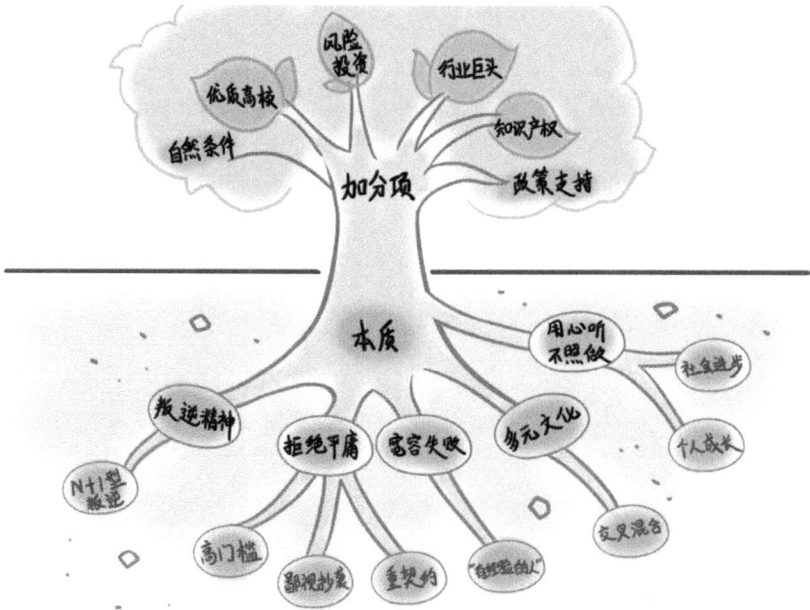

关于团队，除了相对微观的沟通与协作，还有宏观的组织文化层面的内容。谈及大组织、大面积、大区域的持续创新时，我们不妨把视野放宽一些，想想最近几十年内，谁在创新方面做得最厉害？

我想很多人的答案都会是美国的硅谷。当今科技巨头——谷歌、苹果、Facebook 都诞生于此。所以，本节中我们就来分析一下硅谷为什么会成为世界性的创新基地。

促进创新的加分项

通常情况下，人们会将"硅谷的创新产品组团爆发"现象归因于一些外在因素，比如最常提及的自然环境宜人、优质高校扎堆、风险投资氛围浓厚、行业巨头集聚、重视知识产权、政策支持力度大，等等。

但是如果这些因素都不具备，是不是就做不到"创新"了？对此，我有一些不一样的想法。

自然条件

自然条件指的是地理因素。四季模糊的硅谷是典型的地中海气候，温度、湿度都很宜居。拥有类似气候条件的地中海地区曾孕育了文艺复兴。

但工业革命的英国不是这种气候，各大文明古国也不是，可见自然条件并不是决定因素。

优质高校

优质高校是指斯坦福大学、加州大学伯克利分校等著名高校，他们可以给硅谷源源不断地输送高端人才。

这看起来好像很有道理，但人才流向硅谷其实更像是硅谷出现后的结果，或者说人才流动和硅谷发展是互为因果的关系。毕竟美国东部的波士顿地区也是名校林立，有哈佛大学、麻省理工学院，等等，却没有另一个"硅谷"存在。

风险投资

作为一种资源，资本的杠杆性很强，浓厚的风险投资氛围一直是硅谷的前进动力。

KPCB[1]和红杉等硅谷投资公司与纽约、华尔街资本的投资风险偏好完全不同，前者更加追求风险和超额回报，更匹配硅谷早期创新的环境。但是，风险投资与硅谷的形成同样可以被认为是互为因果的关系。

行业巨头

硅谷的行业巨头确实很多，但将"行业巨头多"作为硅谷成功的原因，更像是一种循环论证——巨头企业可能会孕育新的巨头，也可能会剥夺其他初创企业的生存空间，从而导致自己陷入"创新者的窘境"而无法赶上下一个浪潮。

知识产权

知识产权制度的完备的确可以保护已经取得成就的创新者，很多硅谷的创新成果都得益于此。从另一个角度来看，原始的互联网精神本身就是有"海盗精神"的，即无视规则、无视知识产权，比如做共享音乐的 Napster，通过允许用户免费下载音乐，彻底改变了整个音乐产业，但这种模式毫无疑问是存在争议的。

政策支持

政策支持其实对美国企业来说并不关键。美国的地方政府是典型的小政府，它能做的极其有限。而且，如果政府的扶持让一些本来可以尽早死亡释放资源的公司又坚持了下去，也未必是好事。

所以，这几个因素其实是表象，或者说只是加分项。组织、团队能够保持持续创新的决定因素，恐怕还是这一节的题目所说的——文化与价值观。

组织保持创新的底层文化

当地是否有创新文化，当地的人民群众是否乐于探索、乐于接受新鲜事物，才是保持创新的关键点。在我看来，叛逆精神、拒绝平庸、宽容失败、多元文化，正是这些因素共同构成了硅谷的基因序列。

1　KPCB 公司（Kleiner Perkins Caufield & Byers）成立于 1972 年，是美国最大的风险基金，主要承担各大名校的校产投资业务。

叛逆精神

叛逆精神可不是指为了叛逆而叛逆，而是指我们要带着自己的独立思考和判断去质疑。硅谷不迷信权威，甚至以对抗权威为政治正确。

硅谷的叛逆精神多为"N+1"型叛逆，也就是在原来的基础上更上一层楼。比如被公认为硅谷第一家具有现代化意味的初创企业仙童半导体公司，它的主要核心人物陆续离职，创立了 Intel、AMD 等知名公司，而仙童本身，也是由从肖克利半导体实验室离职出来的 8 个人创建的。

为了保持持续创新，许多硅谷组织团队在"叛逆精神"这一点上用的手段十分有意思。硅谷的资本会在暗地里支持有"反骨"的员工，而东家对"叛逆精神"也体现出了极大的宽容，毕竟大家都是这样起家的。2011 年，加州政府甚至曾状告苹果、谷歌等巨头互不挖人，因为这样不利于区域的活力。

拒绝平庸

不过，想要做到"建设性的叛逆"，对人的要求是非常高的。我把这些要求的具体表现总结为三点。

第一，提高生存的门槛。硅谷是一个只有精英才能存活的地方，越来越高的生活、工作成本，也在起着筛选的作用——挤走落后产业、迎接新贵。

第二，鄙视抄袭的文化。硅谷赞赏创新、鄙视抄袭的态度，构建了良好的社会共识，这意味着抄袭者要承受远超出常人想象的心理压力。

第三，靠契约共识做事。个人的极客范儿、公司的扁平式管理在硅谷备受推崇，精英需要靠契约、共识做事，而不是简单的服从。

宽容失败

再强的人，创新也经常面临失败。

很多硅谷的投资人把失败者看作"有经验的人"。扎克伯格也经常在公司里讲，"如果你没有遇到失败，说明你跑得还不够快。"

"宽容"不但是对"失败"结果的宽容，还表现为时刻做好面对失败的心理准备，以及对"快死"比维持半死不活要好得多的认可。"死亡是一个公司对社会的最后一次贡献"，以及"淘汰掉不适合的人，对双方都是解脱"都是宽容的表现。正是在这种宽容下，风险资本和连续创业者才能愈挫愈勇。

多元文化

从淘金热时代开始，硅谷的每一代都是来自世界各地的移民，这让硅谷成了文化大熔炉。移民的目标大多是要闯荡一番，和喜欢留守故土的人不同，他们更有冲劲儿。一个地区的人们彼此之间一旦没有"我是本地人，你是外地人"的疏离感，就容易在当地形成多元文化。而创新往往就诞生于各种文化的交叉、混合之中。

因此，硅谷有了天然的全球化视野和世界大同的情怀。硅谷的欧裔、亚裔、拉美裔等人口都很多，这使它自然而然地成为世界的创新中心。而各族裔的创业者也只是将美国作为测试其全球产品的第一个市场，他们有着走向世界的远大目标。

这四点在其他的创新公司身上也有体现。

比如华为内部实行的红蓝军机制。在这种机制中，蓝军要代表竞争对手给红军唱反调。与其被真正的对手打败，不如自己颠覆自己。这就是"叛逆精神"的一种体现方式。

在"拒绝平庸"这一点上，阿里巴巴的一条价值观体现得淋漓尽致："今天最好的表现，是明天最低的要求。"这句话鼓励着阿里人走出舒适区，它就是典型的拒绝平庸的表现。

"宽容失败"的例子我在前文中也提到过。阿里巴巴的产品"来往"当年可以说被微信打得落花流水，但阿里巴巴通过反思和调整，吸取了失败的经验，最后做出了"钉钉"。

而"多元文化"则需要根据公司所处的不同阶段来区别对待。在团队的早期，一致性更重要。当团队扩大了以后，多样性的价值就凸显出来了。比如微软会刻意提升外籍员工的比例，以保持多样性。

团队度过了早期阶段，拥有了自己的产品矩阵后，即将进入需要持续保持创新活力的阶段。以上几点，对你是否有启发？你能想到哪些应对方法？

个人如何保持持续创新

在知道组织团队怎么保持创新、提升竞争力后，我们再来聊一下和每个人的切身利益更相关的话题——个人该如何保持持续创新的能力？

在我看来，前文里提到过的一句话是关键，那就是——用心听，不照做。

我在家里装修期间见了很多室内设计师，在我眼中，他们也在做产品创新，每一间房都是产品。和他们接触的第一件事就是被采集需求，于是，我发现了两种设计师。

第一种设计师会问：

▶ 想装修成什么风格？

▶ 您的书房是怎么规划的？是专门的书房，还是要兼作客卧的用途？要不要做榻榻米？

▶ 卫生间需要浴缸吗？

▶ 厨房要做敞开式的吗？

▶ 要不要吧台？

▶ ……

第二种设计师会问：

▶ 您有什么个人偏好？

▶ 您喜欢哪种文化？

▶ 喜欢哪些材质的东西？

▶ 您喜爱阅读吗？一般何时阅读？家里什么场所是您有可能阅读的区域？家里藏书是否丰富，多为何种书籍？

▶ 一个阳光明媚的午后，您和家人在家会如何安排？

▶ 请假想一个在新居中最理想的生活状态，描绘一个场景或故事。

▶ 工作日下班回家直到睡觉前，全家人都做些什么？

▶ 您之前住的房子，有什么装修上的遗憾？

▶ ……

第一种设计师，只是照着做，他们直接向用户要解决方案。相应地，他们也就不需要用心听了。

而第二种设计师是在用心听，他们试图了解目标用户面貌、生活工作场景，从中发现需求和问题，然后根据设计师的专业领域知识，给出更好的解决方案。

后来，在装修的过程中，我自己也承担了部分设计师的工作，时不时也能体会到相关的产品创新应用。举几个例子：

▶　毛巾浴巾架：要考虑到洗澡前后和洗脸前后的多个场景，放在什么地方最方便？洗澡前脱下的脏衣服放哪里？洗完后要穿的干净衣服又放哪里？

▶　书桌：如何摆放取决于白天用得多还是晚上用得多，若白天用得多则要考虑光线的方向。如果看书比较多，最好用自然光，省得开灯；如果用电子屏幕多，则要避开强光。

▶　厨房：要考虑食材储备区域（柜子、冰箱）、备餐区域（水槽、切菜台面）、烧菜区域（灶台）、盛放区域（装菜的盘子、锅等厨具的摆放区）、微波炉、烤箱、电饭煲等空间分布的合理性。

其实，这些是我闭上眼睛，想象着将来在家里的各种"用户"、各种生活场景以及各种可能碰到的问题，或是通过在家里走动、或站或坐、或走或停、尝试各种物件的摆放后，再考虑各种限制条件，最终给出的合理方案。

这就叫"用心听，不照做"。

"用心听"是要充分地接触广义用户，了解问题及其背后的动机和人性。"不照做"是要拥有各种领域的专业知识，做出一些新的东西。这些是保持自身持续创新的关键，在众人的协同努力下，它也将扭转上文中第一种设计师的思维模式，进而成为产品发展的推动力。

小结

这一节虽然有些抽象和感性，但希望能给大家启发。叛逆精神、拒绝平庸、宽容失败、多元文化，以及"用心听不照做"，对组织和个人创新都很关键。

思考题

你自己的团队，有什么利于或阻碍产品创新的文化？基于现状，应该做哪些组织文化上的调整？不知你还能想到什么有助于组织或个人创新的底层价值观，欢迎分享交流。

扩展话题：内部乙方如何转型创新

有一种特殊的组织形式叫作甲乙方组织。不管对组织还是个人来说，它都会呈现出一种特别的组织文化。因此我想单独聊聊，到底是哪些因素导致了这种结构的出现，甲乙方的结构有什么特点，我们身处其中又可以做些什么。

近两年，很多大型集团公司内部的乙方部门找到我咨询如何转型。这些乙方部门包括各大银行的 IT 部门、汽车主机厂的信息化部门、运营商下属的乙方技术公司等。这些内部乙方几乎有个一致的想法，就是想从内部执行部门的尴尬位置上翻身做主人。他们发现互联网行业中的产品经理负责制、产品管理的方法论似乎是破局之道，于是想利用这些产品经理的思路来主动把控需求，甚至做出一些市场化产品。

在我看来，这很难实现。因为，乙方没有"真"产品经理。原因很简单：

适合甲乙方模式做的事情，应该是可以单向流动、不太需要双方反复协同的事情，即相对简单、确定的事情。因此，只有特定的业务才会出现甲乙方的组织形态，这样的合作方式导致了乙方几乎没有决策权。而甲乙方权利结构的形成，又反向影响了团队能力和做事习惯，这些要素不可能在短时间内发生较大改变。

基于以上的分析，再针对"内部乙方"几种最常见的想法，逐一说说我的观点。

第一，抓回需求的主导权，反控业务部，即内部甲方部门。

在大老板的视角下，很可能真正的产品经理是内部甲方。因此，我建议乙方部门想想，让甲方的人来做产品经理，是不是比自己部门培养更合理？

最糟糕的情况是有些老板把内部乙方的某些员工的岗位名称改成了产品经理，就期望他们的能力发生突变，然后给他们增加要求和责任，又不增加权力和利益，这种做法往往是徒劳。

所以，我经常给内部乙方或者大老板的建议是"1+1"。短期内，让甲乙方经常配合的人结成对子，让他们协同开展日常工作，KPI 部分共享，这样可以部分解决问题。

第二，把原来只给内部用的产品市场化。

将内部产品提供给有相似需求的外部个人和组织的想法特别棒，很多产品确实就是这么来的，比如钉钉里面很多的功能，其实就是从阿里巴巴内网的功能改造而来的；支付宝最早也只是淘宝的财务部门。

关键是内部乙方缺失的能力要快速补上，因为他们从来没有遇到过真正的竞争对手，从来没有思考过商业相关的问题。比如定价定多少、内部产品的市场化工作是培养有潜力的内部员工来负责还是在转型的时候招募更适合的人，这些都是老板需要思考的相关问题。

另外，在某些场景下还会出现站队的问题。比如某大银行推出给中小银行使用的产品，中小银行会不会顾虑用了之后就会伤害和别的大银行之间的关系。

第三，完全的产品创新，搞新业务。

很多企业想做内部孵化机制，大老板发现内部乙方是个能把产品"做出来"的部门，或者整天听乙方部门嚷嚷着要主导、要创新，于是就让他们在毫无经验的情况下承担产品创新任务。

在我看来，在内部乙方部门创新的问题上要注意以下三点。

首先，创新本来就是风险极大、成功率很低的事情，如果大老板没有意识到这一点，就有可能造成巨大的损失。

其次，创新有两大风险，即技术风险与市场风险，虽然乙方部门通常能搞定前者，但对后者其实并没有经验。

再者，考核标准要有重大变化。原来对内部乙方的考核，通常与完成度相关，侧重对执行力的考核。而针对新出现的创新、市场化工作的考核该怎么做，则需要好好思考。

6.4　长期主义：公司与行业的演化

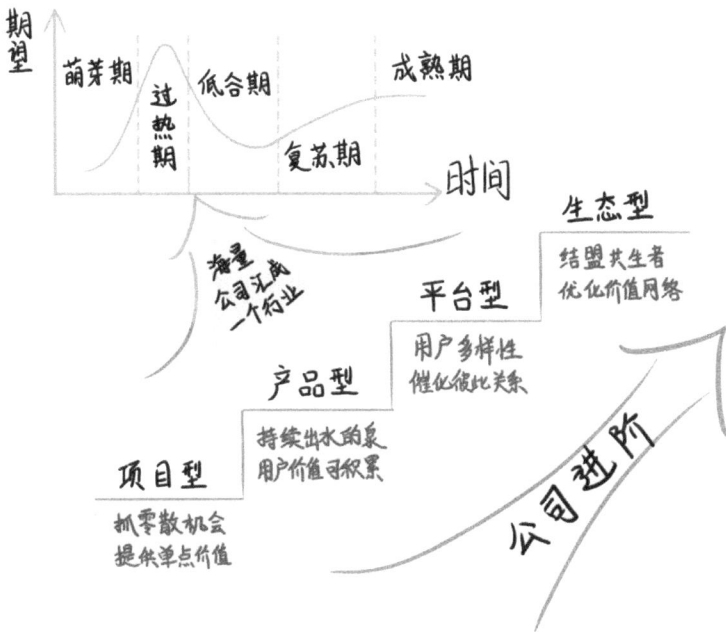

图中文字：

期望

萌芽期　过热期　低合期　成熟期　复苏期

时间

海量公司汇成一个行业

项目型　抓零散机会　提供单点价值

产品型　持续出水的泉　用户价值涓涓积累

平台型　用户多样性　催化彼此关系

生态型　结盟共生者　优化价值网络

公司进阶

某种意义上说，公司是由一个又一个的产品构成的。就像产品生命周期的阶段化发展一样，公司在不同阶段考虑的要点也不同。而行业又是由一个个公司组成的，所以，这一节我们从更宏观的角度来聊聊公司、行业的生命周期。

在一个公司的生命周期中，我们只有在更大尺度上分清楚自己的阶段，才能知道当前的主要任务是什么。比如在刚刚起步的阶段，公司主要是抓零散机会、先活下来。这时候如果公司太过自信，想直接建立一个需要长期投入的平台，基本上是死路一条。

而如果公司已经在行业里占据一席之地，那就不能仅仅靠一次次地做"脉冲"（比如电商里的促销活动）来保持增长，而是要找到自己的长期基本盘和增长飞轮。

公司的生命周期

我把公司从小到大分成了四类：**项目型公司、产品型公司、平台型公司、生态型公司**。

为了理解这几种公司的不同之处，我们也可以参考自然界生物圈的四层结构。

▶　　个体：即生物个体，它对应着项目型公司。

▶　　种群：即多个同种个体的合集，它对应着产品型公司。

▶　　群落：即多个动物、植物、微生物等种群的合集，它对应着平台型公司。

▶　　生态：即群落和环境的统一，它对应着生态型公司。

所以，公司的成长会经历三大转化，即项目产品化、产品平台化、平台生态化。

项目产品化是公司从抓零散的单次机会转变为找到稳定的盈利点。从用户角度来说，就是公司从提供"个体价值"到产生"个体黏性"，这一转化的实现将提升公司的生存能力，它好比人类生产方式从采集到农耕、从打猎到游牧的变化。

在**产品平台化**的过程中，最关键的变化是用户出现了多样性。既然要有平台，就至少有供需双方，比如老师与学生、卖家与买家、司机与乘客、作者与读者……有时候甚至有多方，比如外卖平台上的商家、买家和骑手。这个阶段，产品和用户的关系要从"个体黏性"发展到"群体黏性"，我们要给产品的增长找到自我增强的回路。

比如电商平台的增强回路是通过良好的用户体验带来更多的流量与用户，进而吸引更多的卖家加入平台，用户有了更丰富的商品选择，用户体验大大提升，最终形成闭环。又如在线教育平台的增强回路是利用优质的知识内容吸引更多的学员，给平台带来更多的收入，从而可以用更多的回报来吸引更好的老师，老师再产出更优质的内容，以此形成闭环。

平台生态化是长期积淀的基本盘，要面向整个行业优化效率，甚至重塑生态。这一阶段，与用户的关系要从"群体黏性"提升到"生态黏性"。

生态与平台的最大区别，在于用户是否离得开这家公司，以及公司和用户的耦合深浅。如果商户只是通过你这里来营销获客，那你就只是平台；如果商户还用你来管理会员与供应商，而且大量供应商也在使用你的产品，那就趋近于生态了。

公司从小到大，开始的破局靠理解需求，后面的做大靠掌握供给。理解需求是对狭义用户的深刻洞察，掌握供给也需要洞察用户，不过要更清楚地理解用户生态里各种各样的角色。理解需求，是思考赚谁的钱；掌握供给，是思考和谁一起分钱。只有分钱的人足够多，才能做得足够大。比如阿里巴巴是和广大中小企业分钱，华为是和广大高科技人才一起分钱。

以上，就是一个公司的成长过程。随着成长阶段的演进，其内部的产品也变成了产品矩阵，这里再回顾一下好产品的动态评价标准，需要依次呈现以下特性：

▶ 　**个体价值**：关注单点的即时价值。它对应的是短期动作，我们可以做的事情是识别市场机会、优化产品、降低用户使用阻力、查补产品的漏洞，让自己能在市场竞争中先活下来。

▶ 　**个体黏性**：关注特定用户的价值积累。它对应的是中短期动作，我们需要提升单种用户的黏性，让用户来了还想来、越用越爱用。

▶ 　**群体黏性**：关注多种用户之间的关系。它对应的是中长期动作，我们应该以推动产品的网络效应为目标，平衡各种用户之间的供需关系，乃至做出网络协同效应。

▶ 　**生态黏性**：把某些用户转化为共生者。它对应的是长期动作，我们要和产品生态中的各个角色一起优化价值网、沉淀基本盘、推动增长飞轮、占据优势生态位。

关于企业层面的生命周期问题，大家还可以参考《企业生命周期》一书，它用人的一生来比喻企业的生命周期，描述了企业从孕育出生到衰老死亡的过程，给人很大的启发，如图 6-5 所示。

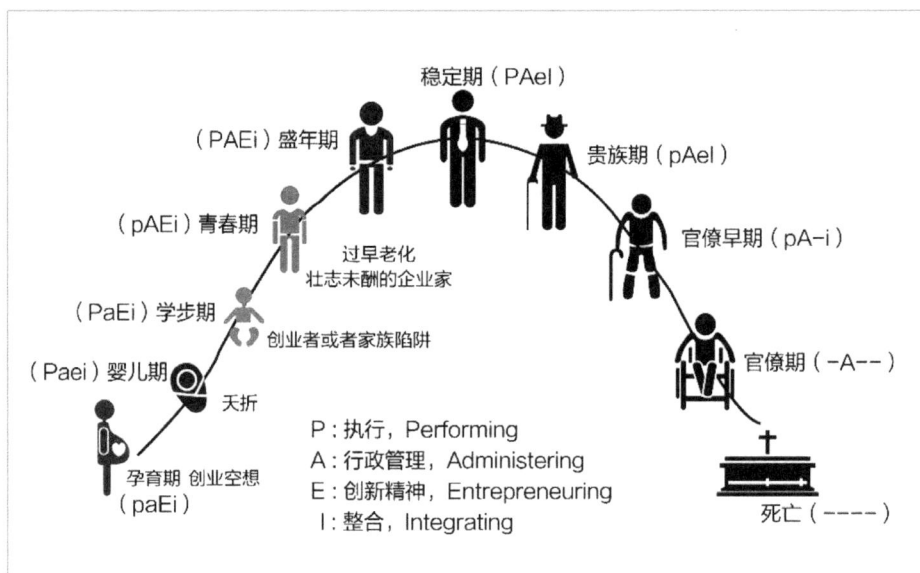

图 6-5　企业生命周期

行业生命周期

对行业生命周期的理解，可以让我们更好地选择入场和离场的时机。

如果我们不了解"过热期"的概念，就可能在媒体的热炒之下过于乐观，追高进入一个即将泡沫破裂的行业。如果我们不清楚"低谷期"的意思，就会对眼前的长期低位心生绝望。

所以，我们有必要了解一下技术成熟度曲线，也叫 Gartner 曲线，是 Gartner 咨询公司于 1995 年第一次提出的。该公司根据专业的分析对各种新科技的成熟演变速度及要达到成熟所需的时间进行预测，从而发现了一些规律。他们把这些规律进行总结，最终得出了 Gartner 曲线，把基于新技术驱动的行业的发展周期分为了萌芽期、过热期、低谷期、复苏期、成熟期五个阶段，如图 6-6 所示。

期望

上升期　到达顶点　滑向低谷　爬坡期　进入平稳期

超越首批用户的活跃度

扩大生产

出现负面报道

开始大规模媒体报道

巩固供应商
以及下滑时期

首批用户调查

成长迅速的转化率：
20%～30%的潜在
用户转化为消费者

第二、三轮融资

第一代产品问世：高价格，
有许多需要定制优化的地方

成形方法论指导，实践
最佳的发展策略

不到 5% 的潜在用
户转化成消费者

第三代产品，创新，
产品套装组合

初创公司首轮融资

研发

第二代产品出现：
提供一些服务

萌芽期　　过热期　　低谷期　　复苏期　　成熟期

O　　　　　　　　　　　时间

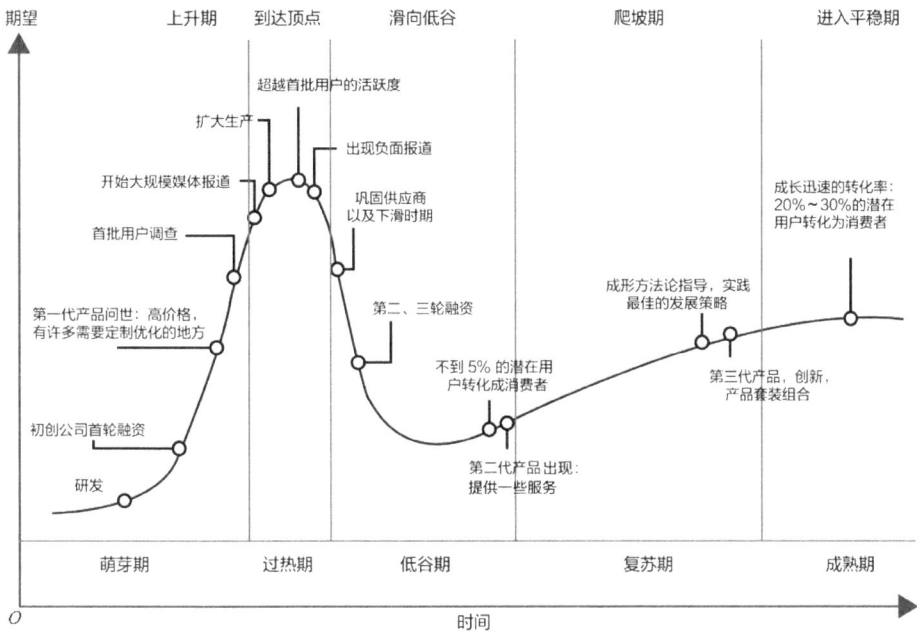

图 6-6　技术成熟度曲线

技术诞生的萌芽期（Technology Trigger）：在此阶段，新技术下的第一代产品上市。虽然这一代产品有很多值得优化的地方，但给人一种"希望之星"的感觉。在萌芽期，媒体开始介入对新技术的宣传报道，早期用户也开始参与进来，市场一片欣欣向荣的景象，例如 20 世纪 90 年代末，互联网泡沫破裂之前的疯狂上升期。[1]

过高期望的过热期（Peak of Inflated Expectations）：随着媒体的过度报道及非理性的渲染，产品的知名度达到顶峰，然而随着这项技术的缺点、问题、限制出现，失败案例的负面影响会大过成功案例所树立的正面形象。作为媒体的宠儿，刚刚度过萌芽期繁荣的头部公司自己也过分乐观，用户的狂热更是加剧了媒体的追捧，这些虚假的用户"正反馈"遮蔽了繁荣表面下的危机，直到泡沫破裂。

泡沫化的低谷期（Trough of Disillusionment）：历经了前面的阶段，存活下来的公司经过多方扎实而有重点的试验，对此技术的适用范围及限制有了客观并实际的了解，

1　互联网泡沫指 1995 年至 2001 年间的投机泡沫导致在欧美及亚洲多个国家的股票市场中科技及新兴互联网相关企业股价高速上升的事件。

其赖以存活的经营模式逐渐成长。此时的公司、媒体、用户都开始务实起来，市场逐渐变得冷静。

稳步爬升的复苏期（Slope of Enlightenment）：在此阶段，该技术开始被广泛应用，再次受到主流媒体与业界的高度注意，例如被打车软件再次带火的LBS[1]技术。

实质生产的成熟期（Plateau of Productivity）：在此阶段，该技术产生的利益与潜力被市场实际接受，能够支持相关经营模式的工具、方法论经过数代的演进，进入了非常成熟的阶段。

图 6-7 展示了 2019 年时一些主要技术在 Gartner 曲线上的位置，也是我写本书时所能找到的最新版本。它展示了未来 5 至 10 年内对商业、社会和民生能产生重大影响的技术都发展到了什么阶段。图中可以看到五种技术趋势：感知和移动性、人类增强、后经典计算与通信、数字生态系统、高级 AI 和分析。不过，Gartner 曲线的本质依然是一种预测模型，它所反映的技术发展趋势还有待时间的检验。

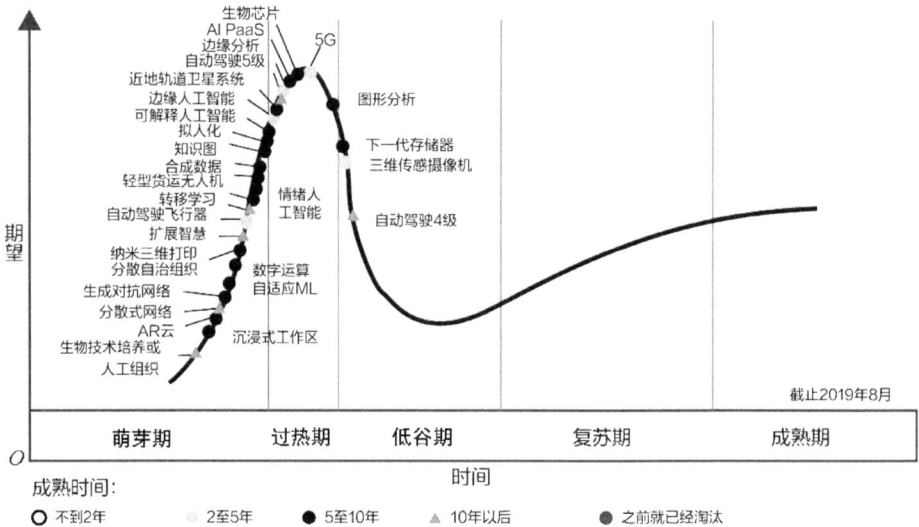

图 6-7　2019 年主要技术在 Gartner 曲线上的位置

数据来源：Gartner 咨询公司

---

1 Location Based Services，基于位置服务，其第一波应用是诸如 Foursquare 一类的地点打卡应用，但很快被市场淘汰。

阿里巴巴二十年的演化

讲完公司和行业演化的思考框架，接下来我们以阿里巴巴二十年的发展为案例，看看这家公司是如何推出一个又一个产品，并且跨越行业周期的。

阿里巴巴网络技术有限公司成立于 1999 年，最初的几年处于找方向阶段。据说那几年中，阿里巴巴做过 100 多个产品，甚至给中小企业建过网站。这一时期是阿里巴巴的项目产品化阶段。第一个比较成功的业务是阿里巴巴的B2B[1]业务，其中包括面向内贸的中文站和面向外贸的国际站。该业务主要解决的问题是内外贸企业做生意时信息不够通畅的问题。靠着诚信通和中国供应商两款产品收的会员费，阿里巴巴养活了自己，并且有了充足的现金流来支持自己思考下一步的发展战略。这时的阿里巴巴就到了产品平台化和平台生态化的阶段。

电子商务有信息流、资金流和物流这三大基础领域，如果只做信息流，创造的价值比较有限，所以阿里巴巴希望引入资金流。而在 21 世纪初，B2B 业务很难直接进行在线交易。于是，阿里巴巴先从面向个人的 C2C 业务切入，推出了淘宝。

之后，为了让消费者在网上交易更加方便，阿里巴巴顺理成章地做了解决信任问题的产品——支付宝，以及提升沟通效率的工具——旺旺。这一切发生在 2004 年左右。

随着淘宝卖家群体逐步扩大，他们产生了对管理软件的需求，于是阿里软件应运而生。阿里软件后来发展成阿里云，它给大小商家提供各种技术基础设施，而云计算相比于阿里巴巴起家的电商业务，可以称得上是跨行业周期的产品了。为了帮助商家更好地做生意，阿里巴巴也先后做了不少教育类产品——如阿里学院、淘宝大学等，它们帮助商家培养了很多人才。

随着消费者对网络购物的接受度越来越高，很多人不再仅满足于在网上购买大众化的商品，于是淘宝也进一步分化。C2C平台主攻商品的丰富度，这一平台被称为"万能的淘宝"；B2C平台主攻商品的品质，这一平台则被称为"品质天猫"，C2B[2]平台主攻消费者反向定制，这一平台被称为"无所不能聚的聚划算"。而整个淘宝体系也找到了比收会员费更高效、更自动化的盈利模式——广告和抽佣，这背后提供支持的主体则是大数据营销平台——阿里妈妈。

1　Business-to-Business，企业与企业之间的电子商业模式。
2　Customer-to-Business，个人与企业之间的电子商务模式。

到了第二个十年，因为网购的推动，物流、快递行业飞速发展，阿里巴巴内部对物流业务尝试多年，积累了相关经验，终于成立了菜鸟网络。这时的阿里巴巴越来越像一家生态型公司了。

资金流早期的阻碍逐渐被破除，B2B 的在线交易也开始成熟，于是阿里巴巴在此时又反向切回这个市场。最早只是作为淘宝财务部门的支付宝，也不再仅仅是一个支付工具，还包含了理财、信贷等金融业务。并且在支付宝旗下还成立了蚂蚁金服和网商银行，拥有了更大的想象力。

随着电商版图的全覆盖，阿里巴巴继续进军娱乐、健康产业的故事也在进行中……

在阿里巴巴二十年来演化的过程中，我们能明显地感受到阿里巴巴一浪又一浪地接力领跑，并且通过组织能力的建设，成功地跨越了 B2B、C2C、B2C、云计算、金融、物流等多个大小周期。

小结

长期主义提醒着我们：做任何事情，不但要想着提供用户价值、赚到今天的钱，还要考虑如何给将来做铺垫，让公司可以顺利地完成项目产品化、产品平台化、平台生态化，并且在业务以外沉淀组织能力，在不同的行业之间适时切换，建立跨周期的产品创新型公司。

思考题

当前，你的公司处于"项目、产品、平台、生态"的哪个阶段？你们主要的技术领域位于 Gartner 曲线的什么位置？想清楚了这两点，你接下来准备做哪些应对措施？

扩展案例：从《人人都是产品经理》到《人人都是产品经理 2.0：写给泛产品经理》

在这一节的扩展案例中，我想讲讲长期主义对我个人职业发展的影响。

截至 2020 年，我进入职场已有 15 年，比上不足比下有余，希望我的经历可以给你一些启发和思考。

我是一个风险偏好较低的人，所以回顾这几年，主动寻求的转变主要有这么几次：

从阿里软件到阿里巴巴 B2B 公司，再转岗到淘宝天猫。

从淘宝天猫转岗到阿里巴巴集团人力资源部门。

从阿里巴巴离职到自己创业，外加从事一些自由职业的工作。

从 2006 参加工作开始，起初的三四年我主要在练"基本功"。在阿里软件、阿里巴巴 B2B 公司做产品时，我积累了不少一线的实操经验。当时我对自己提出的目标是"三个一工程"——一本书、一个网站、一门课程。于是，我写出了我的第一本书《人人都是产品经理》，搭建了个人博客并运营至今，还开发了阿里巴巴内部的产品经理新人培训课程并担任讲师。

2010 年，我感受到一直做一些面向企业、偏后台的产品会有局限性，所以希望接触一些面向终端消费者的产品。于是，综合考虑了跳槽和内部转岗的利弊后，我最终选择转岗到淘宝天猫，负责一些垂直市场和营销产品。同时，我也认识到《人人都是产品经理》的局限是太过粗浅。但当时国内还没有产品前辈写的书作为补充，于是我和华中科技大学出版社的编辑一起组织了一个叫"七印部落"的网络协作团体，翻译了《启示录：打造用户喜爱的产品》等书，算是补齐了产品类图书的空白。

多样性产品的接触，丰富了我对产品思维的认知，也让我意识到，凭借我一个人的能力是无法遍历各种产品的。于是，我开始通过和各种高手交流的方式来积累自己的经验，并做案例学习。由于在天猫的工作实在太忙，我又一次主动转岗，到了阿里巴巴集团总部的产品大学，这样我便有了更多时间去做我想做的事情。

这个阶段，我做了四件事。第一，负责阿里巴巴产品大学。我将自己对事的关注扩展到对人的关注；第二，搭建了阿里巴巴集团的在线学习平台，我以此练手，在产品大学工作期间依然保持着对"做产品"的感觉；第三，把自己的经历和与高手交流了解的案例整理成我的第二本书《淘宝十年产品事》；第四，负责阿里巴巴集团的内部创新孵化器"赛马"。

这个阶段，我从一个负责 IT 系统这类具体产品的一线产品经理，变成了一个负责"组织产品"的人。这一转变使我对产品这个概念有了更通用的理解。这个阶段的经历让我加深了对人才培养、岗位设计、知识传递、创新创业等概念的认知，也让我认识到大公司里的各种做法必然有其局限性。

2014 年，我在阿里巴巴已经待了 8 年，我觉得一辈子只在一家公司工作是一件很可怕的事情，也很担心再过两年，我就不敢出来了，就像《肖申克的救赎》里那个在监狱里待了几十年的人，刑满释放以后根本无法适应外面的社会。于是，我挑了个阿里巴巴上市前的好日子，终于离职。

离开阿里巴巴以后，我给自己放了半年的长假，一边游学，一边找方向。之前就有很多公司找我去讲课、做顾问，但因为在阿里巴巴内部的时候并不方便，也没有时间，于是正好趁此机会多接触一下各种类型的企业和公司，外企、国企、创业公司、投资公司……渐渐地，我把离开时想做的泛教育方向缩小到职场、创业创新领域，而这个领域的受众人群正好和产品经理人群很像。

于是，我从 2015 年开始做创业服务，现在在杭州，我的公司叫良仓孵化器。我们相信科技与商业相融合的力量是无穷大的，而在杭州，这两股实力的代表正好是我读了 6 年书的浙江大学和工作了 8 年的阿里巴巴，我们试图做一些跨界交叉融合的事情。离职后 3 年的经历，让我脱离了只知道阿里巴巴、只知道大公司怎么做的局限，也对产品思维如何扩展应用有了更多的思考。于是，2017 年上半年我出版了自己的第三本书《人人都是产品经理 2.0：写给泛产品经理》。

伴随着知识付费、在线教育领域越来越火，从 2018 年开始，除了良仓孵化器，我还成立了自己的咨询工作室，用线上线下、培训咨询等各种方式提供产品创新的知识服务产品。

2019 年年底，我和极客时间合作了"苏杰的产品创新课"，这是一个音频课的产品，它也会融入工作室将来的产品服务系统里，主要承担的是 2C 的线上交付部分。那么，2C 的线下交付呢？我会在这个课程的基础上，增加更多的内容，变成我的第四本书，并且会衍生出一些培训和分享。而所有 2C 的交付，属于更大体系里的引流部分，会落地到 2B 的深度服务类产品上去，比如企业咨询的业务、创业孵化的业务，当然，还有和梁宁老师在 2020 年合作的产品创新工作坊。然后，我会通过这些 2B 的业务，积累更多更精彩的案例，梳理出更靠谱的方法论，再转化为 2C 的内容呈现。

总结以上这些举措，2C 是为了 2B 获客，2B 是为了 2C 积累，以此形成整个产品服务系统的闭环。

这就是我的故事，希望对你有所启发。我一直顺着一条主线走，而这条主线是逐渐清晰的。一开始，我的目标只是一个大概的方向——泛教育，这似乎和我的父母都是老师有关。然后，每一步具体怎么走，都是随机应变。时间长了以后，你就能体会到，你的每一段经历，都会在将来巧妙地融合在一起，你会发现没有任何一段是白费的。

扩展话题：从会议室装修看公司年龄

我们在前文讲过如何提高开会效率，这里我想单独说一下会议室。我选取了一个很刁钻的角度——**从会议室装修看公司年龄**。这个话题的启发来自《企业生命周期》，作者在书里把企业的发展历程比作一个人的生老病死。这个角度倒是不新鲜，但书里的一些观察和描述，却让人拍案叫绝。

婴儿期公司的人们……没有时间开会，所以也没有正规的开会场所。在去往机场的出租车里、在餐馆吃饭时、在走廊里、在电梯里都可以开会。

我的公司在杭州梦想小镇的一片仿古步行街区里，所以我们经常会三五成群地散步式开会。天气好的时候，这样的会议是很舒服的，而天气不好的时候，附近的星巴克、茶馆，甚至肯德基都是不错的选择。这种非正式的会议，会让人的思维处于相对放松、发散的状态，经常有很多灵感迸发，很适合创意讨论，如图 6-8 所示。

图 6-8　婴儿期公司的会议室

学步期公司的员工……会在创始人的办公室里，也就是权力中心（讨论）……由于基本上是创始人做出所有决策，因此讨论都很简短，……，很多时候人们都不知道怎么就得出了这样的决策。

我接触过的很多创业公司，甚至有些挺大的互联网公司，高管的办公室就经常被当作会议室。如果是英明的老板，则这样的会议是最高效的。但会议得出的结果好不好，很大程度上取决于老板。这是公司的"快生快死"阶段，在这个时期，公司的行事风格往往是雷厉风行、随机应变的，如图 6-9 所示。

图 6-9 学步期公司的会议室

青春期公司会发生多次权利转移过程，所以会议很多……存在异常问题的青春期公司中，真正的会议是在正式会议之外，在走廊里或在某个人的家里半夜三更举行的……正式的会议沉闷乏味，充满着紧张和克制的愤怒。

这类公司虽然有专门的会议室，不过配置都比较简单。这类会议室基本上是怎么省钱就怎么置备设施，通常只有轻便的折叠桌椅（通常是板材、塑料或金属材料的）、可移动的白板或者电视等设备。会议室还时不时会被用来做培训、团建、老板讲话，等等。人们对开会的反感，从这个时期就开始渐渐累积了，如图 6-10 所示。

图 6-10　青春期公司的会议室

　　壮年期的公司，会有非常正式的会议室……会议室配备的用具，实用性超过舒适性：结实的椅子和桌子、很好的照明、大的黑板架，以及配有各种彩色标记笔的白板。

　　这段时期的会议室，里面的桌椅开始变重，并渐渐褪去了草根味。这些会议室一般是北欧或者现代简约的装修风格，如图 6-11 所示。置身其中的人们几乎能想象出一位充满活力的中年明星创业者，在白板前挥斥方遒。

图 6-11　壮年期公司的会议室

　　贵族期公司……的会议室里，几乎可以肯定，你会看到一张巨大的、闪闪发光的深色木质桌子，围着一圈与之配套的豪华椅子。地毯很厚，光线昏暗，窗户上挂着厚

重的窗帘……工业心理学家指出，空间、灯光和色彩等因素会影响人的行为……这种
正式的会议室在提示每个进来的人："别没事找事。"

　　这段时期的会议室里，放置有实木会议桌、带真皮靠背的椅子，地上铺设着高级
地毯，墙面还做了吸音层。虽然有配给每个人的话筒，但每个人都不想说什么，而参
加会议的人也会因会议室的装修风格而感受到压力。这样的场景严重阻碍创新，当然，
这种会议本来也不是为了创新而准备的，如图 6-12 所示。

图 6-12　贵族期公司的会议室

第7章

换个视角看产品创新

在第 2 章到第 6 章中，我们系统地介绍了 5MVVP、它们涉及的各种概念，以及相互的对应关系。

到此为止，我们的描述更多的是从产品创新者的视角出发，因此在这一章里，我想换用另外两种特别关注"创新"的角色，即投资人和创业者的视角，带大家更全面地看待"产品创新"这件事。

	大阶段	MVVP的P	DS的D	验证重点	职能细分	商业节点	投资视角	创造的价值
前产品阶段	想清楚	案头工作 Paperwork	探索冲刺 Discovery Sprint	PSF 问题与 方法匹配	产品规划	概念筛选	看团队	
		原型设计 Prototype	设计冲刺 Design Sprint		产品设计	评审立项	看产品	发明价值
产品阶段	做出来	产品开发 Product	开发冲刺 Development Sprint	PMF 产品与 市场匹配	产品管理	是否发布	看数据	用户价值
	推出去	运营推广 Promotion	分销冲刺 Distribution Sprint		产品运营	是否推广		商业价值
产品矩阵阶段	可复制	复制组合 Portfolio	复制冲刺 Duplication Sprint	PRF 定位与 资源匹配	矩阵管理	二次创新		社会价值

7.1　投资人视角：产品的不同阶段，重点看什么

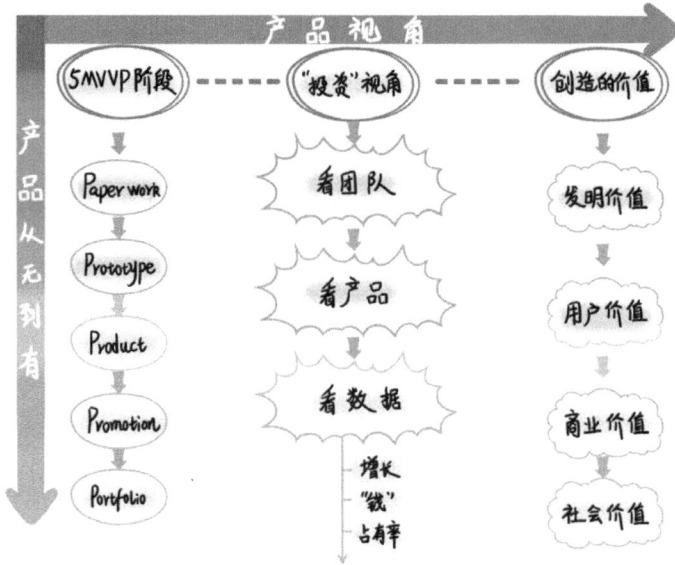

本节中的投资人指的是广义投资人，包括了各种阶段的基金投资人、公司中拥有资源分配权的管理层，甚至是对自己时间有掌控权的每一个人。

投资的本质，就是在用诸如钱这样的资源来"投票"以塑造未来。那么，我们自己作为创业者、产品负责人时，在产品不同的阶段应该怎样打动投资人或者老板呢？

首先，我们需要意识到投资人在不同阶段关注的重点是完全不一样的，这些不同的重点和 5MVVP 也有潜在的对应关系。下面我就以投资人看创业项目的视角来说说他们在每个阶段关注的重点，如图 7-1 所示。

图 7-1　投资人在不同阶段关注的重点

在产品尚未成型的早期阶段，投资人看重的其实并不是产品，他们主要看重的是做产品的团队，特别是团队核心人物。在 2014 到 2015 年那段风险投资最火热的时候，只要是阿里巴巴、腾讯这样的大公司里面的中层员工，不管离职出来做什么，只要他们想创业，马上就会被投资人盯上，投资人会很直接地向他们表示出投资意愿。甚至投资人还会主动撺掇没有离职打算的大公司员工出来创业。这就是典型的"投人""投团队"。这种投资基本上属于种子轮投资，获得了这笔启动资金后，团队就要开始做产品了。

"投人"投的是产品团队核心成员过去的信用背书。这样的团队只能拿到第一轮的钱，能否拿到下一轮投资就得看后续产出的产品了。投资人会思考团队解决的问题是不是靠谱、解决方案对不对。如果投资人认为产品方案靠谱的话，团队就可以拿到第二轮投资。这轮投资差不多属于天使轮投资，常见的金额是几百万到几千万人民币不等，金额的多少和行业、产品形态等因素相关。有了这一轮的投资，通常我们就要实施一些市场行为，通过和真实的用户互动来优化产品。

至此，产品已经做出来了，那这之后投资人看重的是什么呢？看的是实打实的数据，也就是市场的真实反馈。市场的真实反馈数据在不同阶段有着不同的表现，产品逐渐成熟，投资也会随之增加调整，基本上对应着从A轮、B轮一直到IPO[1]的投资。

投资人首先看的数据是与增长相关的，这是第一阶段。因为任何一个产品在开始的时候，我们都要去验证它有没有真正实现用户价值，而某些跟增长有关的数据就可以给我们很好的提示。很多传统企业的人都很奇怪，为什么有的互联网公司不赚钱，却那么值钱，让投资人趋之若鹜，市值估值很高。其实是因为这些互联网公司有一条漂亮的增长曲线。任何公司的资源都是有限的，但只要有一条漂亮的增长曲线，即意味着未来有更大的想象力和可能性，我们就不应该把资源拿来用于变现，而应该去投资未来，追求更大、更长时间的增长。有了在未来成功的极高可能性，现阶段赚不赚钱就不重要了。当然，这里所说的增长是良性的增长，是有用户留存的增长，而不是做出来的数据。

增长总会碰到瓶颈，因此投资人看数据的第二个阶段，就要开始看产品能不能赚钱了。"赚钱"又可以细分为收入和盈利，它们反映了不同的信息。有没有收入，代表用户对产品是否认可，愿不愿意拿钱来表示支持；而是否盈利，要看公司内部的运转效率，包括生产研发"做出来"的效率和营销推广"推出去"的效率，等等。

如果这些跟钱有关的数据还是很漂亮的话，也许公司就可以准备上市了。上市之前投资方看的数据又不一样了，这个时候他们还会看市场的占有率，也会思考整个市场有多大、将来这个市场的规模会如何变化、公司在市场中又能分到多少份额、将来这个份额又会如何变化等问题，以及很多专业的财务指标。这时候，投资人的视角会上升到整个行业生态。此时，投资人的评估是对公司价值的终极评估。

小结

以投资人视角看产品，在不同阶段的关注重点也不尽相同。从最开始关注做产品的团队，到关注作为解决方案的产品，再到关注各种数据，这些投资人关注重点的变

---

1 首次公开募股（Initial Public Offering）是指一家企业第一次将它的股份向公众出售。

化也对应着产品从无到有的过程：先要有能"想清楚"的灵魂人物，再要有能"做出来"的团队，最后拿到"推出去"的结果。

思考题

你的产品近期有考虑融资、争取资源吗？它当前处于什么阶段？为了增加融资的成功率，你应该在哪方面再下一点功夫？

扩展话题：产品创新的四重价值

毋庸置疑，产品创新是有价值的。但哪些价值高、哪些价值低，我按照自己的理解分成了四层，并且这四层价值也和前文提到的投资阶段相对应。我将以本书为例展开分析。

发明价值

对于本书而言，只要我原创性地写出了本书，它就拥有了"发明价值"。这一价值对应着"关注产品本身"的投资阶段。

"发明价值"是一个产品能被称为创新的基础条件，这意味着我们要做出一些世上原本不存在的新东西。而有些做产品的人，只能抄袭模仿，这样做出来的产品是不具备"发明价值"的。

我对"发明"和"创新"这两个词有着不同的理解："发明"只说明我们的产品是新的，而"创新"还需要产品有用。

比如有很多科研成果都被束之高阁，只能在实验室里等待适合的应用场景在未来出现。我们可以说这些成果有发明价值，但暂时还不是创新，因为它们还没有没找到用户价值。不过，科学研究当然很重要，以历史的眼光来看，底层的发明经常能带来重大的产业变革。只不过在商业环境下，我们做产品不能局限于发明价值。

用户价值

一本书要想有用户价值，就要有相当多的读者认同本书有价值。"用户价值"对应着投资人关注增长类数据的投资阶段。

任何一个产品要达到第二层价值都不容易。毫不夸张地说，每年上市的新产品中有 90%都缺乏用户价值，是"发明"而非"创新"。

该如何达成用户价值呢？这需要我们去理解用户、深挖需求、感受场景、分析竞品，这个过程是"想清楚"。然后，再把问题转化为合适的解决方案，多快好省地"做出来"。最后，还需要将产品"推出去"，让尽可能多的目标用户用上我们的产品。这些内容也是做好产品创新最基础的标准动作。

商业价值

实现商业价值的表现是本书赚到的钱足够覆盖各方的投入。但这一数据要几年后才能核算清楚。它对应着投资人关注收入（盈利）以及市场占有率等数据的投资阶段。

有用户价值的产品中也有很大一部分没法盈利，它们要么靠团队的情怀加资金积蓄来支撑，要么靠一个更大组织里的其他团队来输血，要么靠风险投资人对其未来可能性的认可。

但这些都只能短期解决问题，无法支撑其长期发展。所以，一个可以长期独立生存的产品，一定要有自我造血能力。没法创造商业价值的产品，只能是一个闭环产品矩阵里的部分模块。

一个产品是否有商业价值，也是评判一个产品人是否具备"端到端"能力的标准之一。在大公司里做产品总监，甚至产品副总裁，都未必能训练出这项能力，但要想自己创业成功，则必须具备这项能力。

社会价值

如果本书的内容让很多产品实现了正向的改变，那我想也算是一种社会价值了吧。

社会价值是指一个产品不但可以自给自足，还产生了正向的外部影响，可以让更多的社会角色受益。比如，淘宝让有些残疾人可以通过开网店自给自足，快手让一些有才华的小镇青年发现了新的可能性。

产品有了社会价值，也就意味着它在该领域的生态中占据了相对重要的生态位，和很多社会角色产生了共生关系，不再那么容易"死掉"了。

这四层价值体现了产品的成长，从产品诞生阶段的发明价值，到产品刚刚进入市场时尚需输血阶段的用户价值，到产品逐渐成熟实现盈利阶段的商业价值，再到产品可以让更多社会角色获益阶段的社会价值。这四层价值也是依次实现的，如果前后的价值实现顺序发生改变，多少也能说明产品存在一定的问题。

比如，如果一个产品没实现发明价值，而是通过抄袭别人的产品，实现了用户价值和商业价值，这就是一种盗窃的行为；如果一个产品在还没实现商业价值，即没赚到钱的情况下，就整天谈理想、谈使命、谈情怀的话，则产品的规划将陷入一种自以为是的空谈。

7.2　创业者视角：找到合适且真正有用的产品经理

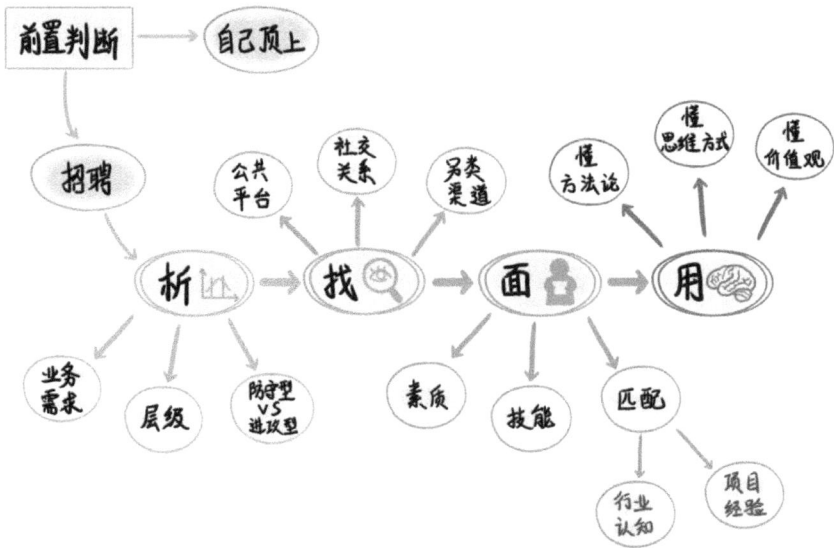

只要抱有主动做事的心态和自我设定的目标，不管是自由职业者，还是公司里的员工，都可以是"创业者"。但是为了和产品创新的实际工作相联系，接下来，我们还是以创业公司老板的视角为例来介绍什么是创业者视角。

对一个创业公司的负责人来说，创业初期有三件事：找人、找钱、找方向。"找方向"需要的正是产品创新的能力。那么，如何获得这种能力呢？通常有两种方法：

▶　依赖核心团队，快速提升自己的能力。

▶　招聘一个合适的人——通常是产品经理——加入公司。

第一种方法是长期的工作，因为自我提升需要慢慢积累。在我看来，公司创始人是需要深度参与到产品创新中去的，特别是在公司创业的早期。不过，这与招募合适的产品经理加入并不冲突。

第二种方法是招聘一位产品经理。它可以"短平快"地解决很多问题，下面我们就重点讲解一下如何找到自己需要的产品经理，并真正发挥出他的能力。

招聘产品经理的四个故事

在正文开始之前，先介绍四个真实的案例，这些案例都是最近几年我遇到的故事。

第一个故事

有一个生鲜 O2O 项目创业团队，它的 CEO 是传统业务出身，他之前的生意很成功，于是想创业实现人生理想。在一年的时间内，他们花了三五百万来搭建销售团队、实施地推营销、不断投钱补贴……做了很多工作。但我看了他的线上系统和后台，用户体验非常差：不仅使用流程会发生卡壳，而且界面也是十年前的风格。由于开发工作是外包的，前后做了很久，然而最后成品的质量也不高。并且，他们对各种业务流程、数据统计都没做好规划。

我当时的想法是：把钱砸在这么多地方上，为什么不招一个产品经理帮你把产品做好一点呢？

这就是招聘的第一个典型问题：缺少产品意识，不重视产品和产品经理。

第二个故事

如今，产品经理已经不再是稀缺物种，许多行业里有很多拥有大公司背景的产品经理候选人。在 2018 年，我遇到了一个初创公司，他们想找一个产品负责人来做整个产品的设计、规划和一些业务判断。

这个 CEO 没有一线互联网大公司的工作经历，对大公司的产品经理有点盲目信任，于是，他花了很多钱，招了一个很薪水很高的腾讯前产品总监。

你猜结果怎么样？

这个产品总监虽然很靠谱，在腾讯时的工作绩效也不错，但来到该初创公司之后完全水土不服。他在大公司是产品专家，做的是某一个成熟业务的迭代优化，从没做过新业务。而初创团队需要的从 0 到 1 的业务能力，他并不具备。于是过了几个月，双方不欢而散了。

这是招聘的第二个典型问题：不知道究竟该招个什么样的产品经理。

第三个故事

经常有 CEO 找我推荐靠谱的产品经理，他们常见的问题是这样的：我想清楚了要一个什么样的人，但收到的简历太少了，而且我没什么产品经验，我该怎么面试他呢？哪些问题既能表现出我懂行，又能考察他的能力呢？如果我很喜欢这个人，我该怎么说服他加入我的团队呢？

这是招聘的第三个典型问题：找不到候选人，招聘面试效率很低。

第四个故事

最后一个故事的主人公是我认识的一个 CEO。朋友给他推荐了一个靠谱的产品经理，学习能力很强、自驱力很好，也非常有想法，且愿意做事。

但是这个产品经理最后待了不到半年就离职了，双方还闹得很不愉快，互相都觉得没得到对方的尊重。这类故事我见过很多。很多非产品出身的创业者，比如做开发、销售，或者传统行业出来的人，会经常遭遇这样的困局。

这是招聘的第四个典型问题：招到了一个不错的产品经理，但用不好。

看过了这几个故事，这些痛苦你是不是也遇到过？下面，我们就用"析、找、面、用"四个字来破解这些难题。

析：分析自己需要哪种产品经理。

经常有人问我，自己需不需要找一个产品合伙人，应该找一个产品总监、高级产品经理，还是便宜的产品新人？这显然没有统一的答案，我们应该实事求是，分析清楚自己的需求，再匹配市场上已有的产品经理种类。

首先，我们得分析自己的业务需求。我们要意识到对于不同的业务，产品的重要性差异很大。像社交产品、直播 App、效率工具等产品，产品设计的好坏直接决定了项目的成败。而如自媒体、餐馆的管理后台等产品——这里指狭义的 IT 系统——在整个产品系统中只起到辅助的作用，相对没那么重要，也就不必聘请高级的产品经理负责。因此，业务需求决定了核心团队是否应该有一个产品合伙人。

然后，我们要根据当前要解决的问题来匹配不同的产品经理。这些问题需要从团队整体状况到具体产品经理岗位的状况，自上而下地进行思考。它们包括但不限于：团队是否无法对产品方向进行判断？团队中有没有人能独立承担产品设计、需求管理？团队是否缺少把成熟想法开发上线的骨干？团队是否需要有人跟进细节、负责落地执行？这些问题都需要我们认真思考一下。

分析完了自己的需求后，接下来就要看供给侧了。市场上有大量的产品经理，他们都有哪些种类呢？

最简单的方法是看看互联网大公司是如何定义产品经理的层级的。我研究过各个公司的定义方法，发现了两套看起来不同但本质相似的定义思路。

第一类，按照"能力"来划分，最典型的就是美团。它把产品经理的能力划分为六部分，即需求把握、方案设计、推动能力、决策能力、业务/技术理解以及领导力。然后对产品经理的每种能力进行分别打分，综合得分越高，产品经理的层级也就越高，如图 7-2 所示。

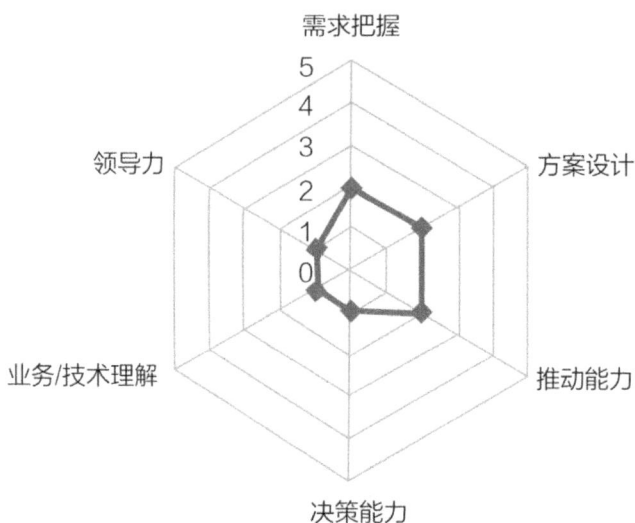

图 7-2   产品经理能力的雷达图

作为创业者，可以试着按照美团的产品经理能力模型给团队打个分，这样就可以看出自己的短板在哪里了。

第二类，按照"结果"来划分，也就是按产品经理能负责多大的事情来划分。最典型的就是腾讯。

在腾讯，低层级的产品经理，只能优化模块和功能；高级一些的可以独立负责完整的产品；再高级一些的可以负责新业务，做战略决策；顶级的产品经理，如张小龙那样的员工，他可以"无中生有"地创造出微信。

这两种截然不同的层级体系，背后的逻辑其实是相通的，因为美团所侧重的产品经理"能力"正是腾讯产品经理"层级"划分的依据。

不过，若是初创公司，我的建议是采用第二类层级划分方法。因为初创公司的业务还没成型，岗位也没定型，很难清晰定义究竟需要什么样的能力，我们需要的是能帮团队"扛事"的人，所以，需要扛多大的事，就去找对应级别的人。

那么，按照这个思路，产品经理具体可以划分为多少个层级呢？我在《人人都是产品经理（思维版）》里，把产品经理分为 8 个层级，如表 7-1 所示。作为一名创业者，我们应该重点关注第 1~5 层的产品经理。

表 7-1 产品经理的层级与责任

层 级	典型任务	承担责任大小
0	职场新手上路	
1	需求细化与研发跟进	做功能
2	用户研究与项目管理	做项目
3	完整产品与大局观	背目标
4	产品线与带团队	做业务
5	成功案例与影响力	探方向
6	商业闭环与全职能管理	
7	自己成功到助人成功	

对应这张表，再结合上文所分析的业务需求，我们基本就可以判断自己究竟想要一个什么样的产品经理了。

除了参考其他公司产品经理层级划分的分类方式，还有一种对创业者也很重要的产品经理分类方式："防守型"和"进攻型"的产品经理。在大公司，当一个产品经理成长到表 7-1 中的 3、4 层以后，就会产生这种分化。

防守型产品经理常见于大公司里。这些大公司家大业大，这类产品经理往往负责某个成熟业务的某一部分，他可能是某方面的专才，比如电商供应链系统、营销系统，等等，他可以把负责的产品不断优化。

进攻型产品经理在大公司的占比很少，毕竟大公司中全新的内部业务本来就少。这种业务复杂度不高，但难度很大，需要在开放的市场里做调研、选择机会、制定策略，用最低的成本完成验证和冷启动。

这两种产品经理的差异，也类似于"渐进式创新"和"颠覆式创新"的区别。前者更偏向于沟通、管理，对某个领域有长期积累；后者更全能，更需要快速学习和独立思考的能力，因为他需要在复杂的市场里摸索出一个可行的商业模式。

大家再回顾一下在这一节开始讲的第二个故事：那位 CEO 花了很多钱，招了一位腾讯前产品总监，最后发现完全水土不服。背后的原因就是上文提到的，多数创业者需要的其实是一个能够实现产品从 0 到 1 突破的进攻型产品经理，若招了一个防守专家，结果就可想而知了。

找：通过什么渠道找到候选人。

清楚了需要什么样的产品经理之后，下一个问题就是：我该怎么找到候选人呢？

我整理了一份招聘渠道的单子，可以供大家尝试使用。

第一类：公共平台。

1.　我们可以在招聘网站发布信息，如拉勾、Boss直聘、猎聘、智联、前程无忧等，它的好处是只要付费，就能拿到一堆简历，但缺点是简历质量未必高，所以更适合招聘初级岗位。

2.　我们通过自己认可的专业内容，寻找背后的作者，比如知乎的好答案、36kr或者产品经理专业网站的优秀文章，这种做法的好处是能特别精准地找到需要的人才，但缺点是对方未必搭理我们。

第二类：社交关系。

1.　在职场社交平台里，可以通过关系、搜索等方式定向寻找，如脉脉、LinkedIn等。

2.　在通用社交平台里，可以通过自己的人脉，求助圈子内的KOL定向寻找，如微信、微博等。

3.　我们可以通过线下求助、求推荐的方式寻找，比如打电话给认识的大咖，让员工全员内推等。

4.　由猎头推荐人选（和在公共招聘网站付费发布招聘信息的方式相比，猎头推荐的方式更接近通过社交关系内部寻找）。更好的做法是和一些靠谱的猎头建立起长期的良好互动。

5.　我们还可以让候选人推荐其他候选人，这一点千万不要忘记。任何一个靠谱的候选人一定认识不少可能合适的人，即使他没有加入我们，我们也可以通过他寻找到其他候选人。

这几种方式的好处是有了人际关系、同事同学的背书，候选人信息更加真实可靠，但缺点是招聘者需要较长时间经营关系，把自己塑造成一个靠谱的人。

第三类：另类渠道。

1. 我们可以在产品的核心用户中寻找。任何产品，总有一些愿意提意见、积极互动的用户，不妨试试他们有没有可能入职变成产品经理。

2. 招募靠谱的合作伙伴、供应商、客户等这些经常合作的人。由于双方有了信任基础，我们也可以考虑说服他们加入，但要注意综合评估对合作关系的伤害。

3. 挖竞争对手墙脚。这个方式，除了让自己的实力增强，还可以让对手的实力降低，可谓一石二鸟。当然，我们也要提防对手用这招。挖墙脚的做法虽然听上去不够磊落，但在竞争激烈的商场中是普遍存在的。至于是否采用，我们要根据自己的切身情况来判断。

以上是我基于自身理解和经验做的整理。它并不是一个完整的渠道清单，仅提供给大家做一些启发性的参考。具体操作时要灵活地选择不同的渠道，比如想招产品合伙人，通过发布招聘信息是很难找到的，更靠谱的方式可能是请朋友或者猎头推荐。

面：面试产品经理。

招聘渠道通畅并且有了候选人之后，接下来我们的重点就变成了面试产品经理。

在面试中，有一个概念叫作结构化面试，即面试官认真分析特定岗位的需求，整理面试的考察点，最后形成一组专门的面试题。面试官可以用这组题去考察不同的候选人，看看候选人的回答有何不同，这会让面试官更容易评估哪个候选人更优秀。

那产品经理岗位如何做结构化面试呢？有一个简单的三要素框架，即"素质、技能、匹配"。创业者可以根据自己的具体需求做调整，整理一份自己的问题集。

素质

优秀的产品经理往往有强大的自驱力、优秀的学习能力，和良好的沟通方式。

自驱力背后体现的是对产品相关领域自发的热情，这一点可以从候选人的日常言行中体会到。

学习能力是优秀产品经理和平庸产品经理的一条分界线。优秀的产品经理一定是喜欢阅读、喜欢总结，并且能够深度思考和具备复盘习惯的。想考察这一点，我们可以问问对方有没有在某件事情上成为 Top 1%的经历。

沟通方式背后体现的其实是同理心。如果一个人与同事沟通困难，那么他与用户的沟通自然也好不到哪里去。这一点也是比较容易就可以考察出来的。

技能

如果说素质是人的天然属性的话，那么技能就是可以不断训练、不断积累、逐渐形成的属性了。我在《人人都是产品经理（思维版）》里总结过产品经理的 8 个层级，每一级都有对应的技能关键词，如表 7-2 所示。

表 7-2　产品经理层级与技能

层级	典型任务	相关技能的关键词举例
0	职场新手上路	执行力、逻辑思维、时间管理、团队精神、会议管理、办公软件使用
1	需求细化与研发跟进	文档与原型、领域知识、懂技术、懂设计、项目跟进
2	用户研究与项目管理	用户研究、项目管理、心理学、社会学、数据分析、竞品分析、协调资源、优化流程
3	完整产品与大局观	做取舍、需求管理、产品规划、懂市场、懂运营、商业感觉、行业分析
4	产品线与带团队	前瞻性、产品分解、产品生命周期管理、培养新人、团队管理、定目标、追过程、拿结果
5	成功案例与影响力	创新、输出方法论、知识传承、心态修炼、成就他人
6	商业闭环与全职能管理	开宗立派、领导力、企业文化传承、战略制定、组织发展
7	自己成功到助人成功	理想与信念、情怀、引领时代

当面试特定级别的产品经理时，我们应该重点考察对应的某些技能。如果我们在面试产品新人的时候，不断讨论公司战略、商业逻辑、营销方法，而面试高级别的产品经理时，又喜欢问项目推进细节、产品界面设计等问题，这样的面试不但效率很低，还会让对方觉得我们不懂产品。

匹配

结构化面试的重点是候选人与产品的匹配。我把这种匹配又分为两部分，一是行业认知，二是项目经验。

在 O2O 模式最火的时候，美团、去哪儿、百度糯米……这些产品团队疯狂地互挖产品经理，每次都给出涨薪 20%、30%，甚至 50%、100%的薪酬承诺。一位亲历了

O2O 大战的朋友对于这种现象给出了自己的观点：行业认知。

产品经理在一个行业待久了，大量的行业研究、竞品分析、用户访谈、数据分析、一轮又一轮的项目试错经验，最后都会沉淀为这个产品经理的行业认知，而这都是公司花大量真金白银买来的经验。比如，特定用户在打车的时候，究竟是对等候时间更敏感，还是对价格更敏感，抑或是对安全更敏感？如果这一敏感要素是等候时间，那么多久是用户的心理底线？如何通过产品策略来提升这个忍受值？这些问题的答案可能是产品经理花了大量时间、不断做实验摸索出来的认知。而如果能把这样的产品经理招到自己的团队，那么我们将瞬间获得这些宝贵的行业认知和经验。

匹配的第二点是同类项目经验。每个业务都有独特的产品逻辑。做过社交产品的产品经理再做一个新的社交产品，速度和质量都会更高；而让他去做交易类产品，就未必容易上手。同理，做过手机 App 的产品经理，转去做家居智能的硬件，恐怕也难以胜任。

最后，如果我们遇到了一个各方面都很合适的产品经理，怎么邀请他加入呢？这种产品经理往往在行业里很抢手，他备选的机会也很多。对此，我们可以借助这样几种激励方式：名、利、权、情。"名"即名誉，如好听的岗位抬头；"利"即利益，如优厚的薪资待遇；"权"即权力，如对产品的决策权限；"情"即情感，如对产品愿景的认同。任何高阶岗位都可以用类似的激励方式。

用：与产品经理更好地配合。

在这一节开始讲的第四个故事中，我们看到因为沟通合作的问题，会让一个靠谱的产品经理难以发挥效用。而更可怕的是，越有能力、越有想法的产品经理越容易因为这种问题而流失。

该如何解决这类问题呢？

作为 CEO，我们可以不会产品设计、不懂怎么做调研、不懂怎么和开发人员及设计师沟通，因为这些都是产品经理的本职工作，但我们必须要懂产品经理。很多靠产品驱动的公司，获得了 B 轮投资、C 轮投资甚至最终上市，他们的创始人都不是做产品出身，但无一例外的，他们都有很好的产品思维，能与优秀的产品经理一起合作。说得再直白一点，CEO 可以不动手，但是脑子要跟上，不能有产品的认知盲区。

如何让自己懂起来呢？我把这个过程由浅到深分成了三层，分别是理解方法论、理解思维方式、理解价值观。创业者们应该加强对这三方面的理解和认知，通过建构产品思维去弥补产品工作经验的不足，市面上有许多相关的资料可供学习，我写的"人人都是产品经理"系列图书也围绕这三个层次有过专门的论述。最后，我们再根据自己的能力和眼下的问题，来针对性地寻找解决方案。

此处，我想特别强调产品经理价值观中的一句话：一切以用户价值为依归。

这句话是在腾讯内部被提到最多的一句话，我也和很多工作多年的产品经理交流过，大家都非常认同这句话。具体而言，产品工作是以实现用户价值为核心、为基础的，而不是为了追求数据可观，或者满足老板的意愿。

如今的时代，组织形态越来越灵活，合作方式越来越多样，是否还有其他可以找人帮忙做产品创新的办法呢？我会在下一节中继续这个话题。

小结

这一节，我们从创业者的角度讲解了如何为创业团队招聘产品经理：

▶ 析：我们要分析自己的业务需求、需要什么层级的产品经理，以及需要防守型还是进攻型的候选人。

▶ 找：对于三大类招聘渠道——公共平台、社交关系、另类渠道，我们得注意灵活应用，接触更多的候选人。

▶ 面：形成自己的结构化面试题库，我们要从"素质、技能、匹配（包括行业认知、项目经验）"三方面考察候选人。

▶ 用：CEO可以不懂具体怎么做产品，但要能与产品经理顺畅沟通，懂方法论、懂思维方式、懂价值观。

思考题

分析盘点一下你的团队现在是否缺产品经理，如果缺，你准备怎么运用析、找、面、用四步来改善目前的状况呢？

7.3 关于产品创新工作坊

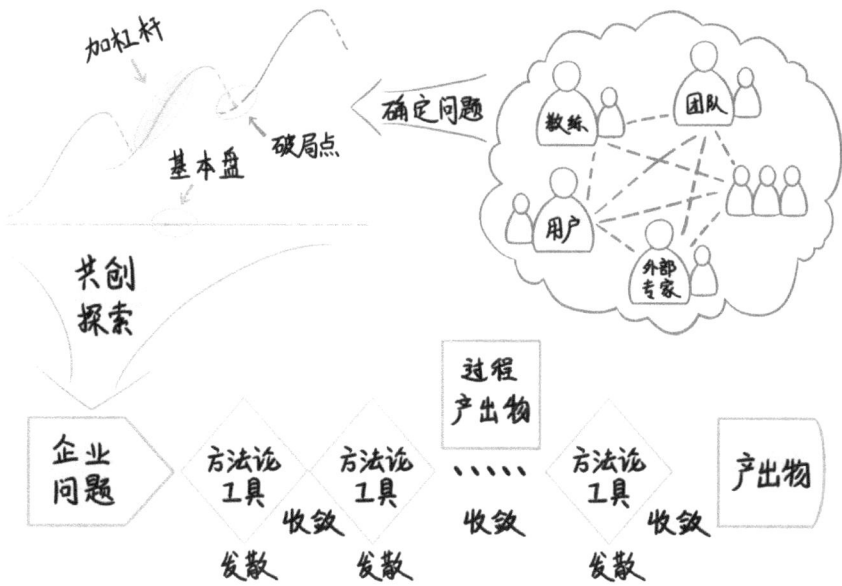

找人做产品创新，除了招聘产品经理，还有一种咨询模式。我的产品创新工作坊，正属于此类模式。

基于本书里提到的产品创新方法论，从 2019 年开始，我和梁宁[1]老师一起尝试了一些实践，给一些公司就产品创新的主题做了探索，并于 2020 年正式推出了产品创新工作坊。

工作坊的缘起

2018 年到 2019 年，梁宁老师的知识课程"产品思维 30 讲""增长思维 30 讲"先后上线，收到了几十万用户的数万条留言，其中有很多企业分享了自己在产品创新中走的弯路和承受的损失。

产品是业务的起点，如果产品存在硬伤，却寄希望于后期通过运营和市场投放来强行推动，就会导致对产品的投入越多，对业务的伤害越大。

梳理产品创新的几大问题后，我们发现这些问题存在一些共性特点，从短期到中期到长期，我们把这些问题总结为"破局点、加杠杆、基本盘"三个词。

比如有些已经很成熟的集团公司，虽然短期内"死"不了，但在价值网络的束缚下，难以找到新的增长点，故而担心在整个行业下滑后自己在新的浪潮里没有一席之地，这就是缺乏"破局点"而引起的焦虑。

又如有些传统上市公司之前成功过，但没有主动突破和扩圈的能力，因此不断被跨界产品打劫，市场占有率不断下跌，这就是由于没有做好"加杠杆"而产生的困境。

再比如很多网红企业因为运气好而做出了爆品，但随着时间的推移，产品的整体发展逐渐走低，于是他们就把希望全部寄托在下一个爆品上，这就是典型的没有"基本盘"的规划。

带着如何解决这三大问题的思考，从 2020 年开始，我们决定专门针对企业提供一项全新的服务——产品创新工作坊。

1　得到"产品思维 30 讲""增长思维 30 讲"主理人，已有 20 多年的 IT 互联网从业经验。

工作坊模式介绍

工作坊是一种"产品创新教练＋企业内部团队＋企业用户代表＋外部专家"就一个产品创新课题，通过 1 个月时间的协同共创和沙盘演练，让团队的各种思考被充分讨论，最终在集体心流中达成共识，从而完成探索发现和团队决策的团队训练模式。

在整个过程中，我们也会同步为企业内部培养一至多名产品创新教练，以促进整套方法论在企业内部的持续践行。

为什么需要产品创新教练

很多企业都希望通过"请一个产品高手"来解决自己的产品问题。

学习过"增长思维 30 讲"的朋友应该了解"信息环境""决策模型"这两个概念的重要性。大多数产品团队过于关注自己的主观愿望，或者自己熟悉的信息环境和决策模型。但如果信息不完整、讨论方法不对、决策模型不清晰，那想做出正确的产品，就只能靠"领导拍脑袋""大伙撞运气"了。

产品创新教练在这个决策过程中的工作是：使用专业视角设计信息环境，讨论流程以及每个决策点可以采用的决策模型，从而引导团队思考。

只有团队脚踩着的、够得着的、想得到的、有共识的，才是这个团队可能实现的。所以，教练就是要帮助团队用自己的眼睛去发现，用集体的协作来行动。

产品创新教练要做哪些事

产品创新教练不做任何决策、不出点子，只设计信息环境、议事流程，提供讨论工具与决策工具。工作坊的现场，就是把合适的人找来，用匹配的工具和方法论，让信息流产生、发散、收敛、发散、收敛……直到最后，促成共识信息的出现。这些共识的信息会引发集体心流，让大家更好地展开合作。

工作坊期间具体做什么

产品创新工作坊的流程安排如表 7-3 所示。

表 7-3　产品创新工作坊的流程安排

阶　段	事　项	内　容	时间周期	形　式
前期	调研	利益相关人访谈：CEO、核心团队、用户代表，以及其他利益相关人	1 周	面谈、线上沟通、电话访谈等
		了解行业、企业阶段、诉求、资源情况等	1 周	
	共识	明确工作坊要解决的问题、最终要达成的目标	3 天	
中期	确定工作坊流程	讨论并设计工作坊流程（至少包括如下环节）： 确定议事流程 确定参与人员 工作坊相关概念导入 结构化的讨论工具设计 每个决策环节的机制设计	3 天	面谈、线上沟通、电话访谈等
后期	工作坊现场及后续	利益相关人分析、制作用户旅程图、机会 Paper、竞品扫描、杠杆设计、增长飞轮、模式设计……	2 天	现场沙盘演练
		提供总结反馈报告		

注：一个月的时间是指工作坊项目的时间周期，并非工作量。

　　工作坊的工具箱分为四大模块，如图 7-3 所示。

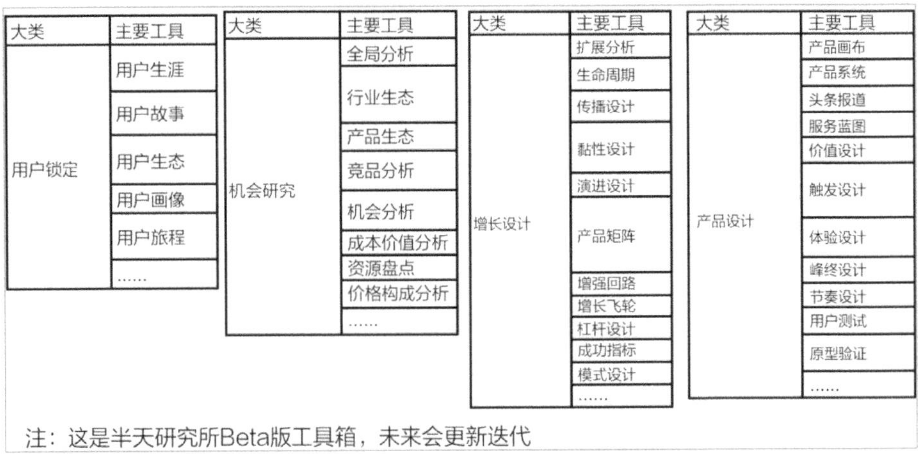

大类	主要工具
用户锁定	用户生涯
	用户故事
	用户生态
	用户画像
	用户旅程
	……

大类	主要工具
机会研究	全局分析
	行业生态
	产品生态
	竞品分析
	机会分析
	成本价值分析
	资源盘点
	价格构成分析
	……

大类	主要工具
增长设计	扩展分析
	生命周期
	传播设计
	黏性设计
	演进设计
	产品矩阵
	增强回路
	增长飞轮
	杠杆设计
	成功指标
	模式设计
	……

大类	主要工具
产品设计	产品画布
	产品系统
	头条报道
	服务蓝图
	价值设计
	触发设计
	体验设计
	峰终设计
	节奏设计
	用户测试
	原型验证
	……

注：这是半天研究所Beta版工具箱，未来会更新迭代

图 7-3　产品创新工作坊的工具箱（分四大模块）

哪些企业适合报名

工作坊面向的行业不限，但参加者需要是 2C 类企业且有全国市场。产品形态（软件/硬件/服务）不限，但我们原则上不服务大型 2B 类企业的定制类项目。除此以外，我们希望参加者所在的行业正在快速变化。因为有变化的行业才有机会。同时，我们希望参加者有成为品类头部的志向，有建设企业基本盘的耐心。最后，我们希望参加者是有社会责任感的企业。

如果你的企业感兴趣，欢迎用各种方式联系我。

小结

在掌握了产品创新的核心理念之后，你的团队也可以实施类似的工作坊，关键在于营造一个共创的氛围、邀请合适的角色、设计顺畅的流程、讨论正确的问题，以期用群体智慧来促成业务突破。

思考题

产品创新工作坊把产品短期、中期、长期的常见问题，总结为"破局点、加杠杆、基本盘"三大点，你可以对应自己的产品，想想当前最急迫要解决的是哪个问题。

后记

死亡是宇宙最伟大的发明

一个组织成长的过程就像一个人的生命历程。与人追求长生不老类似，组织也会追求基业长青。但市场规律与自然规律一样，我们很难与其对抗。

一个人可以通过锻炼身体让自己健康强壮一些，以求能多活几年，但不可能做到长生不死。同样，组织如果追求狭义的基业长青，往往也很难如愿。

人的成长本身是一个可能性逐渐减少的过程。所以，能产生的"新"东西也必然是越来越少的。比如胚胎时期的干细胞拥有最多的可能性。干细胞可以发育成皮肤、肌肉、骨骼、脏器，充满了活力，但等到细胞成熟以后，便不再拥有这种功能了。

因此，"活着"的终极意义就是"创新"，创造出原来没有的东西，让宇宙不断产生和保持"有序结构"。

但单个生命体终究无法长生不死，组织亦如是，这该如何是好？

聪明的大自然设计出了生物的死亡、突变、繁衍的机制，让生命体在另一层面实现了永生。而组织，也可以借鉴这个自然规律，把自己的一部分转化成下一代新组织。例如，通过在现有组织的内部和外部进行各种形式的孵化，创造各种条件来促进新业务的成长。

而这么做的前提是，鼓励犯错、允许失败、保持多样性，等等。

阿里巴巴有一个名为"赛马"的内部孵化器，它践行的正是"自下而上创新"的机制和文化。而且很多阿里人离职创业后，依然和阿里巴巴保持着合作关系，比如我的良仓孵化器，就是阿里巴巴"繁衍下一代"的一种方式。未来的大公司会越来越重视"自下而上"的微循环和体外循环，会越来越认识到公司的边界其实不必那么清晰，也会越来越重视"毕业校友"这个群体。

要建立这样的机制，公司和产品的拥有者首先需要做好心态的修炼。如果创业者对组织生命的理解还停留在个体层面，无法脱离自己现有的"肉身"，而惧怕"死亡"，那断然是做不好公司的。一个适应未来的组织，需要有更开放和包容的心态。

道理大家都懂，可要想真正调整心态，摆脱对死亡的恐惧，创新出下一代产品又谈何容易？

回到产品业务层面，为什么过去的成功或者现有的"肉身"反而会成为创新的阻力？对于这个问题，《创新者的窘境》一书里有比较透彻的解释：

所谓的"窘境"，就是说管理良好的企业，由于它的管理良好，使得它对于一个特定的"价值网"（或者叫"生态系统"）来说很成功。也正是由于它的管理良好，或者说，是对于某"生态系统"的过度优化，使得它遇到另一个新的"生态系统"时，会遭遇失败。

这里提到的不同"生态系统"的此消彼长，也就是吴军博士在《浪潮之巅》里说的"浪潮"。成功公司的常规管理方法是：

第一，听取消费者的意见，大力投资他们希望得到进一步改善的技术。

第二，争取更高的利润率，以更大的市场为目标。

但这些做法，反而会阻碍成功的公司踏上新的浪潮。具体来说，在遇到新兴"生态系统"时，会有这样五种原因导致现有的成功企业无法进入：

第一，企业的资源配置已经定型。企业资源的配置不只是内部员工，更不是几个高层管理者，还包括固有的消费者、投资者与合作伙伴，等等，整个产业链的既得利益阻碍了企业对资源进行重新分配。

第二，新兴"生态系统"刚出现时，往往规模太小、利润太少，无法满足成功大企业的增长需求。所以，大企业总倾向于向利润率更高的高端市场发展，这样就给新兴"生态系统"的其他竞争者留下了一个低端切入的口子，这些竞争者不断进化，就很可能发展出足以与大企业抗衡的生存空间。

第三，技术的发展通常快于市场需求。故而新技术刚出来的时候，有时会显得"指标落后"。不过这往往是暂时的，对于市场上一个功能完备的产品，消费者的需求重点会依次转移：从可靠性到便捷性，再到价格。越往后的需求，往往越是新技术擅长的。等到开始拼价格的时候，就是新技术的天赐良机。虽然大公司在技术上不会落后，但就像第二条说的，他们被旧有"生态系统"捆住了。

第四，新兴"生态系统"里包括了新的消费者。成功企业之所以能够成功，是因为重视客户，但如果执着于现有的客户，就很可能对新的消费者视而不见。

第五，大企业用的市场分析方法都是偏优化、偏执行的，无法应对变幻莫测的新兴"生态系统"。在新市场里，没人有办法提前预判，试错才是常态。而且，彼时大企业面对的竞争，不是一家新公司，而是成千上万冲入新兴"生态系统"的小公司。从概率上讲，这些小公司里必然有一家会成功。

对此我曾用一个攻山头的故事作为比喻，而这也是 21 世纪初阿里巴巴在面对电子商务这个新兴"生态系统"时的做法。

一支由十支游击队集合在一起的集团军准备进攻某个山头。进攻之前，军团的指挥者发现情况紧迫，他们没时间探路，也没时间研究，于是干脆放弃了这些步骤，召集所有兄弟开了一个统一思想的会议，言明攻下这个山头的动机与价值。然后，十个队长带着兄弟们高喊着口号，从四面八方涌向山头。最终，十支敢死队牺牲了九支，但最后有一支队伍冲了上去，这次行动胜利了。

　　这个故事想表达的是，当预测和规划的成本大到不如直接冲上去的时候，"快"才是最关键的。

　　当然，这对公司里的个体未必有利，因为优秀的员工通常不愿意作炮灰。阿里巴巴调和这一矛盾的办法是提出"拥抱变化"的价值观，这也是哲学上化解局部和整体矛盾的一个实例。如今很多行业的创新环境中，也有类似攻山头的局面，每个领域都有很多队伍去试错。如果等看清楚路再出发，那么当我们上山之后，总会发现已经有人误打误撞地登顶了。

　　回到大企业视角，该如何应对这种局面？基于《创新者的窘境》里给出的方案，我的观点是这样的：

　　试着从大企业中独立出一个小分队，让其试水新兴"生态系统"。小分队可以去找新的消费者与市场，可以暂时只获取较少收益，可以有独立的流程和价值观，并且可以获得大企业源源不断的资源支持。

　　独立的流程与价值观，可以让小分队不受束缚，而源源不断的资源，可以让小分队相比于外部创业团队而言，拥有更多的优势。

　　但不乐观的是，一个大企业又能"生"出多少个这样的小分队呢？潜在的新兴"生态系统"那么多，如何能保证找准呢？大公司唯一的优势就是可以输入资源，但资源对成功的重要性有多少？其实也很难量化。

　　放到几十年甚至更长的时间尺度上，胜利者总是那些"不怕死"的。那些冲进各种潜在新兴"生态系统"的海量小公司，他们中间最终有极少数在新兴"生态系统"里存活下来，存活下来的公司中又有极少数小公司成长为大公司。而过一段时间，这些大公司又要开始面对被下一波新的小公司打败的危险，这就是整个商界生生不息的内在机制。

　　最后，让我们再回忆一下前文中提到的福特面临的选择："更快的马"是渐进式创新，"汽车"是颠覆式创新。和生命体一样，产品是活的，公司是活的，生态系统也是活的，它们都会经历生老病死。在上述两种创新之中，前者好比个体生命的延长，后者好比群体生命的繁衍。而创新，就是我能想到的唯一的永生之法，用群体的创新来对抗个体的死亡。于是，个体的死亡有了意义，它可以为群体释放出能量和资源。

死亡，是宇宙最伟大的发明。想到这儿，又让我很乐观。

人人都是"产品经理"

十几年前，我提出了一句口号——"人人都是产品经理"，结果收到了很多反对意见。反对者认为，这句口号导致很多不适合的人也想做产品经理，有些老板让所有人都来抢产品经理的活儿，让招聘的筛选成本大大提升，等等。于是，市场上出现了越来越多不那么好的产品。

是这样吗？

"不够好的产品变多"的现象好像是事实，但将其归因于一句口号，就实在太抬举它了。

在我看来，"产品变差"的本质原因是时代大背景发生了变化。各行各业从短缺经济变成了丰饶经济；各种市场从供不应求变成了供过于求。产品基数变多了，不够好的产品自然也就多了。

随之而来的产品交付也从供给驱动变成了需求驱动。用户的地位更高了，选择更多了，胃口更刁了，需求更多元了。各种公司也都感觉到，原来做产品的那套方法已然不再适用。过去十年，互联网行业发展迅猛，而这一行业内部有一种很重要的职业岗位叫"产品经理"，比如马化腾、雷军、周鸿祎……他们都说自己是产品经理。

于是各色各样的读者发现了我的《人人都是产品经理》这本书，然后一哄而上。

如此一想，这句口号确实给一部分人造成了误解和困扰。因此，我觉得有必要和大家一起厘清"产品经理"背后的逻辑。

工作了这么多年，我渐渐意识到"产品经理"并不能解决本质问题，它只不过是一个职业、一个岗位抬头。而任何岗位都是企业组织为了解决业务问题而设计的阶段性解决方案，所以我的确要为我的那句口号道歉。

　　"大家一哄而上"体现出了一种"需要"，而这种"需要"就是各种公司设置"产品经理"这个岗位要解决的问题——也就是这本书一直在和大家探讨的话题——产品创新。在新的背景下，如何做产品创新，才是需求背后的本质。

　　希望通过学习这本书，可以让大家比较轻松地了解"一次产品创新的探索过程"，并让大家知道如何才能把一个想法变成一个获得市场认可的产品，以及用最少的资源投入，筛选出不靠谱的产品，尽早放弃。

　　很显然，这本书也是一个产品，所以我也会用它来实践一些产品创新方法。比如，我专门设计了扩展的内容，它并不在纸质图书的内容框架里，而是随着图书的上市，根据我们的互动、收集到的反馈来决定扩展的具体内容。这大概也算是一种迭代，一种适应多变市场的低成本创新吧。